U0910883

西南民族大学优秀学术文库

改革开放以来中国翻译活动的社会运行研究

A STUDY ON SOCIAL OPERATION OF CHINA'S TRANSLATION ACTIVITIES SINCE 1978

□ 魏清光◎著

中国社会科学出版社

图书在版编目(CIP)数据

改革开放以来中国翻译活动的社会运行研究/魏清光著. —北京：中国社会科学出版社，2014.10

ISBN 978-7-5161-4793-1

Ⅰ.①改…　Ⅱ.①魏…　Ⅲ.①翻译事业—研究—中国　Ⅳ.①H059

中国版本图书馆 CIP 数据核字(2014)第 211279 号

出 版 人　赵剑英
责任编辑　郭晓鸿
责任校对　李　楠
责任印制　戴　宽

出　　版　中国社会科学出版社
社　　址　北京鼓楼西大街甲 158 号（邮编 100720）
网　　址　http://www.csspw.cn
　　　　　中文域名:中国社科网　　010-64070619
发 行 部　010-84083685
门 市 部　010-84029450
经　　销　新华书店及其他书店

印　　刷　北京君升印刷有限公司
装　　订　廊坊市广阳区广增装订厂
版　　次　2014 年 10 月第 1 版
印　　次　2014 年 10 月第 1 次印刷

开　　本　710×1000　1/16
印　　张　17.75
插　　页　2
字　　数　287 千字
定　　价　56.00 元

凡购买中国社会科学出版社图书，如有质量问题请与本社联系调换
电话:010-64009791

目录

序

清光寄来他在博士论文基础上修改的专著《改革开放以来中国翻译活动的社会运行研究》的三校稿，准备在中国社会科学出版社出版，要我写序，欣然为之。

记得论文即将答辩的时候，有一天他告诉我，论文有一节已经发表在某核心期刊上，并给我看了那篇文章，还说编辑继续索要文章，我心里感到很高兴。一是他已成才，能够真正以自己的学术能力为这个社会做事情了；二是他所研究的这个方向选得适当，需要研究的理论和现实问题太多，需要做的事情太多，而他又有能力去做。我相信，只要他不断努力地去做，就会对这个社会有贡献，在学术上会有很好的成就。我以为一名博士生在毕业的时候能够达到这种状态，应该算是基本合格了。

对于我来说，每个博士生的论文辅导都有独特的体验。在清光论文辅导的过程中，有三点我想在这里谈谈：

第一，如何看待博士生的“博”。我以为这个字的英语表达 Ph. D. 相对具体一些，即强调思考、思辨能力的运用、发挥，和解决具体问题的深度思考。我的体会是，这个 philosophy 不是仅仅要求一个博士生读许多的哲学著作，或是涉及的知识面比较广，观察思考问题视野比较宽阔，而是说在分析和解决自己专业问题的过程中，有能力灵活机智地、深入和细致地思考和辨析问题。无论是从宏观还是微观的角度，无论是抽象还是具体的问题，能够从不同的角度和学科对问题作比较透彻的研究，从而能够充分解释和解决问题。清光很擅长作统计和做表格，做事情很踏实，用事实、用数据说话，体现了研究的脚踏实地和严谨的学术作风，这很好。作为博士论文，作为学术研究的训练，我们应该对于数字和表格背后所存在和反映的翻译社会现象作多维度的解读和多学科的观察思考，如果我们看透数据背后事物运行的状态和反映的问题，并能够很好地加以解读和分析研究，就能够有针对性地解决问题，同时也提高我们对于实际事物的宏观认识和把握，以及相关方面的理论认识水平。这一点他已经做得不错，我以为随着他能力的提升，这一方面会做得更好，可以更加充分地发挥自己的特长。所以，对于每一个博士生，不断地像老和尚念经一样，反复强调这个“philosophy”，也就是不断提醒和促进他们在思考问题时，养成一种有利于论文思考和写作的习惯。

第二，理论认识问题。几乎每个我辅导过的博士生开始做论文的时候，对于如何在自己的论文中运用一定的学术理论都有过或多或少的困惑，因而有的时候对于理论的认识和运用都会产生一定的不适状态。我以为，对于理论本身的认识是博士生应该过的第一道坎。不论是外国的理论，还是中国的理论，或是自己创新的理论，都首先应该明白，理论是人们在学术研究中，在分析和解决实际问题的过程中，通过学习和思考，不断地找到和发现解决问题途径的认识和总结。理论看上去似乎比较抽象，但是具体研究问题时它们应该是十分具体的。改革开放以来我们大量地引进西方翻译理论，这本来是一件很好的事情。问题是我们对于这些理论是如何产生的，其产生的语境如何，在什么样的状态下，解决了什么样的问题等诸多方面，并没有很好的认识，在一定情形下造成了对于理论的盲目崇拜和机械地应用，这样不仅不能够很好地理解和消化理论，反而造成一些负面的效果和影响。导致了论文写作过程中，用理论作帽子或者作外套的现象。研究生的培养，归根结底还是人才的培养，如果这个问题不能得到基本解决，我以为人才就无法培养出来，更加谈不上理论和方法的创新，论文本身的质量也一定是会大打折扣的。只有将各种不同的理论还原至其具体的历史语境下去观照，一是懂得其理论是如何产生的，其面对的问题是什么，理论本身从一种什么样的角度或是层面，观察到了问题的关键或是局部的整体规律性，因而推动了问题的深入理解，或是解决，或是向前发展。这样理论的学习不仅能够懂，而且能够明白为什么。这样我们就可以充分地意识到，自己所面临的研究对象和问题，永远是独特的。不可能有任何现成的模式或方法可供自己套用。但是，这不是说学这些理论没有用了，而是说相对比较全面地把握理论历史发展的规律，就会意识到理论是一种人类智慧的积淀，理论是解决问题和分析问题方法的语料库和工具库。没有一个现成的理论能够解决你自己的问题，但是永远会有历史上的理论知识赋予你智慧并对于你的研究和探讨给以启迪。打一个简单的比方，各种不同的专业理论，好比是汽车修理工具箱。如果一个司机想要修理一个略为复杂的问题，他就不可能仅用一种工具去完成修理任务，他可能需要多种工具，组合搭配使用去解决，或是创造性地去解决他所面临的问题。理论是为解决问题服务的，不能是帽子，不能是招牌，不是展示你知道什么样的理论。理论也不是外套，不是要展示和炫耀你可以如何地高深理论化或是哲学化地表达你要解决的问题。而是说，你在了解了专业理论发展史以后，在解决你所研究问题的过程中，你是否从以往的理论和方法中获得了启迪，从而能够创造性地解决你的问题，并且将其表达好。因此，所谓的理论问题是看你在分析和解决问题过程中能否将一种理论思考的状态带入研究中，并能够很好地在表述解决问题时理论性地表达你的思考和解决问题的过程和结论，因此任何理论均应服务于你，或是为你服务，而非其他。这样才能真正地认识到理论的作用和意义。因此将理论认识贯彻在整个研究过程中，你就会意识到解决问题的方法，永远是要灵活并要通过自己的思考和创新才能最贴切和妥当地解决问题的。例如，清光在深入研究布迪厄的理论和西方翻译社会学理论之后，抛弃了开始的以其理论为帽子和外套的想法和做法，在其博士论文摘要的第一段表述了他的整体思考：

> 翻译活动的社会属性及其对我国深入改革开放的作用，还没有得到广泛和深刻的认识。虽有诸多的努力，但这些努力只是临时性的应对，鲜有从整个社会发展的角度系统地思考、研究这方面的功能。我国目前的翻译研究，由于对翻译活动社会属性的忽视或者很大程度上的认识不足，影响了研究的广度和深度，现实社会中的很多翻译问题没有在翻译研究中得到应有的重视和系统的分析、思考。本研究由文本世界进入生活世界，视翻译活动为整个社会中的一个有机组成部分，把翻译活动的发展放在整个社会发展的大环境中进行思考，深入考察翻译活动的社会运行，系统研究显示生活中的种种翻译问题。

我认为这样的表述是从根本观念上摆脱了写论文先考虑用什么西方理

论来做幌子的问题。写论文是真做事，解决问题。不能客观地观察、思考和分析问题，而纯粹地先去找一个什么理论，这本身做事情的方法就不对头。这不是说要反对学习西方理论，我们强调理论学习是要发挥理论的启迪作用，所以他在摘要中谈到理论思考的时候，认为：

> 在理论层面上，本文在借鉴、反思西方翻译社会学研究的基础上，从整个社会发展的视角，通过研究改革开放以来我国翻译活动社会运行的特点，对翻译活动的产生、发展和变化进行系统思考，揭示各要素在翻译活动社会运行中相互影响、相互制约的关系，运用系统思维原理构建翻译活动的整体运行机制，为丰富翻译学理论提供有参考意义的学术探讨。

这在一定程度上就摆脱了单纯的理论拘束，同时又能够很好地从不同的理论中汲取营养和方法，从而使自己的研究顺利地进行。从这些表述中，我们可以看到，理论水平的提升，直接影响到认识问题的能力，和解决问题方式方法的创新和运用。

第三，翻译社会学理论和翻译社会运行。翻译本身属性就是社会的，因此针对中国社会的翻译社会学理论探讨和中国当代社会的翻译运行状态的实际研究，不仅是翻译学界本身的职责，也是中国当代社会发展的需求。我国的翻译社会学理论研究在西方翻译社会学研究的影响下，这几年有了一些显著的发展，但是我们自己的翻译社会学理论研究起步时间不长，关注中国社会的翻译运行发展研究的系统性专著也很少见。清光的这本专著应该是具有开拓性的，是针对我国改革开放三十年来的翻译社会运行中的诸多实际问题的初步探索和理论思考。他在书中对于翻译活动社会运行要素的分析，翻译活动发展的社会动因分析，翻译活动社会运行问题的分析，翻译活动社会运行机制优化策略的思考，优化翻译人才培养机制的探索，以及对于中国翻译活动社会运行的战略性整体思考，不仅对于我们认识当代中国社会翻译活动的运行有很好的理论参考价值，也有解决实际操作问题的建议和措施。这项工作对于推动我国社会的发展是有建设性意义的。

我十分赞赏翻译社会学的研究和发展，并不是说西方社会的翻译社会学发展了，我们也应该发展，而是说翻译社会学发展本身就是中国学术界的责任和当代社会的需求。从我国和西方翻译史的宏观发展看，翻译发展的历史就是人类文明史的一个有机组成部分，是不同民族之间语言文化在文明发展历史进程中交流的历史。翻译的发展虽然从微观层面上是具体的语言文本翻译或者是口头的词句翻译，具体的学术思想介绍和吸收，或是相互之间信息的交流，思想的互补；但是从整体的角度看，可以说翻译就是人类文明存在的进步形态。中国佛教的发展，从具体的宗教活动层面看，是中印佛教徒的互访，相互学习研究佛教经典，从事具体的翻译和交流活动。从文化交流和吸收的整体看，佛教文化以及相应的印度文化都被中国文化所吸收和转化为中国文化的有机部分，中国语言的文字、艺术审美观、思想发展等等都印证了这种翻译的社会属性，在一定程度上可以说是翻译活动改变了社会的面貌。19 世纪后期和 20 世纪前期，我国相对蓬勃的翻译事业的发展，极大地改变了中国文化的面貌，其社会效应是不言而喻的。正是无数知识分子和仁人志士的翻译努力，点点滴滴的翻译成果汇聚凝结转化成改变中国社会的力量。在西方罗马帝国的发展历史和各种文献中，我们会发现大量的希腊文化被翻译和吸收，经过改头换面，成为了罗马文化的有机部分，这对罗马社会的文化繁荣从一定意义上说起到了决定性的作用。而欧洲的兴起与文艺复兴运动紧密联系在一起，文艺复兴运动最重要的组成部分之一就是大量的经典的翻译工作。通过大量的经典翻译及其后续的结合时代的研究工作，整个欧洲社会重温和充分吸收古代文明的人类智慧，反思当代社会发展状态并运用翻译成果改造当时的社会，使欧洲社会面貌日新，不断向上。可以说整个欧洲社会的崛起，翻译工作起到了一定程度的决定性作用。当代中国社会与国际社会的融合度不断增强，而整个世界的翻译形态已经由传统的纸质文本形态的翻译活动，转向了虚拟超文本的无纸形态的翻译活动。随之而来的翻译社会活动形态明显发生了根本性质的改变。无论是翻译的组织、出版、阅读、交流和翻译活动本身不仅快捷便利，而且也因为互联网的关系，翻译活动极大地改变了人与人之间社会关系，同时也改变了翻译的性质。传统的纯粹翻译变成了新的多媒体形态的语言交流和服务。可以这样建议，在高校无论什么专业，都应该开一门翻译学导论课程，因为从国际社会交流的角度看，我以为翻译应该是未来所有受高等教育者修习的素质课程。

以上的这些话基本是与清光讨论论文过程中，不断重复过的一些思考，写在这里作为共同的纪念。清光刚至不惑之年，从翻译学研究的角度看，大有可为，祝愿他不断有新成果问世。

傅惠生

2014年劳动节于沪西琥珀斋

第一章　绪论

第一节　研究缘起

改革开放30多年来，随着中国社会的高速发展，翻译活动取得了巨大的成就，并出现了与以往不同的特点。中国开始从外国大量引进并翻译出版各类出版物；在翻译队伍日益壮大的同时，中国的翻译产业也逐渐发展起来，近年来出现迅猛发展的势头；进入21世纪以来，中国又开始实施中国图书“走出去”国家战略。翻译选题也出现了与以往不同的特点，如从文学走向了学术；从经典走向了民间；从学问走向了生活；从华人读者群走向了世界读者群。30多年来翻译作为一种社会活动的兴盛和中国社会的高速发展要求我们对种种翻译现象和状态进行专门研究。

在中国翻译活动取得巨大成就的同时，翻译活动也出现了方方面面的问题。“中国翻译：差错‘俯拾皆是’”[①]、“翻译市场乱象丛生”[②]、“中国文化走出去急需迈过翻译坎”[③]、“中国优质翻译人才匮乏”[④] 等呼声频频见诸报端。据我们统计，进入21世纪以来，仅中国报纸上对翻译侵权、重复翻译出版、翻译质量、翻译人才培养、翻译职业道德、翻译服务产业等进行批评、鞭策的文章就有132篇之多（详见附录1）。如此高的曝光率，反映了社会对翻译活动的关注及不满。这些新问题、新要求、新课题，需要我们去面对和解决。

---

① 全晓书等：《中国翻译：差错“俯拾皆是”》，《新华每日电讯》2004年11月9日第8版。

② 范春生、王淇：《翻译市场乱象丛生》，《新华每日电讯》2010年11月25日第2版。

③ 李蓓、卢荣荣：《中国文化走出去急需迈过翻译坎》，《人民日报海外版》2009年8月14日第4版。

④ 李菁：《中国优质翻译人才匮乏》，《中国文化报》2008年8月18日第3版。

针对翻译活动中出现的各种问题，人们并非无动于衷，各种应对方案相应出台。如对于图书翻译质量问题，原国家新闻出版总署进行了不定期的专项检查。针对翻译侵权问题，中国有《著作权法》等相关法律文件。针对翻译产业的不正当竞争，中国有《反不正当竞争法》。面对翻译人才短缺的问题，教育部逐步批准在一些高校设置翻译本科专业，国务院学位办在一些高校批准设置翻译专业硕士学位（MTI）等。但这些相对较简单的方案在当今复杂、多变和多样化的时代面前很少奏效。从系统思维的角度而言，简单方案之所以无效，是因为它们不具有整体观，只是关注局部而非整体，忽略了局部之间的相互作用。局部思考的不足之处表现在，人们对问题的解决只是简单地将之从一处转移到了另一处。行为的许多效应是非故意的和出乎意料的，人们对翻译活动中的原因和结果所贴的标签常常是武断的。在解释结果的时候，往往倾向于检查一方要素的行为而忽视与之互动的其他要素的行为。翻译活动牵涉的要素较多，是一个复杂的有机整体，其功能取决于整个系统的组成部分以及各部分之间的互动。换言之，中国翻译活动中出现的各种问题，不是孤立的，而是翻译活动的社会运行不合理引起的。在现实的翻译活动中，任何问题的解决都不能是孤立的，而应该具有一定的整体性。如果翻译活动的各个要素之间不能良性互动，系统在整体上就可能表现出灾难性的后果。因此，翻译活动面临的困境和问题需要通过系统研究翻译活动的社会运行加以解决。

从翻译活动的目标确定，到激发意愿、发起翻译任务，再到翻译产品最终进入社会，可以理解为一个社会运行过程。翻译活动从来不是在“真空”中进行的，翻译的目的是传播知识、交流文化，翻译活动不可能脱离社会而存在。翻译活动的运行是嵌入社会之中的：翻译活动由人来完成，而人总是生活在社会中，体现一定的社会关系，翻译活动只有在各种社会关系中才能得以实现和开展；翻译活动根植于社会环境之中，无时无刻不受社会因素的影响、介入和制约；社会不同群体的利益、文化上的选择、价值取向和权力格局等都决定着翻译活动的轨迹和状况。同时，翻译活动是建设社会主义文化强国的有机组成部分，翻译在促进社会进步、经济发展和文化交流方面发挥着桥梁和纽带的作用。因此，社会性是翻译活动的根本属性之一。

翻译活动作为社会活动的有机组成部分，对当前中国改革开放战略具有积极的意义。如何让翻译在社会发展中发挥更大的效果？如何通过翻译助推中国文化的对外传播？如何让翻译更好地为这个时代服务？这是翻译的社会性研究要面对的课题。然而，翻译活动社会性方面的研究长期以来却被忽略了。这和翻译学的学科地位有很大关系。最初作为对比语言学的分支学科，翻译研究多年来以文本为中心，翻译研究的语言学路径一直占据主导地位。该路径重在研究文本，把翻译看作是一种线性操作，即把原文的意义转化到目标语之中。这种方法感兴趣的是等值、自然和通顺等这类概念，以及是否有可能找到译文共性的或规律性的特点。随着20世纪90年代翻译研究的文化转向的到来，翻译研究视野有所扩大。在翻译研究的文化层面上，文化代表了翻译的环境，重点在研究不同形式库（repertoire）或多元（分层）系统（polysystem）之间文化因素的转换。翻译研究的文化路径感兴趣的是意识形态、文化身份以及中心与边缘、权力与伦理之间的感知、价值观和关系，研究目的在于揭示文本背后的不平等现象。尽管文化转向扩大了翻译研究的范围，注重研究文本意义的不确定性和文化间的相互渗透现象，然而，文化研究把翻译活动的社会条件搁置在了一旁，关于翻译活动的社会含义方面的研究没有得到应有的重视。

由于对翻译活动的社会属性的忽视，现有的翻译研究，以固有的方法为中心，不顾及现实生活中翻译运行的实际问题，导致与生活世界脱节。与生活世界的脱离，使得翻译学不是根据社会现实生活的需要去研究翻译问题，而是固守狭窄的学科界限，以现有的方法能够研究哪些问题来对要研究的问题进行取舍，而不是根据社会的需要进行研究。“方法先于问题”，导致翻译研究脱离日常生活，脱离社会实践的要求。翻译是人所从事的创造性活动，人生活在社会之中，其活动总是带有社会属性。翻译活动不仅仅是一个心理过程，而且是一个开放的有机系统，包括合作、沟通、协商、争论、妥协、折中、达成共识等。在生活世界，翻译活动的功能就是沟通和交流，就是为社会服务。“翻译是一种发生在交往之中的、社会文化背景下的复杂交易。”[①] 任何事物的内部运动，都要受外部条件的制约和影响。翻译活动是一种开放的、复杂的行为，如果不能从内部跳出来，超越文本自身，往往就不能理解翻译活动的真实面目。

---

① Hermans, Theo. Norms and the Determination of Translation: A Theoretical Framework. R. Alvarez and M. C. - A. Vidal (eds). *Translation, Power, Subversion*. Clevedon and Philadelphia etc.: Multilingual Matters, 1996: 26.

翻译的选题、翻译策略的选择以及翻译产品的生产及发行，是一个社会运行过程，是社会协商、建构的产物。翻译活动的这一特性决定了任何社会、任何时代的翻译现象，都会反映出那个社会、那个时代的社会结构和社会关系。翻译活动在社会中运行，与人的生活世界息息相关。在当代社会，由于翻译活动与个人、社会的关系越来越密切，因翻译而引发的社会问题，以及由社会环境、社会变迁引起的翻译问题也越来越复杂。因此，对翻译现象的观察和理解，要从翻译活动的各因素相互关联的视角出发。如马克思所言："当我们深思熟虑地考察自然界或人类历史或我们的精神活动的时候，首先呈现在我们眼前的，是一幅由种种联系和相互作用无穷无尽交织起来的画面。"① 经济全球化的发展推动了人的生活方式的全球化，进而改变了人们的生活观和世界观。在看待事物时，不应再持孤立的、局部的观点。在经济全球化时代，任何事物都不是孤立的，都处于与其他存在物的内在联系中。个体的、特殊的事件，只有与时代的整体观点相结合才能得以理解。针对语言学家们把语言和其他活动相割裂的倾向，布迪厄这样说道："如果不把语言实践放在各种实践共存的完整世界中，就不可能充分理解语言本身。"② 维特根斯坦亦把"由语言和行动（指与语言交织在一起的那些行动）所组成的整体叫做'语言游戏'"③，并指出："'语言游戏'一词的用意在于突出下列这个事实，即语言的述说乃是一种活动，或是一种生活形式的一个部分。"④ 换言之，语言与生活密不可分，语言就是生活，应通过观察生活世界来研究语言。翻译作为语言转换活动，也是一种生活形式。生活形式是翻译活动得以进行的基础。因此，如果不把翻译活动放在与各种社会活动共存的生活世界中进行考察和研究，就不能充分理解翻译活动本身。

翻译研究应通过对生活世界的考察来把握自己所处的时代。任何一种理论保持其生命力的诀窍都在于保持与生活世界之间交流道路的通畅，时时从生活世界中汲取信息以丰富和发展自己。因此，翻译研究要突破现有的理论框架、研究理念、思路、方法，从文本世界进入生活世界，回归翻

① 《马克思恩格斯选集》第3卷，人民出版社1972年版，第417页。

② 皮埃尔·布迪厄、华康德：《实践与反思》，李猛、李康译，中央编译出版社1998年版，第197页。

③ 维特根斯坦：《哲学研究》，李步楼译，商务印书馆2000年版，第7页。

④ 同上书，第17页。

译活动的社会性研究。翻译学也要通过新的研究体系和范畴，得到进一步拓展和创新。霍尔姆斯早就提出翻译学科的宗旨："一是描写从我们的经验世界里表现出来的有关翻译过程和翻译作品的各种现象，二是确立一些普遍的原理，以描写和预测上述现象。"① 翻译研究具有多维性，由于考察视角的不同或对翻译活动的不同认识，应对翻译形成多种不同的研究维度。为了充分了解当代社会中无所不至的翻译现象，我们有必要把翻译活动作为整个社会中的一个有机组成部分，把翻译活动的发展放在建设社会主义文化强国的大环境中进行思考，深入研究翻译活动的社会运行。

研究翻译活动的社会运行，即研究现实生活中的翻译活动，所研究的问题与现实生活密切相关。研究成果有助于人们认识、理解和实现翻译与社会的良性互动，使翻译更好地为社会服务，提高翻译研究的实用价值。翻译活动的社会运行研究提供了一个独特的视角来审视翻译活动及其与社会环境之间的互动。对于研究者而言，观察翻译及其与社会环境之间的互动，有助于形成新的洞察力，发现、说明、解释翻译运行中的复杂问题。

研究翻译活动的社会运行，高度重视翻译活动中的经验材料，强调对材料的占有和把握。通过对经验材料的描述和分析，真实地再现翻译活动的各种图景。因此，翻译活动的社会运行研究具有重要的现实意义。同时，翻译活动的社会运行研究不是简单地接受所获得的各种材料，而是根据一定的理论模式和分析框架对所获得的材料进行分析整理。这种整理既包括分类，也赋予其一定的结构化意义，从整个社会发展的视角了解不同材料之间的相互联系，了解信息本身的结构。

研究翻译活动的社会运行，不仅仅是发现、说明和解释问题，还在于积极解决问题。这也是翻译活动的社会运行研究作为一种学术资源所具有的意义。翻译活动的社会运行研究是一种综合性研究，主要从中观的角度研究和发现翻译活动在一定环境条件下较具普遍性的规律。这些规律对于翻译学研究和具体翻译问题的研究都是有益的。研究成果有助于翻译活动的社会运行绩效的提高，也有助于翻译管理水平的提高。

研究翻译活动的社会运行，研究成果体现政策研究的特色。通过研

① Holmes，J.，The Nature of Translation Studies. Venuti，L.（ed）. *The Translation Studies Reader*，Routledge，2000：176.

究，可以为翻译活动的社会运行提供建设性的意见，并对翻译活动的发展和各种可能性进行预判。这些意见和建议既可以为相关管理部门的决策提供意见和方案，也能够积极参与翻译组织各方面的建设，以及协调翻译活动与社会的关系等。换言之，研究成果可以有效地改善翻译的效益，通过问题诊断和预判来参与翻译决策的制定。

翻译活动的社会运行研究，不是一种单纯理论思辨式的研究，也不是纯粹逻辑推演式的研究，而是面向翻译现实问题的应用性研究。而且，研究成果仍然要与实际情况相结合，而不能简单地以理论的逻辑取代实践的逻辑。

研究翻译活动的社会运行，就要有新的研究视角、研究思路和方法论与之相适应，从而超越绝对主义的语言学方法论和相对主义的文化转向方法论，有针对性地研究翻译活动的多面性的社会属性，以使翻译与社会互惠发展，使翻译更好地为社会服务。这既是时代和社会发展的要求，也是学术发展的要求。目前，翻译活动的社会性研究在西方翻译研究界已经萌芽。在下一节中，我们拟对翻译活动的社会性研究进行简单的梳理，并提出自己的观点。

第二节　研究综述

近年来，西方翻译界已在关注翻译活动的社会性研究，并开始将“翻译作为一种社会活动”① 整合进“翻译社会学”这一框架下展开研究。尽管目前西方翻译界对“翻译社会学”这一名称的理解还不尽一致，但毕竟已经朝翻译活动的社会性研究迈出了实质性的一步。因此，在对本课题展开研究之前，我们先对“翻译社会学”框架下已有的成果做一梳理，目的是更好地理解该路径如何在翻译的语言学研究和文化转向研究之间提出新的研究问题。

2005 年 5 月，在奥地利格拉兹大学召开了主题为“作为社会活动的翻译和口译”的翻译研讨会，与会者围绕“翻译是一种社会活动和象征性转

① Wolf，Michaela. Introduction：The Emergence of a Sociology of Translation. Wolf and Fukari (eds) . *Constructing a Sociology of Translation*. Amsterdam and Philadelphia：John Benjamins，2007：6.

换活动”展开讨论。会后沃尔夫（Wolf）和弗卡瑞（Fukari）把大会论文整合进“翻译社会学”框架，并在2007年以《建构翻译社会学》（*Constructing a Sociology of Translation*）为题由约翰·本杰明出版公司出版。该论文集的出版标志着“翻译活动的社会性研究”的萌芽。

《建构翻译社会学》围绕“翻译是一种社会活动”这一主题展开。在论文集第一部分“译者在新兴翻译社会学中的位置论辩”中，Erich Prunč分析了造成译者地位落差悬殊的历史、社会和文化原因，作者认为译者形象不佳，在很大程度上研究者是有责任的①。该研究具有明显的社会建构主义色彩。赫曼斯（Theo Hermans）消解了译者的身份。赫曼斯借鉴鲁曼的社会系统理论，把翻译看作一套社会系统——这一系统既是自主的又是他律的。赫曼斯认为翻译的功能是元表征的，翻译有助于社会实在的建构②。

在论文集的第二部分“布迪厄对翻译社会学概念化的影响”中，古安维克（Gouanvic）运用布迪厄的场域理论，认为翻译学的具体场域拥有自己的结构和规则，其结构只有通过行动者的努力才能实现。行动者靠投资自己的“知识欲求（利比多）”、惯习和科学幻象，在翻译场域中找到自己的位置，从而拥有象征性的或实际利益。在古安维克看来，将翻译社会学概念化就要通过持续改进使该学科获得布迪厄意义上的自主性地位，进而加强该场域的合法化程度③。海尔布隆（Johan Heilbron）和萨比罗（Gisèle Sapiro）运用布迪厄场域理论，对语言群体与语言的国际体系之间的权力关系进行了深入探讨④。沃尔夫（wolf）认为布迪厄的场域理论不足以对“调解空间”进行概念化，并通过尝试运用霍米·巴巴（Homi

① Prunč，Erich. Priests，Princes and Pariahs. Constructing the Professional Field of Translation. Wolf and Fukari (eds) . *Constructing a Sociology of Translation*. Amsterdam and Philadelphia：John Benjamins，2007：39—56.

② Hermans，Theo. Translation，Irritation and Resonance. Wolf and Fukari (eds) . *Constructing a Sociology of Translation*. Amsterdam and Philadelphia：John Benjamins，2007：57—78.

③ Gouanvic，Jean - Marc. Objectivation，Réflexivité et Traduction. Pour une Re - lecture Bourdieusienne de la Traduction. Wolf and Fukari (eds) . *Constructing a Sociology of Translation*. Amsterdam and Philadelphia：John Benjamins，2007：79—92.

④ Heilbron，Johan. & Gisèle Sapiro. Outline for a sociology of translation. Current issues and future prospects. Wolf and Fukari (eds) . *Constructing a Sociology of Translation*. Amsterdam and Philadelphia：John Benjamins，2007：93—108.

Bhabha）的“第三空间”理论来进一步弥补布迪厄的场域理论[①]。霍米·巴巴认为不同文化间的杂合过程形成“第三空间”，“第三空间”具有居间性，能够产生“边界效果和认同感”[②]。

在论文集的第三部分“绘制场域图：方法问题与翻译活动”中，Mirella Agorni为未来社会学取向的翻译研究指出了一个重要方向。她的主要工具是地方主义，地方主义“在系统和个人之间”进行调解，不再把二者看作是对立的两极，从而彰显了翻译及其社会环境的受限制的、但全面的形象。这一形象以转喻的方式代表原文：通过关系进行运作，这种模型产生多重意义，而不是寻求单一的解决方案[③]。Buzelin受拉图尔的角色—网络理论的启发，主张过程取向的翻译观，突出翻译过程的不同阶段，包括牵涉其中的各行动者之间的通讯记录和口头协商等。Buzelin认为拉图尔的角色—网络理论和各种民族志方法相结合，有助于克服多元系统模型的局限性[④]。彻斯特曼（Andrew Chesterman）认为翻译社会学把质量理念带回到了翻译学的研究中心，认为社会学方法可以把因果关系、翻译活动、话语及惯习、翻译规范及策略等杂乱的概念统合起来[⑤]。

在结论部分“建构翻译社会学：回顾与展望”中，为了再现决定翻译学建立条件的知识过程，西蒙尼提议从“知识的地方性”来考虑问题，这一提法表明了形成学科共同体的诸要素及其研究对象的非中心性和多样性。在论文的后半部分，西蒙尼结合《恺撒大帝》译为意大利语的翻译个案，提倡一种翻译观——在采取规范（机制、意识形态、赞助人）时，不再优先考虑宏观语境的影响，而是考虑微观语境，在微观语境中，各行动

---

① Wolf, Michaela. The Location of the “Translation Field”: Negotiating Borderlines Between Pierre Bourdieu and Homi Bhabha. Wolf and Fukari (eds). *Constructing a Sociology of Translation*. Amsterdam and Philadelphia: John Benjamins, 2007: 109—122.

② Bhabha, Homi K. Culture's in between. *Artforum International*, September 1993: 167.

③ Agorni, Mirella. Locating Systems and Individuals in Translation Studies. Wolf and Fukari (eds). *Constructing a Sociology of Translation*. Amsterdam and Philadelphia: John Benjamins, 2007: 123—134.

④ Buzelin, Hélène. Translations “in the Making”. Wolf and Fukari (eds). *Constructing a Sociology of Translation*. Amsterdam and Philadelphia: John Benjamins, 2007: 135—170.

⑤ Chesterman, Andrew. Bridge Concepts in Translation Sociology. Wolf and Fukari (eds). *Constructing a Sociology of Translation*. Amsterdam and Philadelphia: John Benjamins, 2007: 171—186.

者通过他们的社会活动和惯习采取行动[①]。在论文集的最后，甘比尔（Gambier）强调从社会学的视角看待翻译学的历史发展、分析该学科的场域，并勾勒了"社会翻译学"（也可以理解为一种翻译研究的社会学）发展的前提条件：翻译研究的历史考古学；翻译研究者的自我分析；全面探索形塑翻译学的各种机制和各种出版活动[②]。

翻译活动的社会性研究进一步扩大了翻译研究的维度。不过通过以上粗略的文献回顾，我们发现，西方翻译社会学视角虽然视翻译为"一种社会活动"，但其研究视阈却没有将翻译活动置于社会这一大环境之中，导致对翻译活动社会性的认识极其狭窄，仅仅以社会学的某些研究方法或研究框架或方法论来研究翻译活动，本质上属于社会学理论在翻译研究中的应用。沃尔夫在《建构翻译社会学》导言部分亦坦言："本论文集一个较重要的目的是把翻译学与社会学更好地结合起来，进而促进方法论基础的发展。"[③] 既然承认翻译活动是一种社会活动，就应把翻译活动同更广的社会背景、社会过程、社会互动和关系联系起来进行系统性的考察，理解翻译活动与社会的关系、理解翻译问题背后的深层社会原因。

西方对翻译活动的社会性研究，主要采用布迪厄、鲁曼和拉图尔等社会学家的理论。从社会学研究发展脉络来看，上述社会学家属于社会建构主义学派。社会建构主义是一种"反实证主义的学术思潮"[④]，在本体论上持相对主义的态度，秉承现象学本体论的基本预设，即社会实在是以解释过的事实而非客观存在的事实呈现自身的，对社会实在的解释在很大程度上就是在不断建构新的社会实在。"社会建构论建筑在这样一种信念上，即实在是社会建构的。"[⑤] 在社会建构论看来，社会问题是作为一种社会活

---

① Simeoni, Daniel. Between Sociology and History. Method in Context and in Practice. Wolf and Fukari (eds) . *Constructing a Sociology of Translation*. Amsterdam and Philadelphia: John Benjamins, 2007: 187—204.

② Gambier, Yves. Y a - t - il Place Pour une Socio - traductologie? Wolf and Fukari (eds) . *Constructing a Sociology of Translation*. Amsterdam and Philadelphia: John Benjamins, 2007: 205—218.

③ Wolf, Michaela. Introduction: The Emergence of a Sociology of Translation. Wolf and Fukari (eds) . *Constructing a Sociology of Translation*. Amsterdam and Philadelphia: John Benjamins, 2007: 1.

④ 闫志刚：《社会建构论：社会问题理论研究的一种新视角》，《社会》2006 年第 1 期。

⑤ Delamater J D & Hude J S. Essentialism vs. Social Construdionism in the Study of Human Sexuality. *Journal of Sex Research*, 1998 (1): 12.

动或过程而存在的，而不是作为对象性事实或状况存在的，所谓的“实在”是多元的，地方性的，是被建构的结果，对事物的认识因历史、地域、情境及个人经验的不同而有所不同。因此，用这种方式建构起来的社会“实在”不存在真实与否，而只存在合适与否的问题。研究者所呈现的是根据其个人经历和背景对文本的诠释。研究不是为了控制或预测客观现实，也不是为了改造现实，而是为了理解和建构——在研究者与被研究者之间、个体和世界之间、过去和现实之间建构起理解的桥梁。因此，建构主义的研究结果是被创造出来的，也注定了这种研究结果是地方主义的，不具普遍性。对翻译活动的研究，应该面向社会现实，着眼于问题根源，解决翻译更好地为社会服务的现实问题。

就研究方法而言，西方翻译活动的社会性研究也暴露了一些问题。如古安维克提出的翻译场域概念以及赫曼斯把翻译视为一个社会系统，都明显地把翻译同社会结构分割开来，似乎翻译变成了社会结构以外的相对独立的实体。这种二分法的研究路径固然有其积极的认识论意义，有助于认识和了解翻译本身诸因素相对独立的特征和性质。但这种研究路径没有考虑到真正的翻译环境与社会结构本身原本是相互交叉重叠、错综复杂的，只是把二者当作可以任意被宰割的认识对象，会不可避免地导致歪曲翻译和社会结构本质的负面效果。同时，在研究完成之后，研究者又忘记了研究过程中所做的暂时性逻辑分割，忘记了在分析完成之后必须对其研究成果进行反思。一旦把次系统从社会整体结构中分离出来，就同原有的置于社会中的文化脉络相隔离，因而无法真正揭示翻译与社会之间的复杂关系。对翻译活动社会性的研究不应仅仅局限于宽泛的理论描述，而应进入日常生活。

西方对翻译活动社会性的研究是纳入翻译社会学视野之中进行的。近年来，中国也出现了对西方翻译社会学研究的评介。武光军回顾了20世纪90年代以来布迪厄的社会实践论、鲁曼的社会系统论和拉图尔的行为者网络论在翻译社会学研究中的进展，认为“翻译社会学研究大大拓宽了翻译学的外延，同时也带来了更加辩证的思维模式与更加理性的研究方法，是翻译学研究的一大进步”[①]。李红满对沃尔夫和弗卡瑞合编的《建构翻译社会学》进行了评介，认为该书高屋建瓴、视野宏阔、题旨鲜

① 武光军：《翻译社会学研究的现状与问题》，《外国语》2008年第1期。

明、理论新锐[①]。王洪涛在比较了“翻译社会学”和“社会翻译学”的研究视角之后，认为“‘社会翻译学’更适合作为翻译学一门分支学科的称谓”[②]，进而认为“社会翻译学完全可以借鉴布尔迪厄的‘关系主义’方法论及其指导下的各种研究方法、理论模式来探索翻译实践中各种主客观因素之间相互影响、相互转化的过程和规律”[③]。西方知识的引入对开阔视野大有裨益，但上述对翻译社会学的研究仅限于对西方理论的介绍、阐释、倡导方面。或者说，中国学界目前对翻译社会学的关注沦落为一种闭门造车式的、没有后继性的论述。语言学家徐盛桓教授在探讨全球化语境下语言学研究的本土化问题时一针见血地指出：“从研究成果来说，许多论著是低水平重复别人叙述的畸形制品，食‘洋’不化，仅作知识的复述和概念教条的堆砌，中国被《国际先驱论坛报》讥讽为‘模仿的大国’，造成一次性快餐式的成果泛滥，这些成果刊出之日就是淘汰之时。”[④] 目前中国学界对翻译社会学的研究是一种从理论到理论的研究，即将西方的理论来一番概览、综合、比较、介绍、评述等，鲜有在西方翻译社会学研究的基础上进行创新。同时，中国的文化传统、社会制度及翻译机制与西方国家之间存有很大差异，即便是西方学者提出的那些对其本国及西方国家的翻译现象具有较强解释力的理论，一旦被用来套接中国实际，往往也会变得水土不服、牵强附会。这或许也是中国翻译社会学视野下的研究迟迟不能深入开展的原因。

近年来，中国也出现了翻译的社会性研究的苗头。吕俊教授曾发出对翻译社会性研究的呼吁：“对于翻译研究应加强社会性的认识，是因为长期以来，人们对翻译的研究是建立在一种天真的假设基础上进行的，这个假设就是翻译活动是在真空中从事的；文本创作也是在没有任何外界因素干扰下进行的；语言是透明的、工具性的（而不是主体性的）；译者也是价值中立的、是公允的；意义是预先设定的，而不是生成的；两个文化间的关系也是平等的，等等。”[⑤] 最近国内一些翻译学术会议也开始关注翻译

---

① 李红满：《探索翻译研究的社会学途径——评介 Michaela Wolf 与 Alexandra Fukari 的〈建构翻译社会学〉》，《中国翻译》2008 年第 6 期。

② 王洪涛：《建构“社会翻译学”：名与实的辨析》，《中国翻译》2011 年第 1 期。

③ 同上文，第 17 页。

④ 徐盛桓：《“照着讲”和“接着讲”——当代语言学研究自主创新问题的思考》，《中国外语》2007 年第 1 期。

⑤ 吕俊：《对翻译学构建中几个问题的思考》，《中国翻译》2001 年第 4 期。

社会学方面的研究。如2009年10月中国译协翻译理论与翻译教学委员会、中国比较文学学会翻译研究会、浙江师范大学外国语学院联合在浙江金华举办的“全球化视域下翻译教学与研究学术研讨会”征文主题之一为：“译学研究中诸如翻译社会学、翻译伦理学、语言学派新进展等各种特质问题的研究。”[①] 可惜的是，从穆雷[②]会后写的会议综述看，翻译社会学并未成为会议的研讨主题之一，或许是因为这方面的成果还不成熟、没有在会上呈现。

尽管中国译界对翻译活动社会性研究的认识仅仅停留在对西方知识的介绍和引进阶段，但进入21世纪以来，随着中国对外交流的频繁及翻译活动的丰富和多元，学界已开始针对翻译活动的某一要素、环节或领域提出一些观点或者看法。

在翻译活动“要素”方面：阙道隆认为中国出版走向世界要用英语这一国际通用语言介绍中国文化[③]。我们认为，为了扩大中国文化对外传播的覆盖面，还应该加大小语种对外介绍中国文化的力度。李新认为，在中国出版“走出去”过程中，译者的素质不容忽视，中译外翻译人才的培养须加强[④]。我们认为，翻译人才的培养对于中译外和外译中同等重要，需认真研究如何科学地培养翻译人才。熊锡源认为，编辑对保证翻译出版物的质量起着举足轻重的作用[⑤]。

在翻译活动“环节”方面：章艳认为，应当以规范的翻译合同来保障译者的各种权益[⑥]。肖维青指出，中国的翻译出版合同不规范，有必要借鉴美国笔会翻译合同范本来保护中国译者的合法权益[⑦]。

在翻译活动“领域”方面：孙致礼研究了英、美两国文学作品在中国的翻译出版情况[⑧]。该研究全方位地呈现了中国对上述两国文学作品译介的成就，没有涉及翻译出版活动中的各种问题。高方、许钧认为，翻译质

① 《“全球化视域下翻译教学与研究学术研讨会”征文通知》，《中国翻译》2009年第2期。

② 穆雷：《千帆竞过，万木争春——全球化视域下翻译教学与研究学术研讨会综述》，《中国比较文学》2010年第1期。

③ 阙道隆：《中国出版怎样走向世界》，《编辑学刊》2005年第2期。

④ 李新：《如何解决出版“走出去”中的翻译问题》，《出版参考》2008年第11期。

⑤ 熊锡源：《翻译出版中编辑的角色与话语权》，《编辑学刊》2011年第1期。

⑥ 章艳：《提高翻译出版质量从规范翻译合同做起》，《出版发行研究》2008年第6期。

⑦ 肖维青：《译者权益与翻译出版合同》，《上海翻译》2009年第2期。

⑧ 孙致礼：《中国的英美文学翻译：1949—2008》，译林出版社2009年版。

量不高，导致中国现当代文学在国外的影响力有限[①]。胡安江认为，中国文学“走出去”过程中，应借助西方汉学家，采取归化式译法翻译中国文学[②]。我们认为，西方汉学家的翻译固然符合西方读者的阅读趣味，但不利于中国话语，尤其是“国家关键话语”的对外传播。中国译者肩负着对外传播中国话语的重任。

上述针对翻译活动的某要素、环节或领域的观点、看法或研究，针对性较强。不过，翻译活动中出现的各种问题不是孤立的，而是翻译活动的社会运行不合理造成的。翻译活动是一个开放的系统，翻译活动在社会中运行，涉及的关系复杂，意图与结果往往大相径庭；控制措施往往不能达到预期的效果。因此，不能孤立地考察每个要素来理解问题，如果把翻译活动与社会各自运作时所发挥的影响简单相加，就会受到误导，不能揭示事物的真相。翻译活动作为一种社会活动，与一定的社会存在相联系，也必须在这种联系中加以说明。同时，面向未来，个人和社会都要不断做出各种选择和抉择，这些选择和抉择会对未来的发展产生影响，多元化的选择往往会形成翻译系统不稳定的状态。如果不能从整体出发考虑问题，其中一个环节的优化反而可能造成整个翻译系统更加不稳定。因此，针对翻译活动中存在的各种问题，应从整个翻译系统运行和谐和机制优化的角度思考问题、解决问题。

西方对翻译活动社会性的研究，尽管将其纳入了翻译社会学名称之下，但并没有将翻译活动置于广大的社会背景之中加以研究和考察，研究视野较狭窄，不利于对翻译活动的社会性的认识和研究的深入。中国学界目前还仅限于对西方翻译社会学的一些简单性介绍和评价，未产生对翻译活动的社会性的新认识，也没有形成对翻译社会学理论的新见解。中国一些学者对翻译活动的某个要素、环节或领域的讨论仅限于现象层次，而对于从整体上如何解决问题缺乏深入的探讨。

对任何现象的思考，都有一定的时代背景。随着社会的发展和时代的变迁，随着跨文化交流的不断丰富和日益提高，翻译活动本身以及翻译活动同社会环境之间的多种联系变得越来越复杂。翻译活动作为社会整体结

① 高方、许钧：《现状、问题与建议——关于中国文学走出去的思考》，《中国翻译》2010年第6期。

② 胡安江：《中国文学“走出去”之译者模式及翻译策略研究》，《中国翻译》2010年第6期。

构和全部社会关系的组成部分，已经发生了巨大的变化，并且将继续发生更大的变化。所有这些，都给我们对于翻译活动的总体认识提出了新的要求。换言之，如果把对翻译活动的研究，仅仅限定在传统的语言研究的范围内，不仅对翻译活动的认识很难有新的突破，翻译学理论也不会有新发展。只有对翻译活动作多面性的探讨，才可能对翻译的认识产生新的飞跃，才能适应翻译活动的新发展，翻译学理论才能不断得到丰富。必须把这些问题同社会联系起来，从整个社会发展的角度，从翻译活动与社会环境之间的联系寻求解决问题的途径。本研究一方面嵌入翻译活动的社会性研究这一中心议题之中，另一方面结合改革开放以来中国翻译活动的实际状况——大规模的翻译出版活动、翻译服务产业和中国图书“走出去”，以翻译活动的社会运行为主线，围绕中心问题展开研究，目的是促进中国翻译活动的健康发展，使翻译活动更好地为社会发展服务；同时，为丰富翻译学理论提供有参考意义的学术探讨。

第三节　研究目标、内容、思路及方法

在中国，目前生活世界中的翻译活动主要发生在翻译出版领域和翻译服务产业领域（为了讨论的方便，我们有时把翻译公司和涉及翻译出版业务的出版社统称为翻译组织）。翻译活动的社会运行是指翻译系统的内、外部要素按照一定的运行方式和秩序在社会环境中进行运作和发挥功能的过程，包括翻译活动的准备、发起、组织、实施和翻译产品的接受等。改革开放以来，随着中国对外交流的频繁和翻译活动的繁荣，翻译活动在社会运行中也出现了各种各样的问题。这些问题的存在不是孤立的，而是翻译系统的内、外部要素运行无序、运行机制不合理造成的结果。片面地、孤立地解决问题，不利于翻译系统的稳定运行。为了保障翻译活动运行有序、健康发展，必须有一系列和谐的机制来维系。

本书的研究一方面从总体上揭示翻译活动各要素之间的内在联系，探究改革开放以来中国翻译活动社会运行过程中的内在机制和一般规律；另一方面聚焦于翻译活动在社会运行中最核心的、最迫切要解决的问题。在理论层次上，研究翻译活动社会运行的实质，对翻译活动各要素之间的复杂关系进行理论阐述。在实践层次上，研究改革开放以来中国翻译活动社会运行的特点，在现有运行机制下存在的各种问题，并探讨相应的对策和

思路。本书的主要研究内容、研究思路、研究方法和研究目标如下。

3.1 研究目标

（1）通过调整、设计、选择、优化翻译活动的社会运行机制，促进翻译活动健康运行，从而达到最佳发展效能，实现翻译活动更好地“引进来”和“走出去”，更好地为社会发展服务。

（2）研究成果为翻译活动相关管理部门的决策提供建设性意见和方案，也能够积极参与翻译组织各方面的建设。

3.2 研究内容

（1）翻译活动的社会运行要素分析：运用系统思维原理，把翻译活动视为一个开放系统，系统分析翻译活动各要素在社会运行中相互影响、相互制约的关系，并把这些要素整合进翻译运行的动力机制、计划机制、激励机制、组织机制和控制机制，构建翻译活动的整体运行机制框架，以此为研究框架来分析中国改革开放以来翻译活动发展的社会动因；翻译运行中不合理的环节和要素；调整、设计、构建、优化翻译活动的社会运行机制。

（2）翻译活动发展的社会动因分析：对1978—2007年中国从外国引进并翻译出版的图书按照来源国、中图分类目录、翻译出版年份等进行穷尽性统计；统计进入21世纪以来中国历年的版权引进量和输出量，比较版权贸易引进输出比。根据统计结果从社会动力机制因素综合考察分析中国翻译出版“引进来”、“走出去”在各领域、各学科门类取得的成就以及翻译产业所取得的成就。把翻译出版活动放置到文本流动的国际空间、国内空间、译本的接受空间和生产空间，纵向考察社会需求推动翻译出版选题的变迁；横向考察社会不同领域（经济、政治、学术、文化、消遣）推动翻译活动繁荣发展的具体成果。

（3）翻译活动中存在的各种问题与翻译运行机制不合理关联性研究：运用所构建的框架、结合经验材料分析翻译出版在翻译选题、翻译质量、重复翻译出版、哄抬版税、翻译侵权、翻译流程控制、译者选择、中国图书“走出去”路径规划、“走出去”的目的及翻译策略等方面所存在的主要问题，并揭示问题背后运行机制的不合理环节：市场失灵，规划、调控机制缺失；非营利性机构的辅助矫正功能缺失；文学共同体的引领功能缺失；翻译出版企业差异化经营方针缺失；社会环境对译者的激励不充分；著作权法律意识淡漠；监管机制不健全；翻译人才培养机制不合理；翻译出版流程控制环节薄弱；社会环境对译者的职业道德约束较弱；“走出去”版权贸易国或地区评估、规划机制缺失等。结合调查数据，分析翻译公司在专业化服务、服务能力、译者翻译能力、价格竞争等方面存在的问题，剖析问题背后运行机制的不合理环节：市场准入门槛低；市场监管缺失；流程控制不到位；行业不规范等。

(4) 优化翻译活动的社会运行机制研究：运用所构建的分析框架，结合研究所发现的问题，从以下四个方面对中国目前翻译活动社会运行中最核心的、迫切要解决的问题进行系统思考：翻译运行的整体规划、翻译系统内部运行优化、译者职业道德约束机制构建、中国图书“走出去”运行机制优化。

(5) 翻译人才培养研究：在翻译活动的社会运行中，译者是保证翻译质量至关重要的一环。现行的翻译人才培养机制不利于培养译者过硬的翻译能力，导致翻译质量问题层出不穷。从翻译活动服务于社会发展的长远目标出发，研究把翻译人才培养和翻译学科建设纳入社会整体发展规划中进行定位，研究重构中国的翻译人才培养模式、教学模式以及译员隐性知识传递与共享。

3.3 研究思路

(1) 创建数据库：依据 1978—2007 年《全国总书目》，对中国历年来从外国引进并翻译出版的图书进行穷尽性收集、整理并封装为可按来源国或地区、原作者、译者、出版社、出版年份、中图分类目录、版本数量等任意检索、统计的数据库。(在本研究开始之时，2008 年以后的《全国总书目》尚未出版，故我们对国内翻译出版物的统计截止到 2007 年。)该数据库呈现了中国改革开放以来从外国引进并翻译出版各类图书的概貌。该数据库用于分析改革开放以来中国翻译出版活动所取得的成就和存在的问题。

(2) 构建研究框架：运用系统思维原理，把翻译活动视为一个开放系统，系统分析翻译活动各要素在社会运行中相互影响、相互制约的关系，并把这些要素整合进翻译运行的动力机制、计划机制、激励机制、组织机制和控制机制，构建翻译活动的整体运行机制框架，以此研究框架来分析中国改革开放以来促进翻译活动发展的社会动因；翻译运行中不合理的环节和要素；调整、设计、构建、优化翻译活动的社会运行机制。

(3) 翻译活动发展的社会动因分析：以所创建的数据库和《中国图书

出版产业报告　2003—2004》、《中国翻译年鉴》及原国家新闻出版总署网站提供的数据为经验材料，从共时和历时层面，在国际、国内、生产、接受四个空间考察各种社会动力因素对中国翻译活动发展的影响作用。

（4）翻译活动存在的问题与运行机制不合理关联性分析：以所创建的数据库、问卷调查、翻译出版物抽样和“中国图书对外推广计划”执行情况等为经验材料，分析翻译运行中存在的各种严重问题，透视问题背后运行机制的不合理环节。

（5）翻译活动的和谐运行机制构建：从服务于社会发展的视角，运用系统思维原理，结合翻译活动的关键环节和要素，构建或优化翻译活动的和谐运行机制。

3.4　研究方法

本研究拟运用系统思维方法与数据统计分析、抽样调查、问卷调查与访谈、文献法相结合，从整个社会发展的角度把握翻译活动的实质和意义。“系统思维是‘看见整体’的一项修炼。它是一个架构，能让我们看见相互关联而非单一的事件，看见渐渐变化的形态而非瞬间即逝的一幕。”① 本研究在整体的、综合性的、有机联系的、系统性的框架内对各种问题进行思考，把翻译活动放到社会大系统中进行分析，从整体出发理解翻译活动与社会这一复杂系统的结构和动态行为特征，透过表面现象寻找作为原因的社会因素，着眼于从整体解决问题而非只是关注局部。将翻译活动置于社会大背景之下开展研究，集中关注行动者之间的互动，考察当行为跨越时间和空间而经由系统彼此响应时，大量的间接效应所体现出的系统特征。针对具体现象和问题，本书拟采取的具体研究方法为：

（1）统计分析：对 1978—2007 年中国从外国引进并翻译出版的图书进行穷尽性的数量统计，并分析思考导致不同类别翻译图书数量变化的动因。对过了版权保护期的外国文学名著的译本数量进行穷尽性统计，分析思考重复翻译出版的动因。统计进入 21 世纪以来中国历年的版权引进量和输出量，比较版权贸易引进输出比，分析思考二者差距逐步缩小的动因。

（2）抽样调查：分批次抽取若干种从外国引进的非文学翻译出版物，通过阅读译文、比对原文及比对译文中所附的英语原文，对所发现的翻译

① 彼得·圣吉：《第五项修炼》，郭进隆译，生活·读书·新知三联书店 1999 年版，第 75 页。

质量问题进行量化和定性分析，分析思考翻译质量低劣背后监管不健全、译者译德失范、优秀译者难寻、从业译者翻译能力较低、翻译人才培养方式不合理等运行环节问题。

（3）问卷调查、访谈：对翻译公司、出版社编辑和译者进行问卷调查、访谈，分析思考翻译组织机构不健全、翻译流程控制环节薄弱的原因。

（4）文献法：通过阅读媒体报道、译者随笔等相关资料，分析思考优秀译者不愿从事翻译活动的深层原因；通过阅读媒体对中国图书“走出去”的相关报道及中国图书“走出去”的具体操作环节，分析思考中国图书“走出去”在具体执行过程中的不合理之处。

（5）系统论方法：运用系统思维方法，研究当翻译活动的各要素跨越时间和空间而经由系统彼此响应时，大量的间接效应所表现出的系统特征。然后采取整体的、综合性的、有机联系的研究框架，透过局部把握整体，从整体上构建和优化翻译活动的运行机制。

与以往的语言学研究视角相比，本研究摆脱了为翻译而进行翻译研究的倾向，强调翻译活动与社会、与人的生活世界的联系，注重翻译活动的社会属性。研究视角的改变，要求有一套全新的概念范畴和分析框架与之相呼应。如拉图尔（Latour）所言：“如果我想成为一个探索客观性的科学家，我必须从一个框架转向另一个框架，从一种视野转向另一个视野。没有这些转换，我就将局限在某种狭窄的眼界之内。”① 在下一章，我们拟运用系统思维原理，结合翻译活动的特点，系统分析翻译活动的社会运行要素，在此基础上构建整体运行机制框架，为分析研究中国翻译活动的社会运行中的各种问题做理论准备。

---

① Latour，B. *Reassembling the Social：An Introduction to Actor -network -Theory*，Oxford University Press，2005：146.

第二章　翻译活动的社会运行要素分析

在本章，我们拟系统地描述翻译活动社会运行的特点，并构建翻译活动的整体运行机制，为第三章运用所构建的运行机制框架揭示中国改革开放 30 年来翻译活动中存在的诸多问题、揭示问题背后的不合理运行环节或要素做准备。

翻译活动具有系统性质。翻译活动是由译者、文本、翻译活动的发起者、组织者、客户或读者等多种相互依赖的要素组成的有机系统。翻译系统不是独立存在、完全封闭的，翻译活动总是发生在一定的情景之下，受周围环境中各种因素的影响。翻译系统又是环境的子系统，要从周围的环境中输入各种资源，然后通过内部的运转，向外输出翻译产品或翻译服务。

要对翻译的系统性质有全面的了解，就要分析这些具体要素。既要分析各要素的固有特点，又要分析这些要素之间已经形成或需要建构的特定的相互作用、相互关系。同时，翻译活动又处于环境的包围之中，环境的各要素、各方面的状态和变化通过对翻译系统的资源、能量和信息的输入而推动或制约翻译活动的发展；翻译活动本身也构成对环境的各要素、方面属性及状态的影响。翻译活动只有通过良好的社会运行，才能更好地发挥促进文化交流、服务社会的功能。

翻译活动随时面临着内部要素之间的相互协调和与外部环境相互协调的问题。例如，在翻译运行过程中，译者要求增加翻译费（工资）或职业保障；编辑或管理者要求译者提高翻译速度；读者或客户要求翻译产品合格、价格合理；竞争对手要求公平竞争；政府要求翻译组织遵守法律等等。这些要求相互影响，很多又是不协调的，如何把这些要求统一起来，协调好翻译活动中各行动者、各环节与翻译系统整体之间，以及翻译系统与其环境之间的关系，从而保证翻译活动有序运行、实现翻译效益最大化，从而更好地为社会服务，是需要深入研究的问题。

本章运用系统思维原理，根据翻译活动社会运行的特点，从外部环境对翻译活动的推动和制约、内部环境对翻译活动目标的保障、翻译活动的准备与发起、翻译组织资源配置、译者的动力激发、翻译运行中的过程控制等环节分析翻译活动的社会运行，目的是构建翻译活动的整体运行机制，为分析中国翻译活动在社会运行中出现的各种关键性问题及合理解决这些问题提供理论基础。

第一节　翻译活动的动力与制约

翻译系统的外部环境要素作用于翻译活动的外部，给翻译活动和文本译介提供动力和趋势，影响翻译活动的计划、翻译的选题、来源、对外译介的方向，同时又对翻译活动进行限制和制约。翻译的外部环境要素主要包括经济环境、法律环境、社会文化环境和政治环境等外部力量。

经济环境因素直接说明了翻译系统所处的外部经济环境和经济体系。改革开放以来，发展经济和实现现代化成为中国政府追求的重要目标。中国作为一个发展中国家，在经济发展初期，借鉴西方经济发达国家的经验，乃至直接利用外资发展中国经济是必然的选择。经济交往会带动文化交流，不同文化之间的交流必然要借助翻译这一媒介。所以，改革开放以来，西方经济大国像美、英、法、德、日等成为中国出版界引进外国文本的主要来源国。不过，经济环境因素是变化的，一方面中国的经济实力逐渐增强，由原来对外国投资的“引进来”发展到最近几年中国企业积极地“走出去”。“截至2007年底，中国从事跨国投资与经营的各类企业已发展到3万多家，对外投资遍及全球170多个国家和地区，累计对外直接投资金额1000多亿美元。”[①] 中国对世界经济增长的贡献加大。另一方面，世界经济格局也在发生变化，多极化趋势越来越明显。“发展中国家在世界经济中的份额将会继续上升。2000—2009年，新兴经济体和其他发展中国家占全球国内生产总值的比重从24％上升到33％，对世界经济增长的贡献率达到46％。2009年发展中国家和转型经济体吸引外国直接投资占

① 陈文敬：《中国利用外资三十年回顾》，《中国外资》2008年第5期。

全球1/2，输出外国直接投资占全球1/4。”[1] 经济环境的变化必然导致中国的对外经济交往出现与原来不同的交往路径。事实上，近年来不论中国翻译活动“引进来”还是“走出去”的路径都滞后于经济环境变化的趋势。目前，中国翻译图书的主要来源国仍然是美、英、法、德、日等西方传统发达国家，对新兴发展中国家文本的引进尚未提上日程。以巴西为例，从1980—1989年，中国共从巴西引进并翻译出版31部作品，年均3.5部[2]。从2000—2007年，中国共从巴西引进并翻译出版24部作品，年均3部[3]。中国图书“走出去”的路径也只是契合了“引进来”的路径，而没有顺应中国对外经济投资的路径（详见第五章第四节）。中国翻译活动的运行路径滞后于经济环境的变化趋势，并非说明经济因素对翻译活动的影响减弱，而是说明中国翻译人才、外语人才的培养机制不尽合理。小语种翻译人才奇缺，制约了对小语种语言作品的引进和输出。翻译人才的培养应顺应经济形势的这种变化，适时做出调整。

全球经济一体化背景下，全球相互依赖的经济格局已经形成。首先，跨越国界的合作生产已经成为新的全球模式。中国翻译组织目前的国际化参与程度还极低，国际化经营要求中国翻译组织修正或制定新的发展战略。其次，世界经济一体化使远程协调控制工作越来越重要。如何将远距离的人员很好地协调起来，使之达到翻译活动共同的目标，是中国翻译组织面临的新任务。最后，全球性经营导致了不同文化的接触与交流。不同文化背景译员的思维方式、价值观念有很大区别，容易造成冲突。这些对沟通、译员培训、选拔、授权等翻译组织工作提出了新挑战。应对环境因素的变化趋势做出细致的分析，及时反馈给翻译系统，以使翻译活动的组织者和发起者及时做出调整，更好地发挥翻译服务文化交流和社会发展的功能。翻译系统的理想状态应该是翻译活动的运行路径反应迅速，与经济环境的主要变化趋势相契合。

法律环境因素是指与翻译相关的法律法规和政府系统能够约束和影响到翻译活动的行政性安排。翻译活动在国家法律和法规的框架下运行，必须遵守国家制定的相关法律以及国家加入的相关国际法规。在中国，与翻

---

① 卢中原：《“十二五”期间中国经济社会发展的国际环境》，《求是》2010年第23期。

② 资料来源：1980—1989年《全国总书目》。

③ 资料来源：2000—2007年《全国总书目》。

译活动相关的法律法规主要有《伯尔尼保护文学和艺术品公约》、《世界版权公约》、《中华人民共和国著作权法》、《中华人民共和国著作权法实施条例》、《中华人民共和国刑法》、《中华人民共和国反不正当竞争法》。此外，还有《翻译服务译文质量要求》国家标准。中国在1992年加入《伯尔尼保护文学和艺术品公约》和《世界版权公约》之后，国内出版界对上述公约遵守较好，外国版权保护期内的作品引进国内翻译出版，要么支付版税，要么征得权利人的授权。但对于国内的著作权法等法律法规却遵守不够，法律意识淡漠。对于过了版权保护期的作品，尤其是一些经典文学名著，国内出版界出于经济利益考量，重复出版较严重，甚至侵犯原作者的署名权及译者的著作权。有的出版社出版的外国文学名著，权利人署名变成了国内的作者，署名为某某编、某某著，还有的对某译者翻译的文学名著稍加改动，甚至原封不动，变换译者姓名后出版谋利。中国《刑法》第二百一十七条和二百一十八条虽然专门有对出版、销售侵犯著作权作品的刑事处罚规定，但法院的实际判罚往往较轻，只是处以停止侵害、赔礼道歉、罚款了事，这无形中助长了侵权行为的发生。在翻译产业方面，翻译服务的目的在于推动翻译与经济相结合，充分发掘利用翻译资源，生产、创造丰富的翻译产品，提高产业效益。但有的翻译公司置《反不正当竞争法》于不顾，为了争抢市场不惜降低翻译费，恶意竞争。价格的低廉导致翻译的专业化程度降低，胜任翻译工作的译员往往因为报酬过低拒绝接受翻译任务或者敷衍了事，结果使得翻译质量无法得到保障。中国虽然颁布了《翻译服务译文质量要求》国家标准，但是在国家相关法律都难以遵照执行的环境下，该标准更是形同虚设，难以实施。这说明与翻译活动相关的法律环境较薄弱。翻译系统中理想的法律环境应该对翻译活动中的侵权现象产生强制性的制约作用，对翻译侵权行为真正做到有法必依、执法必严、侵权必咎。

社会文化环境主要包括一个国家或地区人们的价值观、信仰、风俗习惯、审美观念等。不同的社会所强调的价值观与行为方式会有很大差别，如西方国家崇尚个人主义，而东方国家更推崇集体主义。文化间存在权力不平衡及声望不平等现象。文化间的权力制衡在一定程度上决定了翻译的数量以及翻译文本流动的方向。两种文化间的权力越不平衡，译入弱势文化中的文本就越多，而译入强势文化中的文本就越少。享有霸权的、强势的文化由于相信自身文化的主导权而不愿意在翻译中投资。这可以解释美国文本被其他国家大量翻译引进而美国很少通过翻译引进其他国家文本的原因。另外，一些国家或地区因为是古老文明的发源地或文化中心或孕育了杰出思想家而积累了丰富的文化资本，创造出了丰富的文化遗产。世界各国人民有主动学习、了解这些文化精髓的内在动力。中国对古希腊、古罗马时期经典文本的持续翻译引进的原因即在于此。中国是四大文明古国之一，光辉灿烂的古老文明对周边和世界其他国家或地区极具文化吸引力。因此，代表中国传统文化的文本“四书”、“五经”及传统文学名著《红楼梦》等向来是世界各国积极引进翻译的对象。比如，1662 年，法国翻译出版了《大学》，1663 年，又翻译出版了《中庸》。在法国启蒙运动中，中国文化起了重要的作用。对社会文化环境的分析有助于认识文本跨国流动的方向。分析翻译系统的社会文化环境，对于中国文化“走出去”的推介具有启示意义。由于其他国家或地区存在对中国传统经典文化的主动诉求，中国政府可以不把向外推介的重点放在传统典籍上面，而应大力推动当代文本的对外译介工作。

政治环境主要指国家的社会制度，政党的性质、政府的方针政策等。不同的国家有着不同的社会制度，不同的社会制度对翻译活动有着不同的限制或要求。同时，在国家不同的历史时期，由于政府的方针、政策倾向的变化，也会对翻译活动产生一定的影响。对于国家政策、方针的变化，翻译系统是不能预测的，但一旦国家的政策、方针发生了变化，翻译活动要顺应国家政策、方针的变化趋势，了解国家禁止、允许、鼓励什么类型的译介内容，从而使翻译活动符合社会利益，更好地为社会发展服务。市场经济条件下，中国的翻译活动在文化选择上一味瞄向西方，而对广大发展中国家的文化重视不够，忽视了对其他发展中国家文化和先进经验的参照。发达国家的经验固然对于中国的发展有可取之处，但不能完全照搬。我们不仅要介绍发达国家的经验，还要把目光转向广大的发展中国家，通过译介广大发展中国家的文化文本，实现中国文化与其他发展中国家文化的相互交流和学习。翻译活动的这种转变不能完全交由市场来调节，而需要国家的行政性安排或政策性指导才能顺利进行。

以上是翻译系统的外部环境中最为重要的方面。虽然它们可以单独存在于翻译系统的外部，推动或制约翻译活动，但它们对翻译活动的推动和制约也是互相关联、相互竞争的。对外部环境因素的分析，不能单独地看成一个环境因素的问题，必须意识到环境因素之间也是相互联系、相互影响的。并且在国家发展的不同历史时期，某一环境因素可能对翻译活动的影响起主导作用。外部环境是不断发展变化的。外部环境的变化，可能给翻译系统带来两种不同的影响：一是为翻译系统的发展提供新机会；二是环境可能对翻译系统造成某种威胁。对翻译系统的外部环境保持清醒的认识才能更好地适应环境的变化。同时，翻译系统对其外部环境的适应也不是被动适应。通过对环境因素的科学分析以及对未来环境因素变化的预测，提高对这些可预见性的准备，才能够使翻译活动更好地适应环境以及未来环境发生的变化。

第二节　翻译活动的目标与保障

在市场经济条件下，翻译组织具有由社会赋予它们的基本目标或任务，即生产合格的翻译产品，提供客户满意的翻译服务，同时为了翻译组织自身的生存和发展，还应能够获得一定的利润。这一目标是翻译组织的总目标或宗旨。不过总目标需要由子目标来支持。目标形成一个有层次的体系，从总目标到广泛的目标，再到特定的个人目标。这些子目标在翻译运行过程中逐步向总目标转化。因此，总目标能否顺利实现，关键要保证各子目标相互连接、相互支持。

社会赋予翻译组织的总目标是为社会服务。但该目标毕竟过于笼统和抽象，翻译组织在实际工作中，会确定在未来特定时期内更具体的目标。理想的情况是，应以翻译组织制定的总目标作为行动的指引，自上而下制定各子目标。换言之，翻译组织将制定的总目标传达给各分支环节或部门之后，应帮助他们一起制定子目标。这样，可以检查子目标是否同上一层次的目标充分配合，是否与其他部门制定的目标协调一致，并且是否和本组织的长期目标以及利益协调一致。在达到目标的过程中，所期望的结果和责任之间的关系往往为人所忽视。理想的情况是，需明确规定每个目标和子目标负责人的责任以保证目标的实施。目标很少是线性的，并不是当一个目标实现后接着就去实现另一个目标。各种子目标形成一个互相联系着的网络，必须确保这个网络中的每个组成成分要相互协调。

翻译活动是一个开放的系统，要保障翻译活动目标的顺利实现，内部环境建设是极为重要的一环。翻译活动的内部环境是翻译活动目标实现的保障。翻译活动的内部环境要素主要包括译者资源、竞争对手、客户或读者、翻译研究成果、相关非营利性组织、政府部门的宏观调控等。对翻译活动的内部环境进行分析，目的在于掌握翻译活动目前的资源、能力状况，目前具有的优势和劣势，进而最大限度地优化环境建设，最终使翻译目标得以顺利实现。

译者是翻译活动的主体。要顺利实现翻译活动的目标，前提是必须有能够胜任该项翻译活动的译者。译者的培养和储备是实现理想翻译效果的至关重要一环。一项翻译活动涉及两种及以上语言知识、翻译知识以及相关专业知识，这决定了对译者的知识素养要求较高，也决定了高等院校是培养译者的主要机构。随着翻译学的建立，翻译学科建设受到了教育部门的高度重视，截至2011年3月，国内共有42所高校获得教育部批准，试办翻译本科专业学位；截至2010年9月，获国务院学位委员会批准试办翻译硕士专业的高校也已达158所。随着翻译学学科建设的发展，国内对译者培养的探讨也集中在了翻译学科的范围，这导致对译者培养的认识视野过于狭窄。按照系统思维的观点，局部与整体并非一种线性关系，而是非线性关系。局部优化不一定意味着整体优化，应从整体的角度处理好局部优化和整体优化的关系。翻译学学科建设的优化并未能够实现翻译系统的整体优化，当前突出的问题恰恰是各种合格译者的缺失。中国翻译协会副会长兼秘书长黄友义在谈中国文化“走出去”时曾一针见血地指出：“沉淀了五千年的中华文化不应只属于中国，翻译人才的奇缺是要解决的突出问题。”[①] 目前中国对译者的培养模式不能满足社会发展的需要，表现在目前的培养模式不能解决译者专业知识欠缺、译者资源储备机制缺失、小语种翻译人才稀缺等问题。合格译者的缺失不仅影响中国文化“走出去”，也在制约中国出版界对外国文本的引进。“‘一流翻译人才日渐匮乏’，这是目前许多翻译类出版社的共同感慨，也是直接影响翻译质量的一大因素。”[②] 事实上，改革开放以来从事翻译工作的译者主要来自外语专业及其他非外语专业。从事文学类翻译的译者以外语专业出身居多，而人文社科类尤其是理工类翻译的译者主要来自相关或相近专业。由于上述专业对翻译知识的欠缺导致难以批量培养合格译者、翻译质量问题层出不穷。十四大以来，中国的对外开放是全方位的开放，每个领域都需要翻译的介入。

① 段祖贤、舒芳静：《文学中译西已成一道坎?》，《人民日报海外版》2009年12月17日第7版。

② 张妍妍、周润健：《翻译出版业：浮华背后的忧思》，《人民日报》2005年5月23日第11版。

翻译活动涉及多专业领域、多语种，不仅要求译者熟练掌握翻译技能、具有相应的专业知识，而且要求译者在数量上能够满足社会发展的需要。因此，译者的培养应该与翻译系统的外部环境相契合，各小语种、各专业领域的译者不仅数量要充足，而且还要能够胜任翻译工作。同时，还要做好译者资源的储备，建立译者信息资料库，在需要时有备可查。

翻译活动中的竞争对手是指提供类似或相同翻译产品、翻译服务的组织。在翻译活动中，翻译组织如果竞争有序，可以促进资源的合理分配，进而促进翻译活动目标的顺利实现。在市场经济条件下，为了占有市场份额，翻译出版和翻译产业界的竞争越来越激烈。出版社为了争夺某部外国畅销书的版权，不惜哄抬版税，导致翻译读物出版成本越来越高。马尔克斯的《百年孤独》在译林出版社、浙江文艺出版社、新经典文化有限公司、久久读书人文化实业有限公司竞相争夺下，一次性预付版税竟抬到105万美元[①]。翻译公司为了吸引客户不惜竞相压低价格，翻译质量也随之下降，造成部分需要翻译服务的企业不敢把翻译业务交给翻译公司，这必然阻碍了翻译服务产业的发展势头。由于翻译公司对外的低报价最终要转嫁到译员头上，导致一些有能力的译员也不愿与翻译公司合作。这样就造成翻译市场供求双方信息脱节，阻碍了翻译市场的快速发展。另外，一些翻译公司不管自身有没有翻译能力，只要有客户找上门来，一概满口应承，先把翻译任务接下来，然后再找译者。这种做法往往导致翻译质量得不到保证，甚至招致客户索赔。这种同质化的、不正当的竞争阻碍了翻译事业的顺利发展，不利于翻译功能的实现。市场经济条件下，竞争是常态，不可避免。理想的竞争方式应该是差异化竞争。各出版社应该有自己明确而固定的出版选题方向，以此形成自己的品牌，这样才能够在市场经济大潮中具有竞争力。目前国内少数出版社已在朝这个方向努力，如中国人民大学出版社的翻译出版物主要以人文社科类学术读物为主，中信出版社主要以生活类、通俗类翻译出版物为主等。但这类有明确经营方针的出版社还是太少了，大多数出版社都以盈利为风向标，什么赚钱引进什么，什么畅销引进什么，结果导致无序竞争、恶意竞争。村上春树的作品原本一直由上海译文出版社独家引进，该社引进村上春树17本作品的版税才只有几十万元人民币。到村上春树的新作《1Q84》面世时，由于有国内几家

---

① 《〈百年孤独〉中文版版税炒到105万美元》，《重庆晚报》2010年8月24日第36版。

出版社竞争，结果版税被抬至100万美元。翻译公司为社会提供翻译服务，应依托相关行业或服务对象，向专业化方向发展。只有走专业化发展的道路，才能保证翻译质量，赢得市场，占有竞争优势。不过，目前国内各翻译公司几乎是万能型的翻译组织，打开任何一家翻译公司的网页，翻译业务皆涉及几十个领域、几十种语言。声称什么都可以翻译的公司肯定是什么也翻译不好的公司。翻译服务赖以生存的根基是质量，只有培育专业化的翻译公司，才能开展有序竞争，进而提高翻译质量。

客户是购买翻译服务或产品的个人或组织。目前的状况是，客户在寻求翻译服务时，不了解自己将接触的是一个怎样的行业，也不知道能从翻译公司那里得到什么样的服务。由于客户缺乏选择或鉴别翻译公司的能力，导致翻译行业相对混乱，价格竞争无序，价格竞争更多损坏的是客户利益。因此，必须做好翻译服务推广工作，让客户了解翻译服务的性质，建立良好的客户关系。客户与翻译公司的良性互动可以促使翻译公司了解客户的意见，从而更好地为客户提供服务；也可以让客户了解翻译服务的特点、价格高低、服务优劣、信用好坏等。翻译服务是否成功，关键就在于能否满足客户的需求，使客户满意。翻译公司要在激烈的市场竞争中立足，就必须培养和巩固客户的忠诚度。翻译公司如果希望能不断提高自身的市场占有率，就必须不断地改善服务，树立“客户至上”的观念。

读者是出版社的最终客户。出版物如果翻译质量上乘，会给读者阅读以美的享受。反之，则会令读者失去阅读的兴趣。出版物的翻译质量好坏还会产生连锁反应。如果某出版社的出版物翻译质量较好，就会在读者心目中树立良好的信誉，无形中出版社就赢得了一批忠诚的“客户”。反之，读者就会远离该出版社。学术翻译出版物的读者群相对固定，都是该学术领域的研究者或学习者。如果学术翻译达不到质量标准，则不利于国内学术的发展，也失去了引进翻译出版的意义。读者的阅读需求、阅读趣味也是出版社引进外国文本的动因之一。同时，出版社对读者的阅读趣味也会起引领作用。出版社与读者的良性互动会促进翻译出版活动的健康运行。赢得读者的关键是出版物的翻译质量。翻译质量的好坏虽然和译者有直接关系，但出版社作为翻译出版活动的把关人，对翻译质量负有不可推卸的责任。如果出版社重视翻译质量，把好审校关，翻译质量问题就会得到有效的解决。相反，如果出版社只重视经济效益，不重视翻译质量，就会失去读者的拥护，其经济效益也不会持续。

翻译本身是一种实践活动，翻译研究成果总是表现为某种理论形态。理论源于实践，并应对实践具有指导作用。从1978—2007年，中国共出版翻译研究论著1575本，翻译研究论文8390篇①。研究成果不可谓不丰富，但现实生活中译本的翻译质量却并没有因为翻译研究的深入而得以明显改善（详见第四章第一节和第二节）。究其原因在于翻译研究与生活世界相脱节。由于对翻译活动社会属性的忽视，导致研究只是固守“象牙塔”，学院式的研究无助于实际问题的解决。翻译活动的社会运行研究是对现实翻译问题的回应，可以跨越翻译理论与翻译实践的鸿沟。研究所呈现的理论，与翻译实际同步甚至具有超前性，能够引导翻译活动健康运行及翻译目标的顺利实现。

与翻译活动相关的非营利性组织主要有翻译协会、文学研究会、文学社团、翻译活动的中介代理人等。这些组织从市场以外的角度对翻译活动的社会运行起着维护、引领的作用。翻译协会作为翻译行业的管理机构，应该起到规范行业、服务会员、沟通政府的作用。目前，翻译协会还不是此种意义上的行业协会，所起作用极其有限。文学研究会、文学社团起着培养读者的阅读趣味、引领文学风尚、推介外国优秀文学作品的作用。进入21世纪以来，文学研究会越来越学院化，变成了纯学术性的研究机构，把大批普通的文学爱好者拒之门外。文学社团也越来越萎缩，结果切断了普通读者对外国文学的持续关注，这不利于外国文学的翻译和传播。随着中国文化“走出去”工程的启动，国务院新闻办公室“中国图书对外推广计划”、中国作家协会“中国当代文学百部精品译介工程”等充当着翻译中介代理人的角色。如果翻译活动的中介代理人尊重翻译的规律，对中国文化、中国图书健康地“走出去”会起到积极的推动作用。如果对翻译活动的认识过于简单，急于求成，则不能保证“走出去”图书的翻译质量。与翻译活动相关的非营利性组织如果建设良好，对于维护翻译系统的健康运行、保护翻译活动的文化性和精神性，具有积极的意义。

翻译产品具有精神、文化属性，翻译活动不能完全按照市场规律运行。在市场经济条件下，有时会发生市场失灵的状况。政府部门对于翻译活动应该加强宏观调控，及时予以引导。同时，对于一些翻译任务艰巨、又极具文化价值的翻译作品，政府应予以一定程度上的组织协调。

---

① 许钧、穆雷：《中国翻译学研究30年（1978—2007）》，《外国语》2009年第1期。

翻译活动的内部环境会影响翻译系统的运行效率和绩效。在翻译活动所处的内部环境中，行动者不能控制、对翻译活动有直接影响的某些客观因素限制了翻译活动的开展和效果的实现。这些因素在很大程度上会影响翻译目标的确立，会引起原则和规范的变化，制约行动者对翻译手段的选择，以及整个翻译目标的实现。如果内部环境各要素自身建设良好，内部环境能够给翻译系统提供资源、能量和信息，翻译系统就能够保持最佳适应状态，翻译活动才会健康发展。因此，翻译系统的环境建设是保障翻译活动目标顺利实现的重要一环。

翻译活动的外部环境和内部环境既相互联系又相对独立，它们一同作用于翻译活动，对翻译活动起着促进或制约的作用。在环境不断变化的情况下，翻译活动能否更快更好地适应外部环境的变化，是对翻译系统的最大挑战。翻译活动的环境分析可以为翻译选题及时指引方向，从而避免决策的迟滞。环境既有相对稳定的一面，又是不断变化的，环境在变化中为翻译系统提供发展机会。只有及时发现环境变化的趋势，顺趋势而动，翻译系统才能实现合理发展，更好地服务于社会。环境分析还可以提高翻译决策的正确性。分析翻译活动的内部环境，可以明确翻译系统所具有的优势和劣势，进而有针对性地进行环境建设，促进翻译活动目标的顺利实现。同时，翻译活动对环境的适应不是机械被动的，翻译活动的运行也对环境有反馈作用。

环境分析是翻译组织制定策略和决策的起点。通过外部环境分析，翻译组织可以对现在和未来的环境所能带来的机遇和威胁做出评价；通过内部环境分析，翻译组织可以明确自身的资源状况和利用能力，了解市场的需求及所处的竞争状况。在此基础上，翻译组织可以结合自身的优势和劣势，制定出既符合环境要求，又能发挥自身优势的具体目标。

第三节　翻译活动的策略与决策

目标对于翻译组织至关重要，因为所有的努力和活动都是为了实现目标。目标指明翻译组织前进的方向；目标作为行为标准与实际行动进行比较，还起到控制标准的作用；在既定环境中，目标决定翻译组织应当扮演的角色。适宜的目标，不仅可以协调组织成员的工作，还可激励组织成员保持较大的积极性，促使他们去努力实现目标。

翻译组织建立目标之后，需要通过制定策略来采取行动，策略为翻译活动提供基本原则和行动框架，在活动中明确重点、程序。制定策略时应对环境所能带来的机会和威胁做出评价。同样，应对翻译组织自身在翻译生产、资金来源以及服务等方面的优势和劣势进行客观的评价。翻译组织在了解了自身的优缺点以及环境的机会和威胁之后，并不意味着就可以很容易地做出抉择了，因为翻译组织还面临着可能要选择的不同策略。运用SWOT分析法，可以帮助翻译组织对策略进行优化分析。

SWOT分析法，也叫道斯矩阵，其中的S（strength）代表优势，表明翻译组织内部存在的优势；W（weakness）代表劣势，表明翻译组织内部存在的不足之处；O（opportunity）代表机会，表明翻译组织面临的环境中存在的机会；T（threat）代表威胁，表明翻译组织面临的环境中的一些不利因素。SWOT分析法以危险开始，因为在很多情况下，由于看到危机、问题或危险，所以翻译组织要进行策略性计划工作。SWOT是一种系统分析的概念框架，这种分析有利于把外界的威胁和机会及翻译组织内部的优缺点结合起来。

SWOT分析法提供四种可供选择的策略，这些策略基于对环境因素（机会和威胁）和翻译组织自身条件（优势和劣势）的分析。WT策略要把弱点和危险减至最少。WO策略力图使劣势减到最少，使机会增加到最大。比如，在本地化领域里存在劣势的翻译公司，通过在公司内发展本地化技术，或者从外界引进本地化人才，来把本公司的劣势降到最低，同时尽可能利用外界环境存在的良机。ST策略是根据翻译组织的优势，去应对环境中的威胁，目的是将翻译组织优点扩大到最大限度，把危险减到最低限度。比如，一家翻译公司可能利用技术的、经济的、管理的或营销的优点，来解决竞争者提供新翻译服务所带来的威胁。成本最低的策略是，翻译组织能够运用它的优势去利用机会（SO策略）。也就是说，翻译组织的目的是从矩阵的其他位置转移到最佳状态。如果有劣势，就要努力去克服，并使劣势转变为优势。如果面临威胁，就要对付这种威胁，以便能够集中精力在机会上。

以新形势下推介中国文化“走出去”的语言策略为例。中国文化“走出去”的载体，很大程度上是语言，因此语言策略的正确使用至关重要。曾任中国外交部新闻发言人、外交学院院长的吴建民曾撰文指出：“有的代表团，万里迢迢到国外招商，请了很多人，介绍自己的省份或者城市，结果一上台先说天气，‘在这个春暖花开的季节，我来到美丽的巴黎，巴黎人民有光荣的革命传统’好不容易讲到正题了，又是一大堆让人云里雾里的话语，把大量时间浪费在充满套话、废话和空话的无效交流上。”① 这说明在中国对外推介活动中，语言表述策略方面存在严重问题。SWOT分析法可以为中国文化“走出去”的对外语言推介策略提供分析框架（见表1）。

表1　　推介中国文化“走出去”的语言策略SWOT分析

内部因素 / 环境因素	内部优势（S）：管理规范、信誉良好、资金雄厚、资源丰富	内部劣势（W）：对外推介的语言表达不符合接受国或地区的接受习惯
环境机会（O）：国家政策支持、政府资助；外国了解中国文化的兴趣和愿望	SO策略：极大（S）—极大（O）可能是最优的策略：发挥内部优势，利用机会	WO策略：极小（W）—极大（O）充分利用机会，克服劣势
环境威胁（T）：接受国的沟通习惯和方式	ST策略：极大（S）—极小（T）利用内部优势，避免威胁因素	WT策略：极小（W）—极小（T）克服劣势，应对威胁

从表1可以看出，就语言策略而言，要顺利地向外推介中国文化，必须将组织的劣势（W）和环境的威胁（T）进行转化，即：调整对外宣介的语言表达策略，使之符合外国的沟通习惯和方式。当然，不同国家、不同民族的人际沟通习惯和方式不同，找到问题的症结之后就可以区别对待，针对不同的国家和地区采取不同的语言表述方式。

当翻译组织涉猎的业务范围过多时，理想的做法是把翻译组织划分成策略性经营部门或分支机构，并让这些部门如同相对独立的组织那样去开展业务活动。明确地划分不同策略性业务部门的职能范围很重要，否则，策略的执行可能会很困难。如果一家出版社涉猎很多翻译出版领域，如既有经济类、科技类、社科类翻译出版业务，又有文学类、少儿类翻译出版业务，每个子部门都有自己的策略性计划，每个部门都和其他部门竞争稀少的资源，每个单位都对自己的策略做出过分乐观的预测，那么，在出版社层面上一定会发生冲突。人民文学出版社传统上一直专注于西方经典文学著作的翻译出版工作，随着近年来成功运作少儿类翻译出版物“哈利·波特”系列、“当代欧美畅销儿童小说系列”之后，出版社内部在资金分

① 吴建民：《中国官员需修“对外交流课”》，《人民日报》2008年11月23日第11版。

配、译者资源、对外宣传等方面出现了冲突。为避免冲突，2009 年 8 月人民文学出版社将其附属的外国文学出版社直接变身为致力于少儿图书出版业务的天天出版社。这样，少儿类翻译出版活动与经典文学翻译出版活动就相对独立，避免了对有限资源的争夺。

确定了策略之后还要经常强调策略的重要性，并定期检查策略的执行情况，保证策略与目标的一致性。其次，对于在竞争因素方面有可能发生重大变化，或者在环境因素方面有可能发生重大变化的情况，应该制定针对性的应急策略。

在对翻译活动的机会和目标有了明确认识之后，翻译组织工作的重心是决策的过程。决策是从决策者现在所处的位置到达将来预期的目标之间架起的桥梁。因此决策不仅仅是指引方向，而且也应该是合乎情理和行之有效的措施。有了决策就能将不能成为现实的事物变成现实。虽然决策不能准确地预测将来，而难以预见的情况可能干扰制定出来的最好决策，但是，如果没有决策，翻译工作往往陷于盲目，或者碰运气。决策是针对未来而做出的，而未来肯定会牵涉不确定因素，因此很难做到决策完全合理。但通过系统分析，可以做到有限的合理性，并随着翻译活动的运行不断做出调整。

决策的本质是选择，而要进行合理性的选择就必须提供多种备选方案。因此，在决策过程中，拟定多个可供选择的方案很重要。可供选择的方案数量越多，备选方案的相对合理性程度就越高，决策就越有可能完善。拟订多个备选方案后，要对这些方案进行评估。评价标准要看哪一个方案最有利于达到目标。可以从以下几个要点对备选方案进行评价：方案实施所需的条件能否具备；筹集和利用这些条件需要付出何种成本；方案实施能够给翻译组织带来何种长期和短期利益；方案实施中可能遇到的风险及从而导致活动失败的可能性；必须使决策尽可能地既符合需要，又避免费用的浪费。

以多家出版企业竞争《百年孤独》版权为例，供出版社决策的备选方案可能有：如果能够盈利则引进，否则放弃；如果能够带来社会效益，尽管经济上会遭受损失，但具备充足的经济实力，也可以不惜一切代价引进；尽管看好该项目带来的社会效益，但版税超出了自身的经济承受能力，只好放弃；尽管版税很高，如果营销措施得当，可能会盈利但有风险，有抗风险能力则引进，否则放弃。出版社要考虑的决策点为支付版税的能力、营销能力、该项目能为出版社带来何种利益、如果不能收回翻译出版成本，出版社能否承受失败的风险等。多家出版社之所以竞争《百年孤独》的版权，就是看好该作品的经济效益和社会效益。不过，市场经济条件下，经济效益、社会效益、版税以及出版社的支付能力和经营策略又是相互竞争的。在版税哄抬到105万美元的情况下，以每本书定价40元为例，出版社要售出55万册才能收回成本。而在阅读多元化的时代这几乎是不可能的。其他出版机构在版税抬到105万美元时退出了对《百年孤独》版权的争夺，说明自身经济承受能力这一决策点对组织决策起了决定作用。综合来看，新经典文化有限公司敢于高价拿下《百年孤独》中文版权，这一决策说明该公司具备这种支付能力和抗风险能力。当然，社会效益因素也对决策起作用。新经典文化有限公司总经理陈明俊面对记者的采访，这样谈道："出这个书（《百年孤独》），我们想的不是挣钱不挣钱的事情，而是觉得作为一个出版人，像这样一个深深影响过很多年轻人的伟大作品，今天的年轻人读不到它真的很遗憾。"① 不过，新经典文化有限公司对《百年孤独》翻译出版项目的运行还是想通过降低其他相关出版成本来冲抵过高的版税。如对该书译者的选择，该公司也面临决策的选择。如果选择有丰富翻译经验的译者，可能支付的翻译费要高些；如果选择年轻译者，则可能少支付些翻译费。新经典文化有限公司的决策是选择后者。最后，该公司选择了一位三十出头的年轻译者翻译这部经典著作（我们并无诋毁年轻译者翻译质量不高的故意）。

决策中的许多因素都存在于翻译组织之外，也就是说，在封闭的系统环境中是无法制定决策的。此外，翻译组织的每一个部门或环节都是其子系统。翻译组织的管理者必须对其他部门或所有环节的决策或方案做出反应。进一步说，翻译组织内的成员也是社会系统的一部分，不论何时，管理者在做决策时，必须把这些人的思想和看法考虑在内。

在翻译运行中，策略与决策不但包含制定过程，还强调执行过程以及检查策略与决策的执行情况，以便于实施和完成。策略与决策的目的是实现翻译活动的目标，因此，制定策略与决策仅仅是工作的第一步，大量的策略与决策活动是在翻译运行期间开展的。执行策略与决策要求翻译系统各环节按时完成预定的工作内容，保证全面地、均衡地实现计划，以建立

---

① 孙小宁：《〈百年孤独〉合法现身了》，《北京晚报》2011年6月6日第23版。

正常和稳定的活动秩序，保证翻译活动稳步地发展下去。

策略与决策是一个系统设计过程，属于计划的范畴，是在研究社会的需要以及翻译系统所拥有的资源之后，明确翻译活动在一定时期内所追求的目标。通过策略与决策的制定、执行和检查，协调和合理安排翻译系统中各方面的活动，有效地利用翻译系统的人力、物力和财力等各种资源，取得最理想的经济效益和社会效益。因此，策略与决策作为维持翻译运行的基本手段，要事先做好系统的分析和思考，在时间和空间上统筹安排整个翻译运行以及翻译系统各要素的活动，对系统的各项资源和各种努力作出最佳配置和引导。

在通过策略与决策确定了翻译组织的目标，并对实现目标的方向作了大致决策之后，为了使翻译活动有效地运行，还必须对翻译系统的各种资源进行合理配置，以促使系统内各环节之间具有最为有效的关联；分析翻译工作的要求与各环节的特点，将适当的人员安排在适当的岗位上；从制度上整合翻译组织的各种力量，协调各部门、各环节的关系，从而使翻译组织有效地运行。

第四节　翻译组织资源配置

翻译组织能否顺利地实现其目标，能否促使其成员在实现组织目标的过程中做出贡献，在很大程度上取决于组织结构的完善程度。因此，组织结构的资源配置就成为翻译活动社会运行中的重要一环，这是执行翻译组织职能的基础性工作。

建立翻译组织是为了创造一种能够完成翻译目标的环境。要使组织结构适应各种情况，应对难题，不仅要确定必须完成的工作，还要物色合格的人选。组织资源配置就是给组织结构设置编制、配备人员和保持满员。翻译组织最核心的人力资源是译者以及与译者工作直接相关的编辑或审校人员。当然，作为一个完整的组织，翻译组织的运行还有赖于其他行动者的工作。

译者虽是翻译组织结构的核心，但在中国，译者与出版社却是一种松散的短期雇佣关系。各出版社没有专职译者，往往是购买了版权之后再寻找译者。这在很大程度上影响了翻译运行的绩效。出版社寻找译者的渠道很不通畅，结果有时会发生购买了版权之后，因为找不到合适的译者而导致翻译项目夭折。在2009年9月武汉召开的翻译服务产业论坛和翻译经营管理工作研讨会上，中国人民大学出版社总编辑周蔚华介绍，该社在21世纪初从英国引进了一部“青少年百科全书”，前期已经投入版税等支出近50万元，因为找不到合适的译者，出版社只好终止了该翻译项目。另外，出版社因为没有自己的译者资源，在寻找译者方面往往要浪费很多时间。译者尽管是翻译组织活动的核心，但其地位却处于翻译活动的最底层。在出版社，译者只是面对出版社的编辑，仅仅是完成编辑交付的翻译任务，翻译活动的其他环节，如翻译选题、版权引进、图书营销，译者一概无权参与决策，导致译者在翻译活动中处于被动服从地位。同时，由于译者不隶属于出版社，也使得出版社不能有效地控制译者的翻译行为。

翻译公司虽然有专职译员，不过数量较少。很多翻译任务，尤其是比较艰巨的翻译任务还是要靠兼职译员来完成。兼职译员与翻译公司的关系也是一种松散的短期雇佣关系，导致管理失控。翻译组织中，理想的人力资源配置应该是树立牢固的整体观念，采取长期雇佣制度，各翻译组织都拥有自己固定的译者资源，翻译组织与译者积极融为一体、荣辱与共、译者参与翻译运行其他环节的决策、以自我指挥代替等级指挥等。

在翻译组织，理想的资源配置不但要把译者纳入组织之中形成某种固定的关系、让译者参与翻译运行的各环节，而且还要确保合格的翻译人力资源在数量上满足翻译活动的需求。一定时期内，外部环境对翻译组织资源的供给应该与翻译组织对翻译人力资源的需求保持一致。也就是说，翻译人才的培养和储备既能够满足数量要求，又能够满足翻译质量要求；小语种翻译人才能够满足各领域的需求；涉及翻译出版业务的出版社有合格的外语编辑人才；翻译公司配备有足够数量的、合格的审校人员。这又对培养翻译人才的高等院校提出了相应的要求。

无论多么出色的翻译人才，进入工作岗位后都要经过持续的在岗培训才能适应翻译工作的需要。一般来讲，翻译组织对译者的培训做得越好，必要的上下级关系的相互影响就越少。训练有素的译者，不仅不需要管理人员花很多时间沟通交流和监督，而且翻译成果也不需要编辑或审校的大幅度修改。因此，译者的在岗培训对于翻译活动的顺利开展极其重要。译者训练有素才能保证翻译活动高效运行；否则，会影响翻译活动运行的绩效。

翻译活动的组织资源配置还要坚持既分工又协作原则。翻译工作专业性强，要求专业分工，但专业分工太细又会影响组织管理的效率。以出版社的翻译编辑岗位为例，即便人文社科类的翻译，哲学翻译与政治学翻译不同、历史翻译与伦理学翻译也不同。按道理应分别设置不同的编辑资源，才有利于提高翻译编辑工作的效率。但随着分工的深入，也会增加出版社的部门或人员，增加管理工作的横向幅度。因此，在设置组织结构时，既要有分工又要有协作，既要保持组织精干又要使组织高效，才能保证翻译组织各项专业管理工作顺利开展，从而达到翻译组织的整体目标。

翻译组织中存在一条由高层延伸到基层的权力等级链。为了保证活动的统一，使组织最高层的决策得以顺利贯彻执行，翻译组织的每个环节以及个人必须服从上一级的指挥。也就是说，翻译组织最高层的指示自上而下逐级传达，不许发生越级指挥或越权指挥的现象。这样，就避免了多头指挥、指示不统一、下级对各种指示无所适从的局面，这可以提高翻译运行的效率。但这种自上而下链条式的翻译活动运行方式也存在一定的问题，即同级部门之间的联系被切断了。这可能会导致翻译组织对外界环境的变化反应迟钝。为了弥补这一缺陷，可以采取允许同级部门之间在必要的时候相互联系的办法，同时，行动的结果要及时向共同的上级部门报告。

翻译组织活动中还要贯彻责、权、利相结合原则。责任、权力、利益三者之间是不可分割的。权力是责任的基础，有了权力才可能负起责任；责任是对权力的约束，有了责任，权力拥有者在运用权力时就必须考虑可能产生的后果，不至于滥用权力；利益的大小决定了行动者是否愿意担负责任以及行使权力的程度。有责无权，有权无责，或者责权不对等，或者责权不协调、不统一等，都会使翻译活动不能有效运行。此外，不合理的组织结构既不利于激励相关行动者，也无益于管理监督。以图书翻译的责任编辑岗位为例，责任编辑的收入与其审稿量挂钩。目前出版的翻译读物中有些存在明显的翻译错误和不具可读性的现象，都是责任编辑没有尽到责任或没有行使自己的权力造成的。如果翻译初稿问题很严重，达不到出版要求，责任编辑有权退回译稿，要求译者重译或大幅度修改；如果问题不是很严重，那么责任编辑有责任在审校环节进行加工完善。目前的情况是，责任编辑一味追求自己的经济利益，而忽略了自己应承担的责任和应行使的权利。

从系统的观点看，任何组织都是一个开放系统，都属于社会环境中的一个子系统，在其活动过程中，都与环境发生一定的相互联系和相互影响。一般来说，翻译组织要进行有效的活动，必须维持一种组织资源相对平衡的状态，翻译组织越稳定，运行效率就越高。如果翻译组织结构总是频繁地调整，便会影响组织的正常运行，各环节的行动者也会不适应。但是，翻译组织本身又是不断运动的，而且翻译组织赖以生存的环境也在不断变化。当翻译组织结构相对僵化、组织内部效率低下且无法适应外部的变化或不能应对外在的危机时，翻译组织就要进行调整和变革。

在环境变化时，翻译组织的资源配置必须进行调整和变革，才会给组织重新带来效率和活力。经济全球化的发展对翻译组织变革产生影响。经济全球化使得翻译组织所面对的竞争已经超越了国界。竞争的广度和深度也超越了过去任何一个时代，翻译组织不仅要面对国内竞争对手的挑战和国内政治、经济、社会、文化环境的变迁，还要面对国外竞争对手的挑战与各个不同国家复杂的政治、经济、社会、文化乃至宗教等多种因素的制约。翻译组织置身于这种环境中，必须积极参与全球经济一体化的运作，否则就会在全球经济竞争中处于劣势。目前来看，中国很多出版社在获取国外图书出版信息方面的能力还很薄弱。现任中国出版集团公司总裁聂震宁曾谈道："中国国际合作出版的路数比较单一，主要是版权贸易，而且往往滞后很长时间。比如《哈利·波特》引进到中国，已是第 36 个语种。"[①] 为应对全球化竞争的挑战，翻译组织在组织结构上应设置独立的国际业务部门，在人员配备上要重用大批懂外语、善于学习、观念新、信息处理能力强、了解国际市场规则的人才。翻译组织的经营方针也要从以营销为中心向以客户为中心转变，从争夺资源向争夺市场份额转变。

科技进步也会影响翻译组织资源配置的变革。随着信息技术和互联网技术的迅猛发展，出版介质、传播媒介和传播方式发生了巨大变化。出版社应抓住机遇，充分发展数字出版业务，实现翻译作品由传统的纸质出版向数字出版、从单一媒体向多媒体出版、由书店营销向网络付费下载方式转变。这种转变必然导致出版社业务部门及员工构成等方面的变革。

翻译技术的改进也对翻译组织变革产生不小的影响。笔译传统上依靠大脑、书写工具和纸质工具书。随着计算机技术的发展，计算机辅助翻译（CAT）逐渐显露出其技术优势。计算机辅助翻译可以保证术语的一致性、提高翻译速度、便于多人合作翻译、方便审校，因此，可以提高翻译的效

① 聂震宁：《我的出版思维》，河北教育出版社 2004 年版，第 411 页。

率和准确性。目前，越来越多的客户，尤其是跨国公司，指定翻译公司使用某种翻译工具（如TRADOS）来完成委托的翻译任务。计算机辅助翻译技术的出现给传统的翻译公司带来压力。翻译公司要么更新硬件配置，购买、使用相关翻译工具；要么失去大量客户。翻译工具最终还是要由译员来操作，不熟悉翻译工具、学习能力不强的译员必然会被淘汰。翻译公司使用新的翻译工具所带来的直接影响就是大量重复性的翻译工作被翻译工具所完成，结果是翻译公司所需要的译员人数会减少并带来管理幅度的扩大。

政府政策为翻译组织资源配置变革指明了方向。中国政府对文化“走出去”十分重视，政策支持力度较大。文化部《关于支持和促进文化产业发展的若干意见》中明确指出：“实施‘走出去’的发展战略。积极争取有关部门支持，对出口的文化产品和文化服务给予优惠，在金融、保险、外汇、财税、人才、法律、信息服务、出入境管理等方面，为文化企业开拓国际市场，扩大市场份额，提高国家竞争力创造必要条件。”中国文化“走出去”战略的实施，给国内出版界带来了新的机会。不过，国内出版界也存在明显的劣势，即缺乏版权推介经验。面对这种新的环境，翻译组织的变革也就成为一种必然的选择。“中外出版深度合作”就是顺应这种环境变化的结果之一。根据该计划，中国和外国作家各创作一部作品，然后交由对方国家的译者翻译，完成后同时在两国出版发行。2010年，“中外出版深度合作”首先在希腊启动，以后这一合作出版模式将逐渐贯穿到欧洲其他一些国家。同时，有经济实力的出版社还可以通过收购外国出版公司或在国外组建分公司的方式，以国内翻译、国外出版的模式，助推中国文化“走出去”。翻译组织如果能够根据国家的政策导向迅速做出变革，就能够获得某种资源优势，利于自身的发展。

完善的组织结构是翻译活动良性运行的基础。由于译者游离于翻译组织之外，仅仅在承担翻译任务时才形成暂时的雇佣关系，导致翻译活动在组织结构上不完善。这在很大程度上影响了翻译活动的良性运行。理想的翻译组织应将译者纳入组织之内，采取长期雇佣制度，以译者为中心进行层级式人员配置。同时，翻译组织结构不是固定不变的，随着环境和技术条件的变化，翻译组织也要进行相应的资源配置变革。

不管翻译组织的组织结构有多完善，如果译者没有工作积极性、消极怠工，还是不能生产出合格的翻译产品、不能提供使客户满意的翻译服务。因此，还需要通过激励来激发译者的工作意愿，促使译者的个人目标向翻译组织目标一致的方向转变，从而增强组织的凝聚力和活力。

第五节　译者的动力激发

翻译作为一种社会活动，具有独立的目标或功能，即传播知识、交流文化。译者是翻译活动的主体，为了实现翻译活动的目标，就要激发译者的动力。译者动力的激发，来自翻译的激励系统。

激励就是在满足个体某些需要的情况下，个体会付出很大努力去实现组织目标的某种意愿。个人目标及个人利益是译者行为的基本动力。它们与翻译组织的目标有时一致，有时不一致。当二者发生背离时，译者的个人目标往往会干扰翻译组织目标的实现。激励的功能在于以个人利益和需要的满足为前提，诱导译者把个人目标统一于翻译组织的整体目标，激发和推动译者为完成翻译任务做出贡献，从而促使个人目标与翻译组织整体目标的共同实现。

同时，译者的工作绩效取决于其个人能力和激励水平两个因素的合力。翻译能力固然是取得绩效的重要保证，但是，不管个人能力有多强，如果激励水平低，就难以取得好的成绩。激励可以激发译者的干劲并使之具有韧性，从而为实现目标而坚持不懈地努力。

翻译活动主要是由译者来完成的。因此，翻译运行要提高绩效，必须充分调动译者的积极性、主动性和创造性，最大限度地满足译者的需求和愿望。由于出版社与翻译公司在组织结构方面不同，激励的方式既有不同之处，也有相通之处。因此，我们穿插讨论这两种翻译组织对译者的激励方式。

人生活在世界上，首先要满足生存需求。换言之，物质需要是人的第一需要，是从事一切社会活动的根本动因。所以，对译者激励的主要方式应该是物质激励。薪酬是物质激励的主要表现形式。对于广大译者而言，仅翻译公司的专职译员享受薪酬制。翻译公司一般对译员实行任务绩效薪酬制，这种激励制度把翻译任务完成情况与工作报酬挂钩。另外，可变薪酬制和奖金制度也被广泛采用，用来激励译员。可变薪酬是在原来相对固定的基本薪酬基础上，根据译员个人或翻译团队的业绩来确定收入部分，是薪酬的补充形式。它可以用来目标分享、小组激励等。奖金是译员得到的除基本工资以外的额外补偿，奖金常用来奖励那些业绩好、给翻译公司带来大量利润的译员。

不过，总体而言，由于中国翻译产业起步较晚，还没有形成规模化翻译生产格局，翻译公司的盈利能力还较弱。有的翻译公司为了抢占市场份额不惜低价竞争，过低的价格最终又会转嫁到译员身上，导致译员能够获得的薪酬较低。由于译员不能获得充分的薪酬激励，结果就会对翻译公司不满，译员往往在翻译公司工作不到一两年就流失到其他行业，这必然造成翻译公司组织结构不稳定。对于兼职译员，翻译公司主要以事后支付翻译费的形式与之合作。事实上，兼职译员所接手的往往是超出专职译员翻译能力的翻译任务。由于翻译任务艰巨，翻译公司应该支付相对较高的翻译费才能激励兼职译员的翻译积极性，才能保证翻译质量。如果翻译公司故意刁难兼职译员，克扣其翻译费、延迟支付翻译费，甚至以各种借口不支付翻译费，就会大大打击兼职译员的积极性。事实上，有些小型翻译公司竟以这种方式作为谋取利益的手段。在一些知名翻译论坛上，常常有网友自发曝光那些不道德的翻译公司，它们的这种做法也玷污了整个翻译产业。由于缺乏监管，兼职译员在与翻译公司的交涉中也往往处于弱势地位，权利得不到应有的保护。对于兼职译员，理想的激励方式应该是事先支付合理翻译费，或事先支付部分翻译费的形式。作为一种激励手段，薪酬是永远不应该被忽视的，虽然薪酬与激励之间的关系渐呈弱化趋势，但物质需要始终是进行一切活动的基础，薪酬总是重要的。因此，只有合理的薪酬体系和薪酬数额才能够对译员起到重要的激励作用。在激励的时间效应上，把对译员的短期激励和长期激励结合起来，强调激励手段对译员的长期正效应。在薪酬设计上，应该突破传统的事后奖酬形式，转变为从价值创造、价值评价、价值分配的事前、事中、事后三个环节出发，设计薪酬激励机制。

如上节所述，为出版社从事翻译工作的译者与出版社之间是一种松散的短期雇佣关系。由于引进版图书的出版成本较高——出版社既要支付版税，又要支付纸张、印刷、装帧、广告、营销等出版费用，而且出版社还要有一定的盈利空间。因此，出版社支付给译者的翻译费不可能很高。译者从出版社获得的报酬远不能满足自己的生存需要。幸运的是，译者都有自己的本职工作，基本上是在业余时间从事图书翻译。因此，以支付翻译费的形式对译者实行充分的激励是不现实的。

现实生活中，个人的需要往往不止一种，而是多种需要同时存在，既有生存需要，又有精神需要、情感需要和自我实现的需要等。这些需要的强弱也是变化的。如果一个人的所有需要都未得到满足，那么生存需要就是支配个人行为动机的优势需要，而其他需要则作为陪衬而存在。一旦个人的生存需要获得适当满足，个人的其他需要就会显得相对突出并成为支配行为的新的优势需要。已满足的需要不再具有较强的激励作用，只有未满足的需要才具有激励作用。在任何时候，个人的行为动机总是由其全部需要结构中最重要、最强烈的优势需要所支配。人的一切行为都是由其当时的优势需要引发，朝着满足这种优势需要的目标努力的。同时，人与人之间在个体上存在着差异性，反映在需要上则是有的人看重物质需求，有的人看重精神或名誉需求等。因此对同一种激励，不同的人所体验到的效价不同，其对个体的吸引力也有所不同。

对于从事图书翻译的译者而言，其生存需要已经在自己的本职工作中得到了基本满足。或者说，如果译者的生存需求得不到满足，是不可能从事图书翻译工作的。在满足了基本生存需要之后，译者看重的往往是翻译活动背后代表的地位和权力，更加关注的是翻译活动带来的成就感、满足感和自我价值的实现。因此，对这类译者的激励应该侧重以精神激励为主。精神激励分为荣誉激励、目标激励、参与激励、情感激励和自我激励等。荣誉激励主要来自翻译系统的外部环境，目标激励、参与激励和情感激励来自翻译系统本身，自我激励来自译者自身。当然，这些激励形式也同样适用于其他领域的翻译活动的从业者。

人都有自尊，也希望得到别人的尊重，希望自己有稳固的社会地位，获得事业的成功、得到他人的好评等。这些都是精神需要的具体表现。荣誉激励通过满足译者的自尊、自我发展和自我实现的需要，在较高层次上调动译者的工作积极性。这种激励深度大，效果维持时间长。通过给予译者职称晋升，委任重要职位，授予有声望的头衔或者享有荣誉的桂冠，可以增强译者的成就感，同时赢得社会的尊重，译者的荣誉需求进而得到了满足。由于译者与出版社松散的短期雇佣关系，对译者的这种荣誉激励只能由翻译系统的外部环境来完成，而不能寄希望于出版社。目前来看，外部环境对译者的荣誉激励是欠缺的。从社会对译作的评价看，一方面，针对翻译的奖项极少，在这样的背景下，相当一批优秀译者的翻译动力就被人为地抑制住了。另一方面，很多时候一部翻译图书获得好评，不是因为翻译质量好，而是因为原作者的名声或原书在国外获得的好评影响着国内的评价。如霍金的《时间简史》入选“改革开放30年30部优秀科普翻译图书”，但《时间简史》的翻译质量绝对算不上“优秀”。据《人民日报》报道：“这本书（《时间简史》）从英文封面到英文版权页，从霍金写的前言到全书的最后一页全都有差错。正文内容方面的差错尤其严重，既有文字、词语、语法、标点符号、数字、计量单位等方面的错误，也有自然科学名词、科学家译名等翻译上的前后不统一，还有插图、版面格式上的技术失误，甚至将英文版原著中的句子整句‘丢失’。”① 假使一本翻译图书各方面都做得很好，则全是出版社的功劳。只有在批评翻译质量问题时，人们才会想到译者。从授予译者的荣誉来看，覆盖面太小，普通译者享受不到，不能对广大译者产生激励作用。改革开放30多年来，中国翻译协会仅授予季羡林、杨宪益、沙博理、许渊冲、草婴、屠岸、李士俊、高莽、林戊荪、江枫、李文俊等11位翻译家“翻译文化终身成就奖”。而且这一奖项都是在翻译家们年迈时颁发的，多少有点安慰的意味。既不能对翻译家本人产生激励作用，也不能对其他译者产生激励作用。理想的荣誉激励方式应该是社会对广大译者的翻译工作予以高度认可，激励能够覆盖绝大多数译者。比如，高等院校和科研院所在职称评定上认可翻译成果，这可以大大激发上述机构译者的翻译动力和精益求精的精神。

目标作为一种诱因，具有引发、导向和激励的作用。实际上，个人除了薪酬目标外，还有如权力目标或成就目标等。目标激励就是翻译组织通过设定适当的目标，诱发译者的动机和行为，达到调动译者积极性的目的。每个人都有成就感的需求，因此要不断地为译者设立可以看得到、在短时间内可以达到的目标。通过帮助译者确立既定的目标，使之诱发行动的力量，并按照目标的要求自觉控制其行为方向，挖掘自身的心理和生理潜力，全力以赴实现目标。当译者的目标强烈和迫切地需要实现时，就会对翻译组织的发展产生热切的关注，对翻译工作产生强烈的责任感。目标激励的关键在于目标要具有明确性、挑战性和可行性。目标应该是可检验的，模糊的目标不会产生激励作用。所设定的目标应该让译者在充分发挥其潜力的情况下能够完成，太简单或者太复杂的目标都不具有激励作用。

① 张建松：《〈时间简史〉中文版差错百出　科普图书质量亟待提高》，《人民日报》2003年11月3日第5版。

并且，目标的实现条件和难度要被译者所接受。比如，给译者设定每天翻译10000字的目标，只会牺牲翻译质量，而达不到激励译者的目的。

参与会给人一种成就感，因为它迎合了人的归属感和被认可的心理需要。让译者适当地参与翻译组织决策不仅会对译者产生激励作用，而且会给翻译运行带来有价值的知识。参与激励主要是让译者参与翻译组织的决策，提出合理化建议，激发译者产生一定的抱负，并朝目标努力工作。目前，由于译者与翻译组织的融合度较低，译者参与翻译组织决策的概率不大。尤其是译者与出版社之间、兼职译者与翻译公司之间的融合度更低。译者作为翻译组织的“编外人员”，没有机会参与翻译组织的决策。

理想的状况是，吸纳译者参与翻译组织的决策，特别是与其工作有关的决策，这有助于译者了解翻译组织状况和组织者的意图，增强他们对翻译组织及工作环境的认识，减少因不了解组织者意图或措施所引起的不满。同时，如果译者的合理化建议在决策过程中得到一定程度的体现，这类决策往往会得到译者的大力支持和配合，决策的贯彻实施就会更加顺利。但在实践中，一些翻译公司将译者的合理化建议流于形式，这样不但起不到激励译者的作用，甚至会挫伤译者的积极性。因此，合理化建议的实施一定要周密安排，避免走过场。另外，参与决策可以使组织者与译者的关系得到改善，加强彼此的沟通与信任，增强译者的责任感，使译者对翻译组织具有较高的满意度。

情感激励不以物质利益或荣誉激励为刺激工具，而是通过建立一种人与人之间和谐、友好的感情关系，以调动工作积极性。情感激励以沟通、融洽、关怀、亲和、尊重等为手段，是一种人情味很浓的激励方式。情感激励的最大特点在于关心人、爱护人、帮助人、尊重人，使被激励者处处感到自己受到重视和尊重。情感激励在翻译组织中有着非常广泛的应用价值。因为翻译组织是知识密集、文化层次相对较高的机构，从事翻译工作的译者知识水准相对较高，他们对于尊重和关心的需要相对更为强烈。要调动译者的工作积极性，激发其工作热情，情感激励往往比薪酬激励更有效。不过，在中国当前的翻译组织管理活动中，往往重视规章制度建设，比较轻视情感激励。

对翻译组织而言，最经济的激励方式是译者的自我激励。传统上，中国知识分子“以天下为己任”、胸怀国家利益、不计较个人利益得失。尽管市场经济条件下人们的价值观在改变，但仍有少数译者具有高度的社会责任感和内在工作动机，事业心特别强，以发挥自己的能力为国家、为社会做贡献进行自我激励。外在的激励对这类译者的作用相对较小，只要为他们提供合适的工作环境，让他们充分发挥自己的能力，他们就会感到莫大的幸福。这类译者的翻译质量也是有保证的。2005年，北京大学外国语学院黄燎宇教授以其翻译的长篇小说《雷曼先生》获得第三届鲁迅文学翻译奖。为了翻译跟精神病相关的术语，黄燎宇教授自己扮作精神病人去精神病院求医，结果该书中涉及精神病部分翻译得非常准确，令评委们折服。不过，市场经济条件下，自我激励毕竟只有极少数译者可以做到，对大多数译者而言，适当的物质或精神激励是必不可少的。因为人总是期望在达到预期的成绩后能得到适当的、合理的奖励，如果只讲工作和奉献，没有行之有效的物质或精神奖励进行强化，人们被激发起来的内部力量会随着时间的推移而逐渐消退。

对译者进行激励的最终目的是在实现翻译组织预期目标的同时，也能让译者实现其个人目标，即达到翻译组织目标和译者个人目标在客观上的统一。因此，激励手段应该奖励和惩罚并举。既要对符合翻译组织期望的译者行为进行奖励，又要对不符合翻译组织期望的行为进行惩罚。惩罚有利于减少或消除不正当行为重复出现的可能性。目前来看，社会对达不到翻译质量标准的翻译行为基本处于放任自流状态，还未形成规范的、行之有效的处罚机制。

激励的本质是基于译者的需要，通过某种激励来激发译者的工作动力，使译者的个人努力和翻译组织的目标最大限度地保持一致，最终实现翻译组织的目标。因此，理想的激励方式应该是物质激励与精神激励相结合、奖励与惩罚相结合，从而使译者始终保持旺盛的士气、高昂的热情，并引导译者积极地按翻译运行所需要的方式行动。这样，翻译运行才能实现较好的绩效。在翻译系统，除了对译者要实行合理的激励激发其动力外，还要运用控制手段纠正翻译运行中出现的各种偏差。

第六节　翻译活动的过程控制

在翻译活动过程中，无论在制定决策时考虑得多么严密，都会因为翻译组织受外部环境和内部条件变化的影响而发生翻译活动偏离既定目标的情况。过程控制是确保翻译活动能够依照计划完成，并修正重大偏离的一种监督程序。过程控制的实质是使翻译活动符合既定目标，控制越准确、全面和深入，就越能保证翻译活动顺利进行，并能更多地反馈信息以提高翻译质量。过程控制可以保证决策的实施和完成，从而保证翻译目标的实现。

即使翻译组织的内外部环境相对稳定，仍然有必要对翻译活动的运行进行过程控制。翻译活动目标的实现在很大程度上取决于译者的翻译工作能够达到计划决策的要求。然而，由于译者在不同的时空工作，他们的认识能力不同，对翻译活动的要求，理解可能存在差异。即使译者能完全正确地理解翻译活动的要求，但由于翻译能力的不足也会导致其实际翻译活动与要求不符。因此，对翻译活动进行过程控制是非常必要的。

过程控制依据预期目标对翻译活动进行检查、评估、监控，及时发现问题并予以纠正，以促使翻译系统有效运转，保证翻译目标的实现。翻译组织在从事翻译活动的过程中，由于受内外部环境变化的影响，常会发生实际执行结果与预期目标不完全一致的情况。对翻译活动的组织者而言，重要的不在于翻译活动有无偏差、或是否可能出现偏差，而在于能否及时发现已出现的偏差或预见到潜在的偏差，采取措施予以纠正和预防，以确保翻译活动能够正常进行，预期目标能够顺利实现。在有些情况下，正确的控制可能导致确立新的目标，提出新的计划，甚至改变组织结构。

尽管在不同的翻译组织中，控制的内容不尽相同，每项控制工作的关键控制点和标准也可能不一样，但控制的过程基本是一致的，大致可分为三个环节：确定控制标准；衡量翻译绩效；采取措施纠正偏差。

标准是控制的基础，离开了标准就无法对翻译活动进行评估，控制工作也无从谈起。所以，确定控制标准，是控制过程的逻辑起点，也是进行控制的必要条件。严格而言，确定标准属于决策的范畴，但由于决策的详细程度和复杂程度不一，其标准不一定适合控制的要求。而且，控制需要的不是决策中的全部指标和标准，而是其中的关键点。因此，实施控制的第一步就是以决策为基础，识别控制的关键点，并确定控制所需的标准。当然，翻译组织的外部环境及内部条件随时都在发生着变化，这就决定了控制标准和方法不能一成不变。

以翻译出版活动为例，一个完整的翻译出版流程为：选题；洽谈版税、签订版权合同；寻找译者、签订翻译合同；翻译；出版社一审、向译者反馈意见；复审；终审；版式设计；一校、向编辑反馈；二校、向编辑反馈；三校、核红；责任编辑、总编辑签字付印。该流程中的关键控制点为选题、译者选择、一审。翻译出版物作为一种精神产品，选题至关重要。而当前的实际情况却是要么出版社策划编辑通过网络或杂志介绍进行选题，要么“出版社把丛书选题包给某个公司、工作室或中介人”①，这导致选题质量低下、选题过滥，没有系统性。在国家经济实力还不十分强大、译者资源相对不足的情况下，翻译选题应该集中相关领域的专家学者通过科学论证来决定。

翻译活动主要由译者完成。因此，合格的译者是良好翻译绩效的保障。翻译不仅仅是两种语言之间文字的转换，翻译还牵扯到相关专业知识和背景知识，对译者的要求较高。针对某一翻译项目，理想的译者应该是语言转换技能娴熟，熟悉相关专业知识和背景知识。或者说，译者决定翻译项目。如果出版社能够找到适合某翻译项目的译者，该项目则投入生产；反之，则暂停或终止该项目。2009 年 9 月在武汉召开的翻译服务产业论坛和翻译经营管理工作研讨会上，据中国人民大学出版社总编辑周蔚华介绍，该社在 2005 年出版了从国外引进的“工商管理百科全书”，仅寻找译者就花了两年时间。尽管从时间效益或成本效益上来说，出版社受到了一定的损失，但从社会效益而言，出版社的这种做法是值得褒扬的。反观现在的一些学术翻译出版物，很多翻译质量问题都是由于译者不熟悉相关专业知识造成的。或者说，出版社选择的译者是不合适的。

译者将译稿完成后提交出版社编辑，由编辑进行审校。出版社一般对翻译图书实行三审三校制。其中最关键的是一审环节，因为一审是审校的基础，要对译稿的政治倾向、思想品位、学术价值、文字水平进行细致的审查，对译稿的优缺点给出实事求是的评价，并向译者反馈。理想的一审编辑应该既懂原文，又懂相关专业，还要有责任心。当前翻译出版物质量问题较多，除了译者的责任之外，还因为出版社的编辑不懂外语、不熟悉相关专业知识、责任心不强，不能起到过程控制的作用。

衡量翻译绩效是根据所确定的控制标准对翻译活动进行评估，将评估结果与标准进行比较，对翻译绩效做出客观的考核与评价。一般来说，可以通过个人观察、统计报告或抽样检查等方法来获取衡量翻译绩效的信息。在个人经验的基础上，通过个人观察，可以获取关于翻译活动的最直

① 李景端：《对翻译出版搞“发包”说不》，《中国新闻出版报》2007 年 12 月 10 日第 1 版。

接的第一手资料，这样可以避免可能出现的遗漏和信息失真。当然，个人观察方法也有一定的局限性，仅凭个人观察往往不能全面了解各个方面的翻译活动情况。运用统计报告可以将翻译活动中采集的数据以一定的统计方法进行加工处理，可以列出各种数据以及数据之间的关系，并且以图表和图形等直观的形式呈现出来。统计报告具有准确、科学和直观的优点。在翻译公司，对多名译员合作翻译完成的大型翻译项目，如果译员之间的翻译能力比较均衡，还可以通过抽样检查来衡量翻译绩效。

控制过程的最后一个环节就是采取行动、纠正偏差。偏差是指所确定的翻译标准与实际翻译结果之间的差距。纠正偏差的目的是使控制对象的实际行为恢复到预期目标或标准的轨道上来。纠正偏差首先是在衡量翻译绩效的基础上，找到发生偏差的环节与阶段，根据偏差的严重程度及对翻译组织的影响程度，对偏差进行分类，并标示发生偏差的环节与阶段。对造成偏差的原因进行深入分析，找出其根本原因，以便制定正确有效的纠正措施。不同的偏差、不同的原因，要制定不同的措施，这样才能保证纠正措施的针对性。由于控制与决策、组织资源配置、译者激励等环节紧密相连，制定措施纠正偏差要综合考虑并结合其他环节的实际情况。可以调整目标即改变导向来纠正偏差，也可以运用翻译任务重新分派或明确职责进行纠正，也可以从译者资源配备等方面入手进行纠正。

发生偏差的原因是多方面的，可能是因为外部环境变化，可能是因为计划操作不当，还可能是因为计划不合适或计划有缺陷等。外部环境发生显著变化，可能会影响翻译运行而产生偏差。如国家政策法规发生变化、国家政策导向发生改变或翻译公司的大客户突然破产，这些因素往往是不可控的，只能在仔细分析环境变化的基础上尽快采取补救措施，以适应环境变化或尽量消除不良影响。1992年中国加入《伯尔尼保护文学和艺术品公约》和《世界版权公约》之后，国内出版社连续两年表现出对上述国际公约的不适应，从国外引进的翻译出版物大幅度下滑。如果在上述国际公约在中国生效前，国内出版社就开始认真研究、制定应对策略，可能对国外出版物的引进就不会严重下滑达两年之久。可见，纠正偏差的时间性很重要。翻译活动的执行者由于自身的原因，如工作不认真、没有责任心；或能力不够，不能胜任本职工作等，也会造成偏差的发生。及时发现后应采取纠正措施，如重申规章制度、明确责任、制定激励措施、按规定处罚等。正规的翻译公司一般都设有审校职位，负责统稿和审核译员的翻译稿件。如果审校自身业务能力不够、责任心差，不能尽到应尽的责任，送到客户手中的翻译稿件可能就会招致客户的不满，甚至引起索赔。这时，翻译公司就要尽快寻找发生偏差的环节，是译员的问题，还是审校的问题，找到问题的症结之后，尽快予以纠正。有时翻译组织制定的计划不切实际、好高骛远、盲目乐观，把目标定得过高，对译者起不到激励的作用，反而会打击译者的工作积极性。

纠正偏差只是暂时解决了翻译运行中某个环节的问题。要保证翻译组织持续发展，确保既定目标的实现，还要通过有效的反馈渠道获取信息，对翻译决策进行不断完善和修改，使之更加符合实际。按照控制处于翻译进程的不同阶段，控制可分为前馈控制、同期控制和反馈控制。

前馈控制是一种预防性控制，其着眼点不是翻译活动的结果，而是提前采取各种预防性措施，包括对投入资源的控制，以防止翻译过程中可能出现的偏差。其目的是防止问题的发生而不是当问题出现时再进行纠正。为了保证翻译活动的顺利进行，必须在翻译活动开始以前检查是否具备了进行计划要求的各种条件，如原作者或出版代理的授权、合格的译者、充足的时间和资金、合格的编辑或审校。如果评估的结果符合翻译活动的需要，那么就可以按原定的计划进行翻译；如果不符合条件，则需要改变翻译的运行过程及其投入。以出版社的翻译成本控制为例。为保证获取利润，维持组织的正常运作，出版社须进行翻译成本控制。对出版社而言，翻译成本控制主要体现在版税、翻译费两方面。在阅读多元化的时代，图书印量不会很大，如果引进版图书版税过高，出版社可能难以收回生产成本。对于内容厚重、翻译难度较大的图书，如果翻译费较低，可能难以吸引优秀译者。从另一个角度而言，译者翻译能力不强也会对翻译成本造成影响。翻译质量欠佳，当然不会吸引读者的购买和阅读。翻译组织为了生存和发展，必须对翻译成本进行预先控制。不过，翻译产品又是特殊的商品，不能仅考虑其经济效益。如果某翻译出版物尽管从短期来看不能为出版社带来一定的经济回报，但其社会效益显著，这时出版社可申请政府层面上的资助。如果不能获取资助，出版社很可能就要修改翻译出版计划。前馈控制是充分利用各种相关信息，来预测由于外部环境和输入资源之间的相互作用对翻译系统的影响，以及这种影响使翻译系统在运行过程中可能产生的偏差，并据此对原定的计划做出相应的调整，以实现控制。前馈控制是在翻译系统产生偏差之前进行，克服了反馈控制中因时间滞后而带来的缺陷，因此，可以使翻译活动更快地接近目标。

翻译活动中出现的偏差如果能够在产生之前就被发现，则可通过修改原定计划等措施来避免偏差的出现。但是，即便实行了前馈控制，仍然要对翻译过程和结果进行衡量和评估。因为条件所限，不可能预见到所有的偏差。

同期控制是在翻译任务启动以后，对正在进行的翻译活动给予指导和监督，以保证翻译活动按预期目标进行。同期控制在翻译公司使用较普遍，因为译员一般在公司现场从事翻译工作。同期控制可以指导译员以正确的方法进行翻译工作。指导译员的翻译工作、培养他们的翻译能力是对译员进行在职培训的重要内容。同期控制可以使组织者有机会当面解释翻译工作的要领和技巧，纠正译员错误的作业方法与过程，从而提高他们的翻译能力。通过同期控制，还可以随时发现译员的翻译工作与计划要求相偏离的情况，从而将问题消灭在萌芽状态。在出版社，同样需要对翻译活动进行同期控制。出版社选择了合适的译者，也不一定能保证翻译质量合格。有时译者给出版社试译的稿件质量较高，能够达到出版要求，但提交的正式译稿却与试译稿质量反差很大。这往往是译者转包或翻译过程中不负责任造成的。为了避免此类问题的发生，就要对译者进行同期控制，即介入译者的翻译过程，定期要求译者提供翻译完成的部分稿件，对译稿质量依据《翻译服务译文质量要求》国家标准进行评估，如果不能达到标准则要求译者改正或重新寻找合格译者。

反馈控制是在翻译活动结束后，通过对翻译产品的评估，肯定成绩，分析不足，总结经验教训，为后续的计划提供参考和借鉴。对翻译出版物的反馈控制可以从评估选题质量和翻译质量等方面进行。选题质量的优劣可以结合读者、社会媒介等，从方向性、时代性、开拓性、需求性等方面进行评估。如果一部翻译图书政治方向不明确，不能紧扣时代脉搏，不能反映新科学、新技术、新观念、新知识，选题方向可能不正确，就不能带来较好的社会效益和经济效益。对翻译质量的反馈控制，较理想的做法是核对原文，审核是否存在漏译、误译、跳译等现象。如果时间紧迫，来不及核对原文，也可以通读译文，看是否存在逻辑不连贯、术语不确切、文字表述可读性差等问题，必要时查回原文。对于存在选题质量不高、出版物翻译质量较差的出版社，在制定新的翻译出版计划时，就要吸取教训、在前馈控制和同期控制上做好工作。对翻译服务质量的反馈控制，可以通过回访客户、了解客户意见进行。如果存在不符合客户要求或客户不满意的翻译问题，须及时予以解决，并在以后的翻译工作中尽可能避免。反馈控制在实施纠正措施之前，偏差已经产生。但可以通过反馈控制认识翻译活动的特点和规律，为下一步实施前馈控制和同期控制积累经验、创造条件，进而实现控制工作的良性循环。

过程控制起着执行和完成翻译计划的保障作用，以及在翻译运行过程中产生新的计划、新的目标和新的控制标准的作用。控制处于翻译运行的全过程，不仅可以维持计划、组织、激励的正常活动，而且在必要时还可以采取纠正偏差的行动来影响其他活动。

分析翻译活动社会运行要素的目的是为构建翻译活动的整体运行机制，并以此为知识框架，更好地认识中国翻译运行中存在的各种问题，有针对性地解决这些问题，进而促进中国翻译活动的良性运行。

第七节　翻译活动的整体运行机制构建

翻译活动是一个开放的系统，由相互联系、相互依存、相互制约的具有特定功能的相关要素组成。翻译活动目标由内部环境决定，其中最重要的影响因素是社会制度、国家政策、民族文化和历史条件等。翻译活动目标一旦确立，所有的运行机制都应围绕翻译活动目标而建立起来，为实现翻译活动的目标而服务。翻译活动目标对翻译活动的社会运行机制具有导向作用，即翻译活动的运行机制应该符合翻译活动目标的要求。理想的翻译系统应该是各要素全面发展、相互协调、满足需要。

翻译活动要充分服务于社会发展，必须有一套良好的社会运行机制加以保障。良好的社会运行机制应该由与翻译活动相关的各环节和因素按特定方式相互联结而组成的、发挥特定功能的有机系统。根据本章第一节至第六节的分析，我们认为翻译活动的整体运行机制应该由动力机制、组织机制、计划机制、激励机制和控制机制等二级机制来共同维护（如图 1 所示）。

动力机制为翻译活动的社会运行提供动力。动力机制来自翻译系统的外部环境，经济因素是推动翻译活动运行的最重要动力。此外，传统文化、国家间政治关系、国家政策导向也是影响翻译活动发展方向的重要因素。外部环境除了为翻译活动提供动力外，还会为翻译活动提供未来

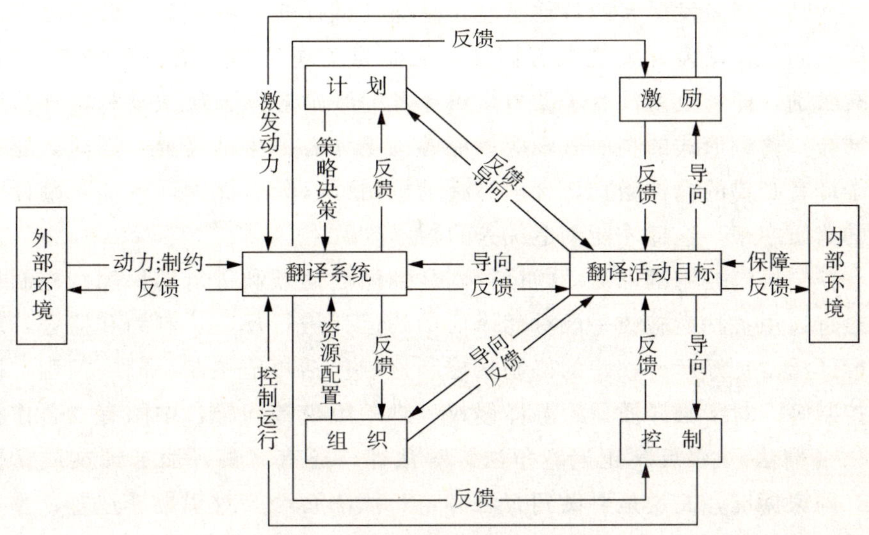

图 1　翻译活动的整体运行机制

发展趋势。当然，外部环境也对翻译活动的发展具有约束作用。由于社会环境的制约，翻译活动的内容和方式都取决于外部环境对翻译的实际需要和支持。

组织机制为翻译活动的顺利进行配置各种合适的资源。翻译组织与译者之间要形成一种固定的雇佣和被雇佣关系，译者能够参与翻译组织各方面的建设。翻译组织以译者为核心配置层级式的管理人员或工作人员。作为翻译活动核心的译者应该具备相应的翻译能力，完全胜任翻译任务。各级翻译协会将译者纳入协会之中，在翻译组织与译者之间起到组织桥梁的作用。翻译组织配备合格的编辑或审校人员。积极建设各种文学团体、文学社团、文学协会，通过这些文学共同体以及文学评论者来营造浓厚的翻译文学的阅读环境和氛围。组织机制为翻译活动的一体化组织提供保证。

计划机制明确翻译活动的目标，是翻译活动得以进行的必要条件。计划机制为实现翻译活动的目标而预先制定行动安排。计划机制包括翻译人才培养模式的制定、翻译研究方针的制定、翻译活动的策略和决策等。翻译人才的培养模式应当符合翻译活动目标的要求，翻译研究应当为现实生活世界中的翻译活动服务，研究成果具有前瞻性，以用于指导翻译活动的运行。通过环境分析，明确翻译活动的目标，在时间和空间上统筹安排整个翻译运行以及翻译系统各要素的活动。

激励机制激发译者的劳动意愿，是保证翻译质量的基础。激励可以激发译者的工作动力并使之具有韧性，从而为实现目标而坚持不懈地努力。没有激励，译者也就没有了动力。对译者的激励应该物质激励和精神激励相结合。薪酬形式的物质激励应该能够满足译者的生活需要，同时，还要给予译者必要的精神激励。合理的激励机制可以吸引优秀译者加入翻译活动的队伍中来，这样才能创造优秀的翻译产品。

控制机制控制翻译活动的运行，是翻译活动顺利进行的保障。控制机制通过运用各种措施或手段对翻译活动的运行进行规范、制约和监督，维护翻译活动良好运行秩序的机制。控制机制包括规范控制、制度控制、网络控制等。对于翻译质量、翻译侵权、哄抬版税等问题，中国有《著作权法》、《刑法》、《反不正当竞争法》等法律，还有《翻译服务译文质量要求》国家标准，关键是要做到有法必依、执法必严。对于翻译选题、重复翻译出版等问题，政府部门应加强宏观调控，以避免市场失灵。对于市场经济条件下，译者译德失范等问题，各级翻译协会应该发挥网络控制的力量，把译者纳入各级译协，在密集的网络状态下加强对译者的道德约束。从控制机制的运作方式而言，可分为前馈控制、同期控制和反馈控制，在翻译活动的不同阶段对翻译活动进行纠正偏差或修改计划，保证翻译活动的顺利进行。

翻译活动的运行机制作用于翻译系统，发挥其功能。这些机制在结构上是协调的，在功能上是耦合的、互补的，其协调的中心就是翻译活动的目标。同样，运行机制与翻译活动系统之间也存在反馈，运行机制也应不断修正、调整。

翻译活动各要素的和谐运行需要一系列完善的运行机制来保障，在合理的运行机制调节下，通过翻译系统各要素的共同努力，使翻译活动的运行由不和谐逐步向和谐迈进，实现翻译事业持续快速健康发展，从而实现翻译活动为社会服务的目标。翻译活动的和谐运行机制构建不会一劳永逸，随着环境的变化，当翻译系统中出现不和谐因素时，应及时寻找影响翻译活动健康运行的因素，并根据系统思维原理进行适当的调节或矫正，有效地整合各种资源和要素，以使翻译系统平衡发展，良性运行。

建立翻译活动的整体运行机制，对于把握翻译活动的发展方向，激发外部环境的推动力，修正翻译活动的发展轨道，寻找问题环节，矫治失范行为等，都具有关键性和根本性的作用。

研究翻译活动的社会运行，可以为理解翻译活动与社会的关系提供理论框架。翻译研究中，理论研究与经验研究不够紧密的问题由来已久，理论家们醉心于构造精致的理论体系，与现实生活世界相距甚远。研究翻译活动的社会运行问题，既具有理论方面的意义，也具有实践方面的意义。在理论方面而言，研究翻译活动的社会运行问题，是构建中层理论、沟通翻译社会学与翻译学的有效途径。在实践方面而言，通过构建、设计、选择和优化翻译活动各种运行机制，促进翻译活动健康运行，从而达到最佳发展效能，实现翻译活动更好地为社会服务的目标；研究成果体现政策研究的特色，可以为翻译活动相关管理部门的决策提供建设性意见和方案，也能够积极参与翻译组织各方面的建设。

翻译活动运行良好，翻译就能够在社会发展中扮演好自己的角色，从而更好地为社会服务。在接下来的四章中，笔者拟以改革开放30年来中国翻译活动的社会运行为对象，运用所构建的分析框架，对中国翻译活动所取得的成就、存在的主要问题及解决策略进行较深入的研究，目的是更好地促进翻译与社会协调发展，使翻译在社会发展中扮演好自己的角色，更好地为社会发展服务。

第三章　翻译活动发展的社会动因分析

自1978年以来，我们进入了一个特殊的时代，即一个不断改革和发展的时代，中国社会发生了全方位的巨变。这不仅要求我们要改革此前的各种制度，而且更需要我们不断建构各种新制度和新观念。从此意义而言，这个时代特征也构成了近30年来中国翻译活动发展的基本背景，而且在很大程度上决定了并将继续决定着中国翻译活动的状态及其发展方向。

翻译事业的发展与其内、外部环境有着密切的联系，社会的需求为翻译事业发展提供了最根本、持久和强大的动力。从纵向而言，社会需求不仅历时地推动了翻译主题的变迁，造就了翻译事业的整体发展，而且也是翻译产业化出现的根本原因。横向而言，社会需要是多方面的，有经济的、政治的、学术的、文化的、消遣的等。因此，翻译事业的发展在从社会的不同领域获得动力，形成翻译发展的经济推动、政治推动、消费推动和文化推动等。同时，社会群体的选择、社会环境的制约也会影响翻译的良性发展。

翻译是一种社会活动。对翻译活动的研究，不能只重视文本，也应该重视翻译活动的环境因素研究。“翻译的生命力在于翻译与文化和社会条件的密切关系，正是在文化和社会条件下，翻译被生产和阅读的。”① 翻译被生产和接受的前提是文本的流动，即由一种文化通过译介手段进入另一种文化。在本章，我们从翻译活动的内、外部环境因素出发，思考文本流动和被译入语文化接受的社会动因。由于翻译服务产业在中国起步较晚，在本章，我们主要研究环境因素的变化对翻译出版活动的推动和影响。我们把翻译活动放置到文本流动的国际空间、国内空间、译本的接受空间和

① Venuti，Lawrence. *The Translator's Invisibility. A History of Translation*. London and New York：Routledge，1995：18.

生产空间来考察，从翻译活动的社会动力因素视角综合分析 30 年来中国翻译出版活动的路径、翻译活动中行动者的活动以及译本在译入语语境中所实现的效果功能。同时，我们希望本章的研究发现能够对中国图书“走出去”的路径选择具有启示意义。

第一节　文本流动的国际空间动因分析

文本流动的国际空间由主权国家以及参与交流和竞争的语言群体所构成。因此，我们将翻译活动置于国家及其语言之间的权力关系之中来考察。按照动力学原理，影响国家间文本流动的因素主要有四个方面。一是语言地位的不平等。有的语言由于使用范围较广而在语言市场占据中心位置，如英语已经成为一种“全球性语言”；也有的语言因为使用人数众多而享有相对较高的地位，如汉语、阿拉伯语等。而有些语言由于使用人数较少而处于边缘位置。一般而言，文本一般从占据全球语言中心的语言向边缘语言流动，边缘语言之间的沟通也往往要借助中心语言作为中介语。二是国家之间的政治关系和意识形态关系。如在 20 世纪 50 年代，中国从苏联大量译介俄语出版物即是政治因素对翻译活动影响的结果。三是国家间经济力量对比。国家的经济实力对翻译活动起支配作用，一国的经济实力越强，其国际影响力就越大，文化输出就越多；反之，其文化输入就越多。四是文化资本因素。由于某一国家或地区历史悠久，文明发达，用这种语言写就的文献就拥有了较多的文化资本，就容易成为被译介的对象。在这些社会动力因素中，政治、经济和文化竞争方式的分布是不均衡的。因此，文化交流是不平等的，呈现出支配型的关系。我们以这四种社会动力因素考察中国 30 年来的译介活动，以期探讨改革开放以来中国翻译文本跨国流动的动因。

改革开放 30 年来，中国从英语国家引进的翻译出版物有 55323 种（我们统计的依据是 1978—2007 年《全国总书目》，其中有少数翻译出版物来源国不明，故无法统计在内），占所有翻译出版物数量的 56.7%。从这个比例来看，似乎可以说明语言因素对文本的流动起着决定性作用。但如果我们按照国别考察，又会有新的发现。在 30 年中，译自美国的出版物有 38312 种，译自英国的有 15047 种，而译自澳大利亚和加拿大的则分别为 831 种和 1133 种（见图 2）。同为英语国家，输入中国的文本数量比例悬

殊，这说明语言的地位不是一个解释力很强的因素。影响翻译流动的是语言背后以经济为主导的国家综合实力

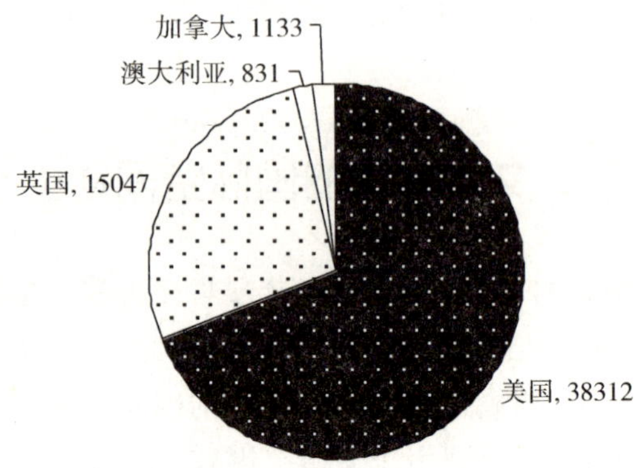

图 2　1978—2007 年中国从美国、英国、澳大利亚、加拿大引进数量比较

资料来源：据 1978—2007 年《全国总书目》筛选整理而来。

改革开放 30 年来，虽然中国先后从 135 个国家或地区翻译引进了 97539 种出版物，但主要来源国却是美、英、日、法、德五国。译自这五国的出版物有 77535 种，占总量的 79%，其中美国占 40%、英国为 15%、日本为 13%、法国为 6%、德国为 5%（见图 3）。而这五个国家正是经济实力最强的国家，在 2000—2002 年国际货币基金组织对各国 GDP 总量排名中，美、日、德、英、法五国均稳居前五名[①]。改革开放政策的实施，使得中国这 30 年来的经济形势呈现蒸蒸日上之势。国家的对外经济交往越来越活跃，与这些经济强国之间的经济往来相对于其他国家或地区更多。国家之间的经济交往不是单一面向的，中国在吸收、借鉴这些经济发达国家资金、设备、先进管理方式的过程中，势必也会注重把这些国家的文化引进、介绍到国内来。中国的对外经济交流带动了文化交流，翻译出版作为跨文化交流的媒介必然会对中国的对外文化交流活动做出反应。经济交流对文本跨国流动的影响亦为中国图书“走出去”指明了一条路径（详见第五章第四节）。

东欧各国以及非洲、中美洲等地区的第三世界国家也是中国翻译出版

① 徐建国：《世界主要经济体 2000—2002 年 GDP 总量和增长率一览》，《国际问题研究》2003 年第 4 期。

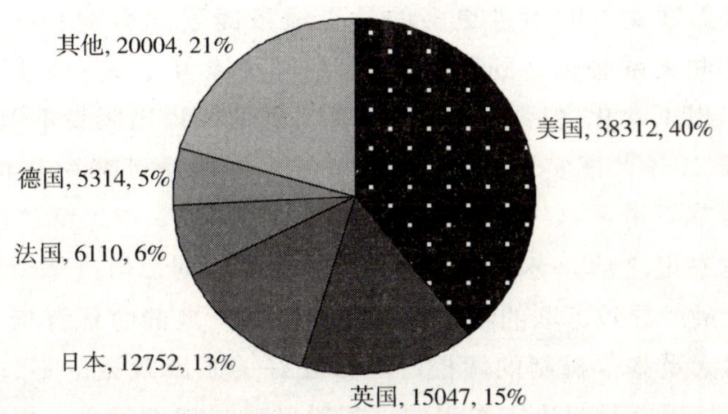

图 3　1978—2007 年中国从西方五大经济强国引进的翻译出版物数量与来自其他 130 个国家或地区的翻译出版物数量比较

资料来源：据 1978—2007 年《全国总书目》筛选整理而来。

物的来源国，尽管引进的数量远远不及从经济大国引进的数量。这表明中国的对外关系也是一个影响翻译流动的因素。因为相同的历史际遇和共同的发展任务，中国与其他第三世界国家的命运是紧密相连的。中国在任何时候都把维护广大发展中国家的权益当作自己的国际义务，支持它们的民族独立和发展国家经济的斗争，重视同发展中国家的经济、文化交流和技术合作。从来源国引进的数量与中国对外关系的变化是十分契合的。中国与保加利亚在 1949 年建立外交关系，到了 20 世纪 60 年代两国关系趋冷，20 世纪 80 年代起两国关系又开始逐步改善，并在 1984 年恢复正常外交关系。结果，1984 年中国从保加利亚引进翻译出版物 10 种，成为历史上从保加利亚引进出版物最多的一年。中国与埃及有着传统友谊，埃及是第一个承认新中国成立的非洲国家。中国政府在 1986 年与埃及政府签订了为期 3 年的《文化合作执行计划》，结果，1986 年中国从埃及引进翻译出版物 34 种，为上一年度的 5.7 倍。

在中国进入市场经济体制以后，国家关系因素对中国从发展中国家引进出版物数量的影响力下降。仍以保加利亚为例，1992 年以前，中国共引进该国文本 52 种，年均 3.7 种；1992—2007 年，从该国共引进文本 13 种，年均 0.8 种。而 1992 年以前，中国从美国年均引进 685 种文本，1992 年后年均达 1796 种。这说明在市场经济机制下，经济因素对文本跨国流动的影响力加大，而中国对外政治关系对文本跨国流动的影响力减弱。

中国对苏联文本的引进更多的是受经济因素的影响。20 世纪 60 年代中国与苏联关系恶化，到了 80 年代两国关系开始缓和，但在 1989 年两国关系实现正常化之后，中国从苏联引进的翻译出版物不但没有增加，反而下降了 27%。事实上，从 1987 年起，中国从苏联引进的出版物数量就开始节节下滑，这缘于苏联的经济下滑。1985 年，戈尔巴乔夫当选苏共中央总书记之后，苏联开始进入全面改革时期，但改革没有扭转经济颓势，反而最后导致苏联的解体。在中国改革开放的时代背景下，影响翻译流动的因素受竞争机制的调控，国家友好关系因素竞争不过经济因素。换言之，经济因素是起决定作用的。苏联经过二战的重创，损失惨重。战后，苏联开始了社会主义建设的新时期。“从 50 年代开始，苏联开始有计划地发展国民经济，到了 80 年代，[前] 苏联经济和社会发展的各项指标都有了巨大的增长，苏联也成为仅次于美国的经济强国。”① 在 1987 年之前，中国每年从苏联引进的出版物数量仅次于美国，但在 1987 年之后，由于苏联改革的失败，导致经济受挫，中国从苏联引进的翻译出版物也随之大幅度下降。我们以同期中国从美国和英国引进的翻译出版物数量作参照，可以清晰地揭示经济因素对中国从苏联引进出版物的数量影响（见图 4）。

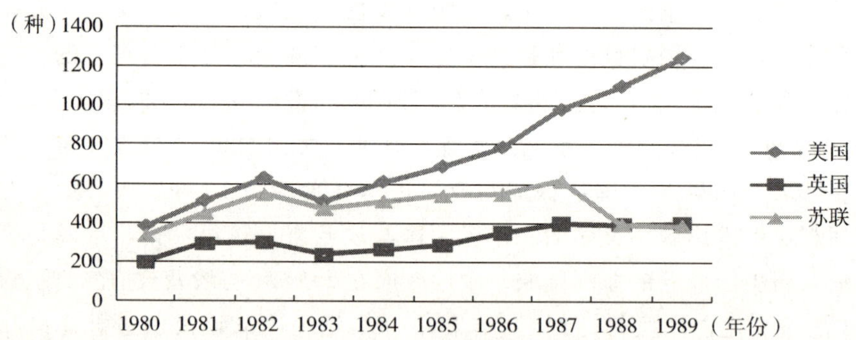

图 4　20 世纪 80 年代中国从美国、英国、苏联引进翻译出版物数量比较

资料来源：据 1980—1989 年《全国总书目》筛选整理而来。

对文本跨国流动的路径做经济因素分析，就把文本纳入了商品范畴，把翻译文本等同于按照市场规律进行生产、流通的商品。但把翻译文本视

① 李永辉、胡敏敏：《当代世界政治经济与国际关系》，中国经济出版社 1996 年版，第 158 页。

为一般商品遮蔽了文化商品的独特性。翻译文本既以商品形态存在，又包含思想文化内涵。文化传播有其自身的特质，有的文本因其厚重的历史文化价值、丰富的思想内涵、高深的道德寓意或者优美的传说而被赋予丰富的文化资本，从而成为被译介的对象。赫拉克利特、苏格拉底、亚里士多德、柏拉图这些大思想家成为中国对古希腊文本的持续引进，甚至重复出版的动力，并带动了对现代希腊文本的引进。德尔图良、奥古斯丁、西塞罗、奥维德、塔西佗、塞涅卡等大家成为中国各出版社竞相引进古罗马文本的动力。研究上述大思想家及他们著作的外国文本也因为他们而被赋予了文化资本，这些文本也成为中国引进翻译出版的动力。还有，黎巴嫩"文坛骄子"纪伯伦以其作品丰富的社会性和东方精神成就了中国对黎巴嫩文本的不间断引进。

诺贝尔文学奖亦赋予获奖文本以象征性文化资本。中国出版界往往以诺贝尔文学奖为风向标，以其作为市场销售的保障，如果某国作家获得了诺贝尔文学奖，其获奖作品以及相关联作品即会成为国内出版界竞相引进的对象。30 年来，中国从南非年均引进 1.5 部作品。2003 年南非作家库切获得诺贝尔文学奖，次年，中国从南非引进的 6 部作品中有 5 部为库切的作品。2006 年从南非引进的 8 部作品中，也有 4 部为库切所作。

以上影响中国 30 年来翻译活动的环境因素，是以我为主的向外诉求。韩国文本向中国的流动具有与上述因素不同的特点，我们可称之为外生型因素。韩国文本大量涌入中国始于 2001 年，这是韩国实行"文化立国"战略的结果。1978—1988 年，韩国文本从来没有进入中国引进的范围。1988 年以后，随着韩国经济的发展和中韩经济文化的交流，中国开始引进韩国文本，从 1988 年到 1992 年中韩建交之前，中国从韩国年均引进 3 种韩国文本。1992 年中韩建交之后至 2000 年期间，中国从韩国引进的文本数量有所增加，但数量维持在常态，年均 15 种。到 2001 年，韩国文本开始以一种非常态的形式大量涌入中国，2001 年进入中国的韩国文本比上年度增加 840%，2002 年又递增 36%，2003 年又较上年度增加 200%。并且，进入中国的韩国文本中，不全是由中国人将韩语译为汉语，其中有 53 种文本是由韩国人将韩语译为汉语，再在中国销售。这是韩国实施文化产业外力推动的结果。1997 年的亚洲金融危机让韩国政府意识到靠传统的经济模式已经难以为继，开始将目光转向文化产业，决心以振兴韩国文化产业来推动经济发展。1998 年，韩国政府提出"文化立国"战略。1999 年，韩国政府通过了《文化产业促进法》，制定了“文化产业发展五年计划”，并于2001年成立了“韩国文化产业振兴院”，当年即在日本东京和中国北京设立了韩国文化产业振兴院代表处。韩国提出了“打造亚洲文化”的概念，由亚洲向外辐射，逐步占据更广阔的市场。“2004年，韩国文化产品已经在世界市场上占到3.5%的份额，成为世界第五大文化产业强国。”① 2002年以后，在中国年均引进的外国出版物数量中，韩国超过俄罗斯，列第六位（见图5）。韩国文化从本源上是源自中国，但韩国文化向中国的“回流”，不能说明文化的优劣或强弱，只能表明中国的文化产业实力和竞争力不如韩国。中国几乎与韩国同期实施文化产业战略，但中国的“走出去”步伐却步履维艰，这值得我们反思。同时值得我们注意的是，如果中国一味放任外国文化的强力入侵而不采取适当的保护措施，中国的文化安全将受到威胁。因为，新形势下的国家文化安全已经由过去的意识形态领域转向文化资源、文化经济、文化市场、文化资源等领域。近几年，韩国文本大量涌入中国文化市场，特别在年轻人中形成一股“哈韩”风，这势必会影响年轻人对中国文化的认同感。对外生型动力推动下进入中国的外国文本，国家应该采取适当的保护性措施，时刻把文化的主导权掌握在自己手中。

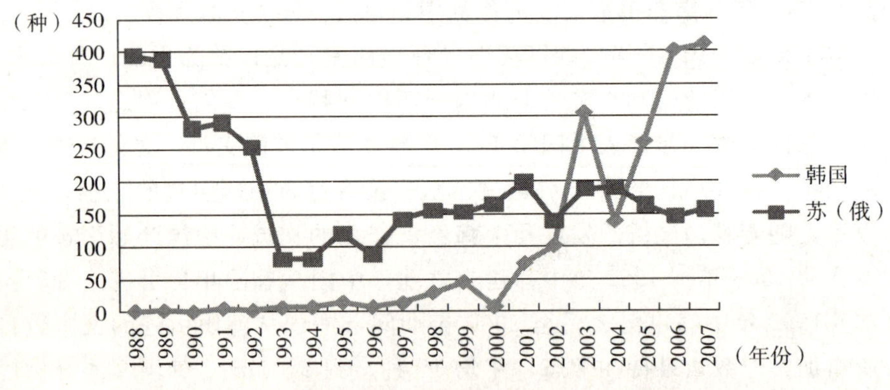

图5 1988—2007年中国引进韩国和苏（俄）文本数量比较

资料来源：据1988—2007年《全国总书目》筛选整理而来。

在国际空间考察中国30年来的翻译活动，我们发现语言地位因素不能解释我们对外国文本的引进活动，主导外国文本进入中国的主要机制是中

① 闫玉刚：《韩国的“文化立国”战略》，《文艺报》2006年5月9日第3版。

国与这些国家的经济实力差距。但外国文本进入中国的动因是复杂的，除了这一机制之外，中国的对外关系和附着于外国文本之上的强大文化资本也是导致文本跨国流动的重要因素。在经济因素与国际关系因素发生竞争时，前者具有竞争性的优势。此外，进入21世纪以来，韩国强有力的对外文化战略成为韩国文本大量进入中国的一个重要因素。这表明，30年来中国对外国文本的引进，既有内生型的动力，也有外生型的动力。粗略考察中国30年来翻译活动的国际交流空间之后，我们来考察促进外国文本进入中国的国内空间动力要素。

第二节　文本流动的国内空间动因分析

翻译的社会属性决定了中国翻译活动的发生、发展不能脱离其所处的国内社会环境。翻译活动的起伏与中国的社会结构、国家政策和国家发展战略是息息相关的，中国社会结构的转型、国家政策和国家发展战略的调整对翻译活动肯定会产生一定的影响。具体而言，改革开放30年来，国家行政性安排、相关国际公约在中国的生效、国家经济转型、主管部门的干预和国家文化产业政策的实施等因素影响着中国对外国文本的引进。

从图6看，近30年，从年翻译出版总量看，中国对外国文本的引进经历了从1978年的缓慢起步，20世纪80年代的繁荣，20世纪90年代中期的萎缩，再到21世纪初的井喷。

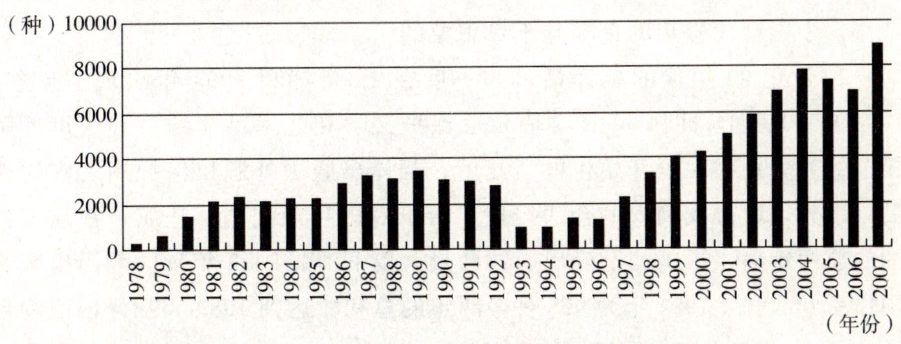

图6　1978—2007年中国每年从外国引进的翻译出版物数量

资料来源：据1978—2007年《全国总书目》筛选整理而来。

20世纪70年代末、80年代初，中国出版界对外国文本的出版、引进更多地带有政府行政性安排的性质。1978年初，为扭转特定历史时期造成的“书荒”现象，国家文化部出版局先后组织全国十余家省市出版社和国家级出版社重印了一批五六十年代翻译出版的外国政治、经济、文学、艺术等方面的图书，出版社的重印活动一直延续了两年。其中有些书是由原来的内部发行改为再版公开出版。

20世纪80年代初开始，中国开始了以“解放思想”为标志的思想观念转型期。中国的翻译出版活动开始恢复并发展迅速。“1982年，中央同意分期分批翻译出版世界各国名著的指示坚定了出版界翻译出版外国学术名著的信心和决心。”[①] 20世纪80年代国家还新建、恢复了一批出版社，“20世纪80年代初是改革开放30年出版社增长最快的阶段，以每年三四十家的规模急剧增加”[②]。外国文学出版社、新华出版社、中国社会科学出版社、北京大学出版社等都是这期间成立的。到1985年，已经达到年翻译出版2545种外国图书，为1978年的7倍。加上国内出版物的出版发行，到20世纪80年代中期，中国已经基本告别了“书荒”年代。1985年国内新建出版社的增幅更大，较上年新增76家[③]。加上党的十二届三中全会制定的进行经济体制全面改革的决定，国内出版社开始了新一轮的大规模翻译出版活动。1985年，中国翻译出版物较1984年增幅达10.6%，1986年在上一年基础上又激增15.4%，1987年又增加11.8%，达到3283种。20世纪80年代，社会对西方思想的巨大需求是中国大量翻译引进西方文本的动力。可以说中国整个“现代性”的历史，就是一部翻译史，没有译者的工作，中国现代思想的存在是不可想象的。

20世纪90年代的翻译活动，一度在1993年和1994年出现了低谷。1992年10月15日和30日《伯尔尼保护文学和艺术品公约》和《世界版权公约》分别在中国开始生效，此后，翻译出版国外版权保护期之内的作品，事先须取得权利人的合法授权。由于对国际规则的不适应，在加入公约的前两年里，中国的翻译出版物数量大幅下滑。1993年我国翻译出版外国作品965种，1994年为958种，两年的总和才达到1989年翻译出版物数量的55%（1989年中国翻译出版物为3475种）。1994年后，随着中国出版

① 马祖毅等：《中国翻译通史——现当代第一卷》，湖北教育出版社2006年版，第145页。

② 郝振省：《中国新闻出版业改革开放30年》，人民出版社2008年版，第75页。

③ 中国出版年鉴社：《中国出版年鉴 2000》，中国出版年鉴社2000年版，第36页。

行业对世界版权公约的逐步了解，加上社会主义市场经济体制目标的确立，中国的翻译出版活动又开始活跃起来，迎来了面向市场的快速发展。

20 世纪 90 年代后半期，中国第三产业的迅速发展和消费结构的变化推动了中国文化产业的发展。文化逐步摆脱了传统上“意识形态”的观念，开始被视为一个经济部门。正如约翰·斯道雷在书中所言，“不可能再把经济或生产领域同意识形态或文化领域分开来，因为各种文化人工制成品、形象、表征、甚至感情和心理结构已经成为世界经济的一部分”。[①] 1996 年中国共产党第十四届六中全会《关于加强社会主义精神文明建设若干重要问题的决议》中提出：“要遵循文化发展的内在规律，发挥市场机制的积极作用，理顺国家、单位、个人之间的关系，逐步形成国家保证重点、鼓励社会兴办文化事业的发展格局。”作为文化产业组成部分的翻译出版活动，必然会对国家的政策信号有所响应。翻译出版成果在 1997 年开始涌现，翻译出版物数量达到 2307 种，比上年度增加 77.6%。在国家政策指引下，1998 年中国文化部成立文化产业司并着手编制文化产业发展“十五”规划，这标志着发展文化产业被正式提上了国家文化议程。与此相契合的是，1998 年，国内的翻译出版数量又增加 44.6%。

迈入 21 世纪，中国已经初步建立起了社会主义市场经济体制，人民生活水平总体上实现了小康目标。从 21 世纪开始，中国进入了全面建设小康社会，加快推进社会主义现代化新发展的阶段。随着国民收入水平的提高，人们的消费结构已从“温饱型”向“小康型”转变，文化消费在整个消费结构中所占的比例明显上升。消费需求的变化必然引起产业结构的变化。对文化消费的大量需求是推动中国新世纪文化产业发展的内在动力。同时，市场经济条件下，市场在各种资源配置中发挥着调控作用，中国要融入全球化浪潮，参与全球文化竞争，就需要按照市场经济的规律来提升中国的软实力。2002 年，中国共产党第十六次全国代表大会通过了《全面建设小康社会　开创中国特色社会主义事业新局面》报告，在文化建设方面，报告明确提出：“积极发展文化事业和文化产业，继续深化文化体制改革。”发展文化产业被正式确立为国家战略。国家政策对文化产业的介入，正是体现了政策制定者遵循市场规律、按市场规律引导文化发展与繁荣的英明之

---

① 约翰·斯道雷：《文化理论与通俗文化导论（第二版）》，杨竹山等译，南京大学出版社 2001 年版，第 254 页。

处。中国的翻译出版活动，作为文化产业一个必不可少的组成部分，也必然会融入到文化产业的链条之中，见证中国文化产业的发展和繁荣。据《中国文化行业分析报告（2003 年 3 季度）》统计，“引进版图书在中国图书零售市场占据的份额迅速扩大，引起了出版界广泛关注。引进版拉动了整个图书零售市场的增长，扩大了其市场容量。2000 年中国图书零售市场同比增长 23.53%，其中有 15.80%来自引进版的增长，2002 年引进版的增长贡献率达到 21.40%”。以翻译图书为绝对主体的引进版图书可以有效弥补国内某些图书类别原创不足，提升出版社的竞争力，促进文化产业的发展。

进入 21 世纪之初，中国的翻译出版界滋生出一种不健康的现象。在市场经济机制下，一些出版社一味追求经济效益，假冒外国作者之名，制造了一批“伪书”。这类“伪书”以经济类、管理类通俗读物居多，通过虚构外国作者、拼凑时髦内容、伪造国外著名媒体、人物的书评，伪造国外畅销信息等手段，以正式翻译出版物的形式出版。“据有关部门不完全统计，全国共 570 多家出版社中，有 30 多家参与制造‘伪书’。近一两年间，国内每个月的伪书出版都在 10 种以上。”① 2005 年初，“伪书”现象引起了原国家新闻出版总署的高度重视，当年 2 月发出了《关于对含有虚假宣传信息的图书进行专项检查的紧急通知》，要求各地彻查“伪书”。随着新闻出版总署的整顿，反映在 2005 年、2006 年的数据中，则是这两年的翻译出版数量出现小幅下滑。

2006 年初，中共中央、国务院发出《关于深化文化体制改革的若干意见》，在文化体制改革的目标任务中提出：“……要形成完善的文化创新体系，形成以民族文化为主体、吸收外来有益文化，推动中华文化走向世界的文化开放格局。”2006 年 3 月，全国文化体制改革工作会议对文化体制改革试点工作进行了总结，对推进文化体制改革作了具体部署。由此，文化体制改革进入了一个新的阶段，2007 年中国的翻译出版工作又开始发力，较上一年度增加 29.2%，达到 8936 种。

除了每年引进外国文本的总量体现了国家战略决策的影响外，工业技术类翻译出版物对国家政策导向的反应也极为敏锐。20 世纪 90 年代后期世界科技革命发展迅猛，全球以经济和科技实力为基础的综合国力竞争日趋激烈，对中国的科技事业构成了严峻的挑战，也提供了新的发展机遇。1996 年 3 月，八届全国人大四次会议的《政府工作报告》中明确提出了实

---

① 杨磊：《“解剖”伪书》，《中国出版》2005 年第 11 期。

施科教兴国战略和可持续发展战略。全面落实科学技术是第一生产力的思想，坚持教育为本，把科技和教育摆在经济、社会发展的重要位置。“为加强对科技教育工作的领导，1998 年 6 月，中共中央、国务院成立了国家科技教育领导小组，朱镕基总理任组长，李岚清副总理任副组长。从 1998 年起五年内，中央财政陆续投入 25 亿元用于国家重点基础研究。在深化改革中，科技事业大步迈向经济建设主战场。”① 实施科教兴国战略，在立足中国国情的基础上，必然要借鉴国外经验，将自主技术与国外先进技术相结合的基础上，走有中国特色的科技进步道路。“科技是第一生产力”，通过翻译大量引进国外的科技知识和技术也就成为必然选择。经过两年的预备期，从 2000 年起，中国从国外翻译引进的工业技术类出版物开始涌现。2000 年国内出版此类出版物 792 种，比上一年度增加 32%，而 2000 年中国从外国引进的出版物总量只比上一年度的增加 5%。2001 年又在上一年度基础上增加 13%。2002 年从国外翻译引进的工业技术类图书首次突破一千大关，又比 2001 年增加 26 个百分点。此后，连续四年保持在年翻译出版 1150 种左右。国外工业技术类出版物的大量引进，必定会对中国科技事业的发展产生强力的推动作用。

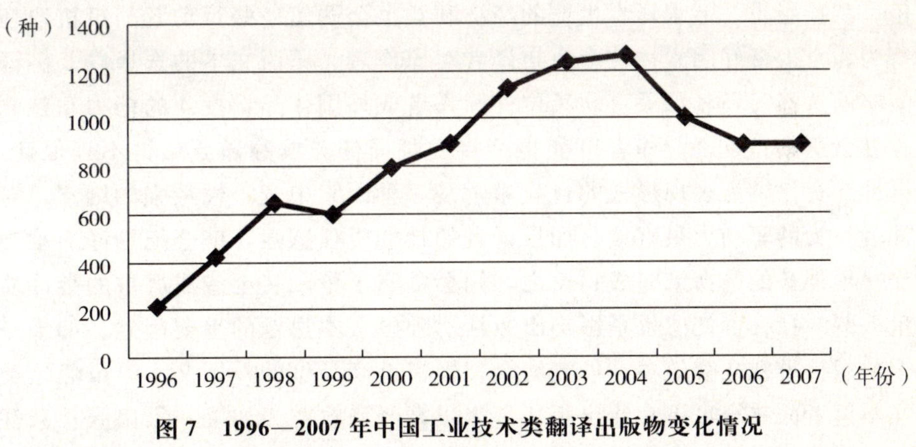

图 7　1996—2007 年中国工业技术类翻译出版物变化情况

资料来源：据 1996—2007 年《全国总书目》筛选整理而来。

从上述分析看，改革开放 30 年来中国的翻译出版活动，是根植于中国

① 中共中央党史研究室第三研究部：《中国改革开放 30 年》，辽宁人民出版社 2008 年版，第 369 页。

社会发展脉络之中，受国家政策导引的翻译行为。为理解外国文本通过翻译流动的动因，不仅要把它与上述国际空间、国内空间结构联系起来，还要把它与译本的生产空间结构联系起来。

第三节　译本生产的动因分析

影响译本生产的社会动因主要有经济利益、个人喜好、社会责任感等，各因素的关系是竞争性的，在不同的社会背景下，不同因素发挥的功能大小会有所不同。在 20 世纪 80 年代，中国译本生产的动因主要是译者的自我激励，译者作为知识分子的组成部分，具有强烈的社会责任感，同时，译者的个人喜好也是促成译者对某类外国文本持续译介的动因；20 世纪 90 年代以降，随着市场经济体制的发展，译本生产的动因主要是经济利益因素。

从某种程度而言，经济利益因素与翻译质量成正比，译者从翻译活动中得到的经济利益越多，翻译质量相对越好。经济利益也是出版社引进外国文本的一个重要因素，如果一个外国文本能够给出版社带来大量经济收益，出版社会积极引进，甚至为了引进某个畅销书，国内出版社会相互竞争，哄抬版税。追求译本生产的经济利益也会诱使一些行动者的投机取巧行为。个人喜好因素往往会决定译者对原作者、原语文本的选择以及翻译策略的选择。译者如果喜欢某位外国作者或外国作品，投入的精力和认真程度会更大；反之，译者可能拒绝接受翻译任务或翻译质量得不到保证。以社会责任感为表现形式的自我激励是三种因素中竞争性最强的因素，对译者行为的驱动力最直接。如果译者的社会责任感强，就会把翻译活动当作一项神圣的使命来完成；反之，则会敷衍了事，甚至造成严重的翻译质量问题。社会责任感也是影响出版社对外国文本选题的重要因素。如果一个出版社重视社会效益，可能就会积极引进高品位的外国文本，虽然这类文本读者面狭窄，不会给出版社带来很高经济收益。如果一家出版社只注重经济效益，就会大力引进国外的畅销书。

改革开放前，中国政治、经济、文化高度统一，文化资本、经济资本和权力资本完全由官方垄断。译者从事翻译活动，往往是作为一项政治任务来完成的，译者没有自我选择的余地。1938 年，梅益翻译《钢铁是怎样炼成的》的，面对“党组织作为一个政治任务，要你把这部小说译出来”，其反应自然是“既然是组织上交代的一个任务，尽管困难很多，我还是接受下来”[1]。1957年，中宣部副部长林默涵因读过杨绛先生译的法国文学名著《吉尔·布拉斯》，对其译笔大为赞赏，于是就决定请杨绛先生重译《堂吉诃德》[2]。杨绛先生为了完成任务，毅然决定自学西班牙语，从西班牙原文直接翻译。从自学西班牙语到翻译完成《堂吉诃德》，杨绛先生历时近20年时间。杨绛先生翻译的《堂吉诃德》，先后以“外国文学名著丛书”、“青年文库”、“外国古典文学名著选粹”、“名著名译”、“世界文库”等形式出版，历久不衰。改革开放后，译者的自主选择性相对较大，“法国作家普鲁斯特有部作品，书名叫《仿作》。内容主要写无价珠宝的丢失。但假若雨果写会怎么写，巴尔扎克、福楼拜、龚古尔兄弟等会怎么写？作为语言大师的普鲁斯特，分别模仿了法国好几位著名作家的语言和叙事风格写成此书。有关方面曾请翻译家罗新璋先生译这部作品，尽管罗先生有很好的译作水平，但这次却婉谢盛情。”[3]

20世纪80年代以后，随着思想开放，国家对文化资本的垄断逐渐松动。精英知识分子在一定程度上打破了文化资本被国家垄断、文化权力从属于政治权力的格局，精英知识分子的“主人公”责任感增强并有了一定的用武之地。“我们面对着这样被称为‘思考的一代的’两部分人：饥渴者和盗火者，前者需要丰富多彩的精神食粮；后者需要‘用武之地’。”[4] 80年代精英知识分子胸怀远大理想，满怀着对美好未来的憧憬，不论是组织翻译西学著作，还是身体力行，以极大的热情投入到翻译实践活动之中，从来不是从个人的利益得失出发，而是胸怀振兴中华民族的强烈责任感使然。甘阳在回答查建英访谈中，针对自己20世纪80年代主编的“文化：中国与世界”翻译丛书，就谈道：“当时没有什么钱不钱的。”[5] 20世纪80年代对西方思想的译介客观上起到了为改革开放呐喊助威的效果。

译者作为当时社会的知识精英，控制着“文化资本”这一稀缺资源，具有广博的学识和深厚的专业功底，他们居于社会的中心。译者拥有了文化资本，也就相应的获得了文化权力，因此，他们具有很强的国家意识、

① 梅益：《〈钢铁是怎样炼成的〉翻译前后》，郑鲁南《一本书和一个世界（第一集）》，昆仑出版社2004年版，第11页。

② 胡真才：《我仍然觉得杨绛译本好》，《中华读书报》2002年8月14日第18版。

③ 李强：《合力捍卫译著质量》，《中国新闻出版报》2004年9月2日第29版。

④ 傅世悌：《一切为了饥渴者和盗火者——对“走向未来”丛书的一点回顾和思考》，《中国出版》1986年第10期。

⑤ 查建英：《八十年代：访谈录》，生活·读书·新知三联书店2006年版，第210页。

文化意识和政治观念。译者拥有仲裁的权威性，社会需要什么样的知识，往往由译者来决定，译者所译介的内容传达着译者的价值取向。“80年代初，有关方面曾邀集当时健在的各个语种的老专家、学者，在社会科学院的主持下，经过反复研究、磋商和修改，共同制定出外国文学名著、外国文艺理论名著、马克思主义文艺理论和20世纪著名文学作品等四套系列丛书选目。”[①] 20世纪80年代，从外国文学作品的译介来看，既有西方古典文学作品及理论著作，也有西方现代文学作品，同时，视野也遍及东方文明古国的各个角落。文学体裁既有史诗、诗歌，也有小说、戏剧。从数量上来看，1980年到1989年共译介6005种，约为21世纪前7年的一半，但这期间译介的作品选题精当，基本上集外国文学精华之大成，这反映了精英知识分子作为社会“立法者”的眼光。而且翻译态度认真、负责，译笔上乘。

在文学领域，一批外国文学名著译者一丝不苟、精益求精，为译一书，常常耗时数年。被誉为中匈文化交流使者的兴万生翻译匈牙利诗人裴多菲的长诗《使徒》，耗时3年才完成。萧乾、文洁若为翻译《尤利西斯》，耗时4载，单卡片就做了6万张，在译文中加进了5840条注释。正是因为这种一丝不苟的翻译精神，1991年兴万生获得匈牙利文教部部长颁发的“为了匈牙利文化”奖。“回想改革开放初期，老翻译家董乐山独立编撰了一部《美国生活词典》和《一九八四》，梅绍武翻译了阿瑟·密勒的戏剧，李文俊坚持数年翻译了《喧嚣与骚动》……这一代翻译家通过自己的工作，向中国读者介绍了大量外国古典精品，特别是当代的优秀文化成果，使被禁锢了多年的读者看到了斑斓的世界，有力地促进了中国的对外开放，起了思想先导者的作用。这些翻译家的可贵特点是：对翻译事业执著，不计较名利；专业功底深，精通中外文，甚至掌握几种外语，知识面广；思想开放，与时俱进，善于吸收新事物，视野开阔，有批判眼光。”[②] 按照系统论的观点，如果系统处于不平衡状态，愿意付出代价的行动者有时可以通过自身的努力使系统趋向平衡或达到某种一致性。20世纪80年代，虽然译者的付出得不到应有的回报，但译者为国家翻译事业献身的精神维持了翻译系统的平衡。

---

① 绿原：《文学翻译工作浅见》，《出版广角》1997年第1期。

② 李维永：《翻译绝不是简单的技术活》，《文艺报》2004年12月9日第1版。

老一辈翻译家因为喜爱某位外国作者或其作品，往往就专注于翻译该作者的作品，形成了各自的风格。南京大学许钧教授对文学翻译曾提出这样的看法："首先要爱文学、懂文学，然后才可能投入到这项事业中来。翻译是项艰苦而寂寞的事业，兴趣是最大的动力，否则很难享受到翻译的乐趣，也就无法完成从翻译匠到翻译家的飞跃。"[①] 荣获中国译协设立的"翻译文化终身成就奖"的翻译家草婴，专门翻译托尔斯泰的作品，从54岁时开始翻译，历时21载翻译完成《托尔斯泰小说全集》。屠岸因为自己的人生际遇与济慈相似，惺惺相惜，而"喜爱济慈，认识济慈，而情不自禁地着手翻译济慈"[②]。已故翻译家张谷若对英国作家哈代的作品十分痴迷，遂将哈代的大部分作品翻译、介绍给中国读者。翻译家李文俊是美国作家福克纳作品的推崇者，以至不遗余力地翻译了福克纳的绝大部分作品。还有，叶君健译安徒生、郑永慧译雨果、王永年译欧·亨利、冰心译泰戈尔、汝龙译契诃夫、傅惟慈译毛姆、卞之琳译纪德等。这些翻译家的译作不仅为读者提供了丰富的精神食粮，而且还为一些作家提供了创作的养分。著名作家阿来在谈到长篇小说《尘埃落定》的创作时，就坦言从《喧哗与骚动》中获得很多有益的启示[③]。英年早逝的青年作家王小波也认为自己的文学素养主要是通过读翻译作品获得的："那些了不起的翻译家，是他们发现了现代汉语的韵律。没有这种韵律，就不会有文学。"并认为"假如中国现代文学尚有可取之处，它的根源就在那些已故的翻译家身上"，"想要读好文字就要去读译著，因为最好的作者在搞翻译"[④]。

20世纪80年代的这些文学译著不仅在当时引领阅读潮流，是读者追逐的热点，而且还具有持久的影响力。在"30年中国最具影响力的300本书"评选中，外国文学译作有26本入选，其中，80年代翻译出版的就有20本（见表2），占77%。与上述比例形成鲜明对照的是，80年代翻译出版的外国文学作品总数（6005种）只占改革开放以后31年来翻译出版外国文学总量（24800种）的24%（见图8）。

---

① 赵婧、杜婷：《反差：八千万学子习外语 翻译人才缺九成》，《光明日报》2006年3月27日第5版。

② 屠岸：《喜爱济慈，认识济慈，翻译济慈》，郑鲁南《一本书和一个世界（第一集）》，昆仑出版社2004年版，第60页。

③ 蓝洱海：《翻译文学不能承受劣译之害》，《中国文化报》2005年4月13日第12版。

④ 王小波：《我的师承》，《我的精神家园》，文化艺术出版社1997年版，第142—143页。

表 2　入选“30 年中国最具影响力的 300 本书”的 20 世纪 80 年代外国文学译著书目

书名	原作者	译者	出版社	版本
《老人与海》	[美] 欧内斯特·海明威	冯亦代	漓江出版社	1987 年版
《约翰·克利斯朵夫》	[法] 罗曼·罗兰	傅雷	人民文学出版社	1980 年版
《荒诞派戏剧选》	[法] 萨缪尔·贝克特、尤金·尤奈斯库等	施咸荣等	上海译文出版社	1980 年版
《这里的黎明静悄悄》	[苏] 鲍里斯·瓦西里耶夫	王金陵	湖南人民出版社	1980 年版
《雪国》	[日] 川端康成	钱春绮	上海译文出版社	1981 年版
《外国现代派作品选》		艾青、郭沫若、袁可嘉	上海文艺出版社	1980 年—1985 年版
《瓦尔登湖》	[美] 亨利·梭罗	徐迟	上海译文出版社	1982 年版
《博尔赫斯短篇小说集》	[阿] 博尔赫斯	王央乐	上海译文出版社	1983 年版
《百年孤独》	[哥] 加西亚·马尔克斯	高长荣	北京十月文艺出版社	1984 年版
《喧哗与骚动》	[美] 福克纳	李文俊	上海译文出版社	1984 年版
《加缪中短篇小说集》	[法] 阿尔贝·加缪	郭宏安	外国文学出版社	1985 年版
《卡夫卡短篇小说选》	[奥] 卡夫卡	孙坤荣等	外国文学出版社	1985 年版
《假若明天来临》	[美] 西德尼·谢尔顿	龚人、宁翊	漓江出版社	1986 年版
《意象派诗选》	[英] 彼德—琼斯	裘小龙	漓江出版社	1986 年版
《日瓦戈医生》	[苏] 帕斯捷尔纳克	力冈、冀刚	漓江出版社	1986 年版
《不能承受的生命之轻》	[捷] 米兰·昆德拉	韩少功、韩刚	作家出版社	1987 年版
《飘》	[美] 马格丽特·米切尔	傅东华	浙江文艺出版社	1988 年版
《洛丽塔》	[美] 弗拉迪米尔·纳博科夫	梅绍武	漓江出版社	1989 年版
《追忆似水年华》	[法] 普鲁斯特	徐和瑾	译林出版社	1989 年版
《麦田里的守望者》	[美] J. D. 塞林格	施咸荣	漓江出版社	1983 年版

资料来源：《30 年中国最具影响力的 300 本书》。

20 世纪 90 年代以降，随着国家以经济建设为中心方针的提出，意识形态被淡化，国家不再以意识形态作为其权力运作的主要途径和手段，而是把权力的合法化建立在经济发展之上。市场化的社会经济发展方向与世俗化的大众生活价值取向又必然导致人们文化价值观的转变，导致文化资本与权力资本二者关联关系的变化。“不同种类的资本（经济的、社会的、文化的、符号的资本）之间的等级次序也随着场域的变化而有

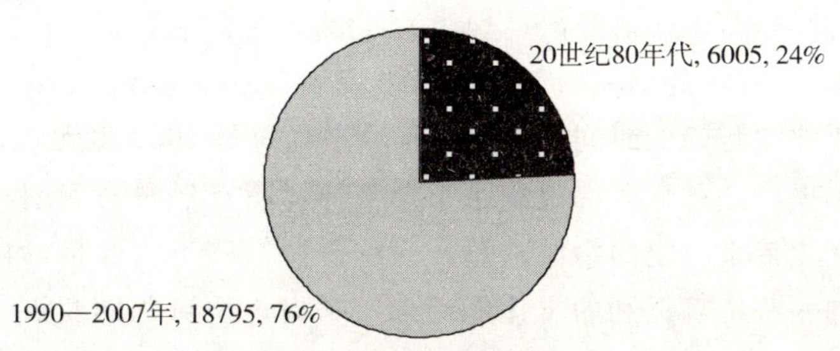

图 8　20 世纪 80 年代外国文学译著数量与 1990—2007 年出版的外国文学译著数量比较

资料来源：据 1978—2007 年《全国总书目》筛选整理而来。

所不同。”① 于是，经济资本与权力资本的关联性增强，而文化资本的地位则明显下降。社会转型使得精英知识分子失去了原先那种与政治中心的紧密关系，由中心被抛向了边缘。

在经济资本的争夺中，精英知识分子缺乏竞争力。游走于政府、市场、大众之间的文化经纪人、书商或工作室等与市场的关系极为紧密，精通市场的游戏规则，因而在争夺民间经济资本的过程中如鱼得水，成为文化市场的弄潮儿。他们精通市场运作的奥妙，在商业利益驱动下，不再关心启蒙使命和终极价值，不再制造深度的文化产品，而是满足于赚取高额利润，一味迎合大众庸俗的文化消费需求。更甚者，一些文化经纪人、书商或工作室等为了追求商业利益，采取不规范的翻译流程，为求便宜找不具备翻译资质的人翻译，甚至抄袭侵权。加上高校和很多研究机构不把翻译作为职称评定的依据，导致一些优秀的译者更没有动力从事翻译活动。作为精英知识分子的译者，在权力资本、学术资本和经济资本的争夺中均处于不利地位，结果，在商品经济、市场经济的大潮中，译者的地位被三重边缘化。

同时，市场经济条件下，人们的价值观已经不再是对“义”的崇尚，而是对“利”的追求。在这种功利化价值取向的影响下，“义”不再崇高，知识分子不再耻于言利，不再把求利看作是不道德的、丑陋的事情，开始考虑怎样以较小的投入换取最大程度的收益。“求利”成为译者翻译的动

① 布迪厄等著：《实践与反思：反思社会学导引》，李猛、李康译，中央编译出版社 1998 年版，第 135 页。

力。从20世纪90年代初开始，翻译的报酬一直维持在每千字40—80元之间。以一本25万字的书稿为例，一本书译者顶多能得到20000元的报酬，而译者需要完成翻译的时间一般为一年，平均每月1600多元，译者的劳动价值无从体现。这种低廉的报酬对于合格的译者已经没有吸引力。但做翻译毕竟还是能带来一定的物质利益，这就诱使一些不太合格的译者乘虚而入，他们与一些急功近利的文化经纪人、书商、编辑共同合谋，制造出不少劣质的译本，有些人为了经济利益甚至抄袭盗版。“罗新璋先生翻译《红与黑》，一天译三百字，才挣十来块钱，而那些抄别人翻译作品的人，一天就可以抄一两万字，拿的稿酬却是一样的。市场的不规则打击了许多人的积极性，文学翻译的价值无法在经济收益上得到体现。”① 合格的译者不屑于低廉的翻译报酬拒绝从事翻译活动，由不合格的译者把持着翻译市场，结果造成谁都敢译的局面，翻译差错“俯拾皆是”，翻译成为中国文化输出的瓶颈，译者的形象失落，译者的地位更加被边缘化。译者的这种边缘化地位既是社会建构的，也是译者自我建构的。译者地位的边缘化也是导致一系列翻译质量问题的根源。

中国社会结构的转型影响着译本生产的主导型因素。改革开放初期，译者具有较强的社会责任感，他们以国家、民族利益大局为重，精心选择原本，翻译工作认真负责，翻译了大批极具影响力的西方著作。同时，随着国家意识形态的松动，译者的自主选择性增强，译者的个人喜好也成为20世纪80年代译者译介外国文本，尤其是文学文本的动因。20世纪90年代以降，随着市场经济体制改革的推进，人们的社会责任感趋弱，追求经济利益成为大批译者从事翻译活动的动力，这也导致翻译质量下降，抄袭盗版现象不断发生。外国文本进入中国，经过译者的翻译活动，经由出版社推向市场，就成为了商品，进入了消费领域。作为读者的消费者对译本的接受动因是我们下节要分析的问题。

第四节　译本接受的动因分析

译本的接受空间或多或少地受政治或市场因素的调控，并依赖于其机制的功能性调整，如：出版社的选题倾向，功能相近的系列译丛，表彰的

---

① 李洋：《文学翻译何以后继乏人》，《北京日报》2005年3月8日第11版。

模式：如外国文学翻译奖等。更笼统而言，翻译具有多种功能：是调解和交流的手段，也可以充当政治或经济的功能。对中国近30年来译本接受空间动因的研究，我们分为三个时期，即20世纪80年代、20世纪90年代和21世纪初，一是为了表述的方便；二是这三个时期分别带有各自典型的时代特征。20世纪80年代，对译本的接受是一种内在的社会需求。改革开放初期人们迫切要求改变国家和社会的面貌，包括个人的地位和状态，这种内在需求促使人们寻求各种途径来实现这种改变，这个时期的翻译活动部分上承担了这种功能。到了20世纪90年代，世俗化程度的加深使得人们对功利性、实用性、生活化图书的需求大增，国内出版社对外国文本的选题迎合了人们的这种需求。进入21世纪，在国外畅销书大潮的冲击下，读者似乎失去了判断力，被出版社营造的畅销书文化符号左右着翻译文本的消费。

改革开放伊始，巨大的社会变革需要甚至呼唤西学著作的引进。20世纪80年代掀起了翻译西方学术著作的大潮。“80年代的中国知识分子，特别像‘五四’时期的青年，集合在民主、科学、自由、独立等宽泛的旗帜下，共同从事先辈未竟的启蒙事业。”[①] 这个时期的西学翻译活动超出了学术本该承载的范围，担负起了解放思想的功能。

从美学到心理学，从萨特到尼采，从弗洛伊德到海德格尔，从逻辑实证主义到科学历史主义，从存在主义到现象学，20世纪80年代每一次西方学术著作的译介，读者大众都不是从学术的角度来加以阐释的，译者译介的目的往往也不为了学术或者学术研究。在《悲剧的诞生：尼采美学文选》“译序”中，周国平开宗明义地指出：“他（指尼采）在美学上的成就主要不在学理的探讨，而在以美学解决人生的根本问题，提倡一种审美的人生态度。”[②] 译者是希望通过翻译来解决人生问题、社会问题的，或者说是为社会释放更多思想的空间。这期间一些精英知识分子组织翻译出版的几套丛书正是知识分子表达自我意志的写照，而且在当时的社会语境下，客观上起到了引进西方现代化因素的作用。

较早面世的一套丛书是金观涛主编的“走向未来”丛书。该丛书

① 查建英：《八十年代：访谈录》，生活·读书·新知三联书店2006年版，第133页。

② 周国平：《译序，悲剧的诞生：尼采美学文选》，生活·读书·新知三联书店1986年版，第1页。

顾问有包遵信、严济慈、杜润生、张黎群、陈一咨、陈翰伯、钟沛璋、侯外庐、钱三强。该套丛书的编委会在北京，出版社则为四川人民出版社。

在“编者献辞”中，编委会表达了编辑该套丛书的主旨：“展现当代自然科学和社会科学日新月异的面貌；反映人类认识和追求真理的曲折道路；记录这一代人对祖国命运和人类未来的思考。”“它（指“走向未来”丛书）一问世，就备受各方的关注，名声远播海内外。”[①] “走向未来”丛书既有翻译出版物，也有编委会成员及编委会组织有识之士撰写的著作（“走向未来”丛书的翻译出版物书目详见附录2）。从书目中我们可以发现本套丛书有以下几个特点：（1）丛书的选题较杂乱，既有物理的、政治的、经济的、美学的、文艺理论的，也有方法论的、未来学的，等等。如果要寻找其内在逻辑性的话，只能说这套丛书强调跨学科的研究方法，尤其是自然科学的分析和实证方法研究历史和人文科学；（2）翻译态度不是很严谨，因为1/3的书目为编译，这大概是译者阅读原著的能力有限所致；（3）两到三人合译的情况较多，这大概是为了提高翻译的速度，快速把西方思想引进国内。这套丛书顺应了中国当时“面向现代化、面向世界、面向未来”的大趋势，也符合广大读者、特别是青年读者渴求新知识、掌握新信息、了解新思潮的愿望。“这个时期（80年代）的翻译尽管有时不那么尽如人意，但至少让人们多知道了一个人名，多知道了一种想法，多知道了一种主义。对于一个封闭了太久的民族来说，这项工作还是极为有益的，它急速地推动人们的思想进入一个和世界‘共时’的平台。”[②]

与“走向未来”丛书组织形式类似的是80年代中期开始出版的《二十世纪文库》。该文库编委会请邓朴方做主编，并将译作交由中国残疾人协会下属的华夏出版社出版。常务编委李盛平、张宏儒、肖金泉、贾湛、王伟、黎鸣、吴儁深。编委会成员有所变动，我们在《爱的艺术》中发现编委会成员为于沛、王燕滨、孙连成、刘再复、李泽厚、朱庭光、何家栋、邵大箴、吴衡康、林方、张琢、周星、俞敏生、郭建模、唐枢、

① 周国平：《译序，悲剧的诞生：尼采美学文选》，生活·读书·新知三联书店1986年版，第30页。

② 孙向晨：《从社会的热潮到深层的问题》，苏力、陈春声《中国人文社会科学三十年》，生活·读书·新知三联书店2009年版，第564页。

高崧、程方平。到出版第四本《动机与人格》时，编委增加了邓正来和缪晓非两位。

从《二十世纪文库》书目看（见附录3），这套丛书主要集中于社会科学类，凸显了编委会的现实关怀。或许因为社会科学的学术面相对单一而具体，其发散性不如后来的“西方现代学术文库”；译者的翻译态度较“走向未来”丛书要端正，已经不见了编译的痕迹。纳入文库出版计划的《艺术史》一书，因为插图太多，出版社怕销路不好、赔钱，未面世。但从北京大学朱青生对《艺术史》一书翻译过程的回顾，我们可以看出当时译者端正的翻译态度和对翻译的认识：“如何译制原作，当时学术界正探讨这个问题。从态度上分为二种：第一种主张不拘泥于质量，尽快译出，聊胜于无。第二种即我们的主张：要尽全力提高译文质量。80年代初，一时间崭露头角且着手译书者既有硕学的年老学者，也有积学待发的中年学者，更有与我同年的文化大革命以后上大学读研究生的年轻人。‘尽力提高译文质量’虽然是同一句话，对于这三种人意味不同。也会各有措施。我们的措施就是‘组合译制’。……方针确定后，我约请了中央美院从事外国美术史的毛君炎、李维琨、孔长安，艺术研究院美术研究所的张保琪，南京师大美术系的胡朋组成专业知识见长的一方。同时约请了时和平、孙健龙、顾上飞专门从事英语教学者组成语言知识见长的另一方，规定各人先试译一段，所有的译者通看所有试译稿，以统一规范。然后两方人员穿插分取原稿段落译出初稿；接着互校初译稿，专业见长一方的译稿必由语言见长方校改，反之亦然。互校后，再汇集到我手中通稿；通完稿，最后交付邵大箴先生审读一过。经过一年有半的工作，事成。”[①] 文库虽然选择翻译了一些方法论方面的书籍，但在当时的时代背景下，重点还是在思想的接受和引进，如林方在《人的潜能和价值——人本主义心理学译文集》的“编者序”中所说：“我们的目的在于阐明价值论问题而不是着重于方法论的探讨，因而选择了狄尔泰和斯普兰格尔，略去了韦特海默、柯勒和科夫卡。”[②]

《文化：中国与世界》编委会的组织形式有所不同。其组织过程体现

① http：//www. douban. com/group/topic/4696701/（访问日期2010年5月10日）。

② 林方：《编者序》，《人的潜能和价值——人本主义心理学译文集》，华夏出版社1987年版，第14页。

了精英知识分子的独立精神。据查建英的《八十年代：访谈录》对甘阳的访谈介绍，1985年工人出版社的主编何家栋找到甘阳，希望甘阳出任一个待筹杂志的主编。因为当时甘阳已经小有名气，由他翻译的卡希尔的《人论》在上海译文出版社出版，一年销量达到24万册。甘阳在李泽厚的建议下为杂志取名为《文化：中国与世界》。主办者何家栋也想找名人做名誉主编，但遭到甘阳的拒绝。"老何（何家栋）要去请某位大人物做名誉主编，他说否则办不成的，我当场拒绝，当然拒绝，我说此人不懂这些的。老何的意思说挂个名嘛，否则你不可能干成，因为当时这些翻译西方著作还好像有禁区一样的。"① 加上当时陈嘉映、王庆节翻译的《存在与时间》和杜小真、陈宣良翻译的《存在与虚无》交稿后，在上海译文出版社通不过，出版社反复提修改意见要译者修改。"大家都很愤怒。所以就说：甘阳，我们自己拉班子！所以一开始我并没有搞丛书，是要搞一个杂志，但后来因为这个原因就同时搞丛书了。"② 编委会成立后，与三联书店一拍即合，译稿就从上海译文出版社转到三联书店出版。不过，编委会的成立也不是一步到位。我们发现，第一本以"文化：中国与世界系列丛书"命名的《悲剧的诞生：尼采美学文选》上列明的编委会成员只有两位：主编甘阳，副主编苏国勋。等到1987年李幼燕选编的《结构主义和符号学：电影理论译文集》出版时，编委会才组建完成，他们是：主编甘阳，副主编苏国勋、刘小枫，编委为于晓、王庆节、王炜、王焱、方鸣、甘阳、纪宏、刘小枫、刘东、孙依依、杜小真、苏国勋、李银河、何光沪、余量、陈平原、陈来、陈维纲、陈嘉映、林岗、周国平、赵一凡、赵越胜、徐友渔、黄子平、郭宏安、曹天宇、阎步克、梁治平。编委会成员大部分来自北京大学哲学系、哲学研究所，中国社会科学院哲学所、宗教所和北京大学英语系研究生班。"文化：中国与世界"编委会推出了两个翻译系列："现代西方学术文库"和"新知文库"。二者的分工在委员会推出的每本书的"现代西方学术文库总序"中写得很清楚："文库所选，以今已公认的现代名著及影响较广的当世重要著作为主。至于介绍性的二手著作，则'文化：中国与世界系列丛书'另设有'新知文库'（亦含部分篇幅较小的名著），以便读者可两相参照，互为补充。"虽然该编委会在总序部分表明所

① 查建英：《八十年代：访谈录》，生活·读书·新知三联书店2006年版，第208页。

② 同上书，第209页。

选西方书籍为“已公认的”现代名著，但从书目来看，还是明显带有该编委会的编选倾向。

“现代西方学术文库”的翻译形式类似于“走向未来”丛书，多人合作翻译较普遍，为某个主题进行编选、编译较多，存在对原作的误读现象。陈宜良在《存在与虚无》的“译后记”中写道：“译文不能令人满意，更重要的原因也许在于我们的外语、翻译及哲学理解力水平太低。……尽管是直译，翻译总是一种再创造，因此，里面总是包含着许多我们自己的理解。”① 陈嘉映、王庆节合译的《存在与时间》“译者序”中，译者也谈道：“不少人干脆称这本书是‘无法翻译的’。…… 不过，在中国现代化的进程中，我们理应对世界文化的重大发展加深了解。以本书影响之巨，冒险一译还是值得的。”②“我们认为，哲学翻译与诗的翻译一样，不可能作为细致深入的研究工作的主要依据。”③ 这种因“误译”而引起的“误读”，或因“误读”而引起的“误译”，在中国以“翻译”为媒介而催生的知识的生产、思想的交流和传播过程中，确实是存在的。在特定时期，“误译”或者“误读”是为了更好地“引进”，更好地改造思想，从而引发和推动社会变革。

其实，80 年代读者对“现代西方学术文库”的接受，也是一种“误读”。从书目看（见附录 4），“现代西方学术文库”主要译介的是以海德格尔、卡西尔等为代表的西方非理性主义的著作，着重于对西方现代化的批判和反思。“文化：中国与世界”编委会引进西学的目的，我们从甘阳在《八十年代文化意识》的“出版前言”中可见一斑：“我们对于传统文化，不但有否定的，批判的一面，而且同时也有肯定的，留恋的一面，同样，对于‘现代社会’，我们不仅有向往，渴求的一面，同时也有一种深深的疑虑和不安之感。我以为，这种复杂难言的，常常是自相矛盾的感受将会长期地困扰着我们，并将迫使我们这一代知识分子（至少是其中的部分人）在今后不得不采取一种‘两面作战’的态度：不但对传统文化持批判的态度，而且对现代社会也始终保持一种审视的、批判

① 陈宜良：《译后记》，让·保罗·萨特《存在与虚无》，生活·读书·新知三联书店 1987 年版，第 778 页。

② 陈嘉映、王庆节：《译者序》，海德格尔《存在与时间》，生活·读书·新知三联书店 1997 年版，第 3 页。

③ 同上书，第 4 页。

的眼光。"[①] 编委会的这种倾向我们也可以从副主编刘小枫的著述中得到验证。"在我看来，对它们（指中国传统思想）恰恰需要像罗素、维特根斯坦、胡塞尔、海德格尔对待自己的传统思想那样来一番彻底的思想上的清理。从此才可以去谈论道德形而上学的自足的可靠性。"[②] 在甘阳为于晓等译的《语言与神话》所做的序中，甘阳也谈道："在本书看来，本世纪以来西方尤其是欧陆人文学哲学兴起之最深刻的意义正是在于，它实际上是从对人文领域的哲学考察开始，不知不觉地走向对西方哲学传统本身的批判反思，最后则日益自觉地推进到西方文化传统本身的彻底反省。欧陆人文学哲学之所以值得我们特别重视，概在乎此。"[③] 的确，从书目的选择到编委会关键人物的论述，都体现了当时精英知识分子的前瞻性眼光，在中国刚刚改革开放，还未进入现代化的时候，就对现代性保持警醒、对西方的现代性进行批判、反思。但在中国当时的语境下，读者大众则误读了编委会译介的这些书籍，当做全盘西化的东西来阅读。在《八十年代：访谈录》里，我们看到甘阳与查建英的如下对话：

"甘阳：人家以为你应该引进的是现代化这个东西了，结果你给中国引进反现代化的东西了。

查建英：也许这有一点讽刺了，我觉得很多人当时只是笼统地认为你们是属于全盘西化的一派，而并没有在你讲的这个层次上理解你们译介的这批东西。"[④]

这批书的译介、出版正好迎合了当时人们反思、反叛、彷徨的心态、顺应了"思想解放"的潮流，仅凭书名或书中断章取义的只言片语或作者的行文风格就对读者大众产生了强烈的吸引力。甘阳翻译的《人论》，一年内就售出24万本。据甘阳介绍："为什么畅销，就是因为这个书名。哎，《人论》！因为你想吧，'文革'刚结束的时候就在谈人嘛，人道主义嘛，所以这个完全是阴差阳错的。"[⑤] 谈到为什么这批书受欢迎，甘阳认为：

---

① 甘阳：《出版前言》，《八十年代文化意识》，上海世纪出版集团、上海人民出版社2006年版，第4页。

② 刘小枫：《拯救与逍遥——中西方诗人对世界的不同态度》，上海人民出版社1988年版，第9页。

③ 甘阳：《从"理性的批判"到"文化的批判"（代序）》，卡西尔《语言与神话》，于晓等译，生活·读书·新知三联书店1988年版，第11页。

④ 查建英：《八十年代：访谈录》，生活·读书·新知三联书店2006年版，第199页。

⑤ 同上书，第203页。

“我觉得这个当然是有社会时髦的原因。但是因为这批西方人虽然是反西方的哲学，但对很多中国人来讲，不就是反嘛，那还是迎合他反的情绪。”[①] 读者大众对待西方译作的态度过于表面化和情绪化，还仅仅停留在思想层面，限于当时的教育状况，学者也鲜有从学术、学理的角度对译介过来的学说、理论进行深入的分析、检验、验证。历时地看，这也是一个国家走向现代化道路的必要环节。

三套丛书中有的图书的影响还不仅局限于80年代，而且还产生了广泛而持久的社会影响，对改革开放30年来中国社会的思想观念和社会生活变革产生了深远的影响。在2008年《中国图书商报》会同中国对外翻译出版公司和江西教育出版社举办的“30年中国最具影响力的300本书”评选中，“走向未来”丛书的《新教伦理与资本主义精神》，“二十世纪文库”的《历史和阶级意识》，“文化：中国与世界”编委会“现代西方学术文库”的《悲剧的诞生：尼采美学文选》、《心理学与文学》、《存在与虚无》、《存在与时间》入选。

三套丛书的译介，尽管初衷不同——前两套丛书体现了知识分子的社会责任感，改造当时的社会；第三套丛书体现了精英知识分子的前瞻性眼光，对现代性的警醒。但在20世纪80年代，读者大众对这三套丛书的接受都是出于相同的目的，即开阔眼界、解放思想，通过学习西方思想来改变国家和自身的状态。

20世纪90年代，市场经济体制目标的确立、商品大潮的冲击加上社会制度环境的相对宽松使得中国文化的商业化、世俗化程度加深。在世俗化的过程中，中国传统上重义轻利的价值观为实用主义、享乐主义的价值观所取代，这必然凸显出大众对金钱的渴望和对幸福生活的强烈欲求，凸显出文化活动消解理想主义和精英主义以后的多元化、商品化与消费化的趋势，以及相应的文化的消遣娱乐功能的强化。其主要表现就是功利主义、实用主义、消费主义、享乐主义等新的文化价值与生活方式以及世俗文化的出现。大众的生活需要成为中国出版界从外国引进相应文本的动力。

翻译活动从来不是在真空中进行的。20世纪90年代人们功利性的需求促使出版界的翻译选题要与之相适应。与上个十年相比，贴近生活、工

---

① 查建英：《八十年代：访谈录》，生活·读书·新知三联书店2006年版，第200页。

作、个人需要的，世俗化、生活化、功利化、实用性的选题成为这个时期翻译活动的最大特点。同时，商品经济的发展也增强了人们的时间观念，“时间就是金钱，效率就是生命”。快节奏的生活、工作方式催生了人们速成的心态，人们好像已经没有耐心再去阅读内容沉重、冗长、耗时的作品了。译介过来的书籍，不少书名就表现出短时间、快节奏的特点。如，《五秒入睡法：倒头就睡精力充沛》（［日］松藤英多编著，周克钧、张欣编译，北京体育学院出版社 1991 年版），其实，读者都知道，5 秒钟是不可能入睡的，但该书以“五秒”为卖点，吸引读者的眼球，迎合人们的时间观念。就连智商也可以大跃进，天津人民出版社 1998 年推出了《智商大跃进：十二周智力增进课程》（［美］莎凡、佛莉契著，李芸玫译）。

经济市场化的一个主要特征就是竞争，个体只有通过竞争才能实现自己的利益。因此，只有不断地学习、不断提高各种技能才能增强竞争力。20 世纪 90 年代，灌输学习理念、学习方法类的图书开始在社会上流行。上海三联书店 1994 年推出《第五项修炼：学习型组织的艺术与实务》（［美］圣吉著，郭进隆译），该书推崇以深度会谈为学习方法的团队学习，通过团队学习来实现自我超越。该书正版累计销量达 50 万册①。1997 年上海三联书店又引进了《学习的革命：通向 21 世纪的个人护照》（［新西兰］戈登·德莱顿、［美］珍妮特·沃斯著，顾瑞荣等译），该书提出“学习首先要改变观念”以及“终身教育”的理念和“尊重个体的学习习惯和学习方式”，并且书中的理论与观点具有很强的实践性，便于读者对照模仿。该书累计销量已达 500 万册②。同期，书名冠以“如何……”、“怎样……”等标签，向人们传授社会技能、技巧的通俗性、知识性图书被大量从国外引进，翻译出版（详见附录 5）。

经济的繁荣、物质生活的丰富使得人们追求财富、富裕的愿望逐渐增强。“50 年代讲奉献，90 年代侃赚钱。”20 世纪 90 年代流行的这句口头语亦反映了社会物欲化、拜金主义的心态。顺应这种社会心态，中国出版界在 20 世纪 90 年代引进了一些教人赚钱、谋求富裕的通俗出版物（详见附录 6）。20 世纪 90 年代国民经济市场化、社会化程度明显提高，经济活力

① 伍旭升：《30 年中国畅销书史》，中国对外翻译出版公司 2009 年版，第 222 页。

② 同上书，第 223 页。

显著增强，这使得商品的营销方式、手段、策略必然不同于以往传统的营销方式。鉴于国内先进的营销理念相对滞后，从国外大量引进成熟的销售理念、技巧也就顺理成章（详见附录7）。深圳海天出版社1996年引进的《世界上最伟大的推销员》（［美］奥格·曼狄诺（Og Mandino）著，安辽译）一推出即广受欢迎。该书被誉为“西方商业的圣经”，以讲故事的写作手法把现代的营销技巧和销售人员应该具有的坚韧品质阐述得淋漓尽致。与求富心切相关的，就是对成功的渴望与追求。20世纪90年代中国出版界引进的各种励志类出版物正好顺应了这一社会心态（详见附录8）。

市场机制的建立也导致人的高流动性。“铁饭碗”被打破，单位的用人机制愈加灵活。“自1994年以来，失业逐渐成为中国一个重要的社会问题。‘再就业工程’也成为继‘希望工程’之后的又一个社会重点工程。”① 于是，一些指导求职、个人职业发展的知识类出版物也就理所当然地成为这个时期国内出版界的选题（详见附录9）。20世纪90年代社会流动性的加强，也导致人的角色变换加快。原有的人际交往形式及内容发生了变化，原有的交际网络因为个人的流动甚至中断，不得不频频重新建立新的人际关系网。如何快速地融入新的圈子，为他人所认可和接受，即学习、掌握一定的交际手段和技巧成为人们感兴趣的话题。同时，市场经济条件下，人际交往也越来越多地带上了功利的色彩。市场的需求催生了中国出版界对这类出版物的大量引进（详见附录10）。

20世纪90年代，随着社会变化的加快、社会竞争的加剧和人际心理距离的扩大，导致人们越来越产生心理焦虑或心理不安。人们开始担心会下岗、失业、生病等等。20世纪90年代引进国内的心理疏导方面的通俗读物达二十多种（详见附录11）。同时，随着国家经济的快速发展，人们不再仅仅满足于物质生活的享受，开始追求精神生活的丰富、追求快乐工作、享受生活，注重生活品位成为人们的价值取向。“中国城镇居民的消费序列顺序历来是吃、穿、用在前，但从1992年开始，娱乐文教类支出首次超过用品类支出。”② 中国出版界引进出版的一些以“快乐”、“幸福”为

① 张俊芳等：《社会转型期社会文化心态变迁规律研究》，大连海事学院出版社2002年版，第127页。

② 刘世锦等：《中国“十五”产业发展大思路》，中国经济出版社2000年版，第125页。

卖点的出版物开始大行其道（详见附录 12）。

20 世纪 90 年代，随着社会的进一步开放和生活的富裕，人们开始注重婚姻质量，对婚姻幸福的追求开始更多地从自己个人的角度考虑，不希望再过多地承担对他人的责任，开始挣脱传统婚姻道德观的束缚，家庭关系相对松散、稳定性下降，离婚率上升。据调查，中国 1979 年的离婚总对数为 32 万对，1993 年为 91 万对，1996 年达 113 万对[①]。国内出版界这个时期引进出版的针对婚姻幸福、婚姻关系、离婚、再婚等问题的通俗性图书也顺应了这一趋势（详见附录 13）。20 世纪 90 年代，宽松的政策环境使得社会对婚外情、未婚同居等现象的态度越来越宽容，维系婚姻关系的纽带也越来越松动，外遇成为可“宽恕的罪”。探讨男女情感、异性关系的国外出版物也迅速引进国内（详见附录 14）。

社会环境的世俗化不仅使得从国外引进的图书选题偏向世俗化，而且有的译者对书名的处理更加重了世俗气，甚至低俗。江西教育出版社 1999 年从美国引进的一本关于个人职业选择的通俗读物，书的原名为 *Career Satisfaction and Success: A Guide to Job and Personal Freedom*（职业满意度与成功：工作与个人自由导引），译者却将书名译为《狗日的工作：知识社会的职业选择与个人自由》。靠粗俗的书名吸引读者目光的，我们发现还有北京文化艺术出版社出版的《男人这东西》（［日］渡边淳一著，炳坤、郑成译，1998 年版）；沈阳春风文艺出版社 1999 出版的《我是青少年，我好烦》（［英］阿斯奎思著，王丽亚译）；湖北人民出版社 1999 年出版的《读书？我们才不乐意》（［法］Marie－Aude Mmail 著，刘娟译）等。

20 世纪 90 年代，由注重实用性、功利性，追求物质和精神享受的大众组成的文化知识市场，顾客需要的不是抽象的哲学和启迪人生远大理想的严肃文学，而是生财之道、处世之理、幸福之方以及大众文化快餐。90 年代国内翻译出版的外国文学类出版物有 6902 种，比 80 年代多出近 15%，但入选“30 年中国最具影响力的 300 本书”的只有 5 种，而这 5 种图书中，4 种为再版图书，严格而言，真正在 90 年代市场经济体制目标确立以后翻译出版的外国文学入选书目只有一种，即《尤利西斯》。入选的这 5 种书的主题内容均与“崇高”无关（见表 2）。

---

① 姜秀花：《怎样看待离婚率上升》，《前线》1999 年第 4 期。

表3 20世纪90年代出版、入选“30年中国最具影响力的300本书”的书目

书名	原作者	译者	出版社	出版年份
《在路上》	[美] 凯鲁亚克	文楚安	漓江出版社	1998
《尤利西斯》	[爱] 詹姆斯·乔伊斯	萧乾等	译林出版社	1994
《挪威的森林》	[日] 村上春树	林少华	漓江出版社	1996
《情人·乌发碧眼》	[法] 玛格丽特·杜拉斯	王道乾、南山	上海译文出版社	1997
《罗伯·格里耶作品选集》	[法] 罗伯·格里耶	陈侗等编	湖南美术出版社	1998

资料来源：《30年中国最具影响力的300本书》。

漓江出版社在1990年推出由陶跃庆、何晓丽翻译的《在路上》，该版本删去了一些粗俗的语言和性描写。漓江出版社1989年出版的《挪威的森林》也是一个“洁净板”，删去了一千六百余字的性爱描写。这说明20世纪80年代末90年代初主流意识形态还在维护着情感的神圣性。杜拉斯的《情人》（后译作《情人·乌发碧眼》）在1985年由北京语言学院出版社和四川人民出版社推出过两个版本。1998年陈侗等编的《罗伯·格里耶作品选集》，所选的都是20世纪80年代中后期在中国翻译出版的罗伯·格里耶小说。由于这些小说在20世纪80年代“生不逢时”，与当时的社会文化思潮格格不入，没有引起读者的过多关注。到了90年代，尤其是90年代中后期，情感的高尚性已为世俗性所取代，表达私密性的情感已不再是禁忌，转而玩味各种灰色甚至黑色调的滥情，人们开始追逐慵懒的小资情调。上述5种获选书目可谓是应景之作，当然并不是因为保留了粗俗的语言和性爱描写的缘故，而是从整体而言，5种书的主题正好符合90年代人们的阅读趣味。《在路上》对生活方式的描写以及本身的叙述方式被公认为20世纪60年代嬉皮士运动的经典。意识流代表作《尤利西斯》描写了一位现代的庸人主义者：大恶不作、至善不能，亦不乏善良之举。《挪威的森林》让城里的小人物们看到了凡庸的日常生活层面上的小资情调生活。《情人·乌发碧眼》也以其唯美的场景描写、绝望无助的性爱、无言悲怆的离别而极富小资情调。罗伯·格里耶是新小说派的代表人物，其小说常常用推理或悬疑的写作手法，渲染色情和暴力场面。

进入新世纪以来，原来的“外国文学”概念被“外国畅销书”所取代。外国畅销书以其娱乐特质、易用性成为这个时期文化消费的大餐。在市场经济条件下，读者作为消费者，跟其他消费者一样，与其说是对读物进行判断，倒不如说受着畅销书所营造的所谓“趣味”的摆布。在中国少儿文学类图书市场唱主角的引进版超级畅销书有“哈利·波特”系列（人民文学出版社出版）、“鸡皮疙瘩”系列（接力出版社）、“冒险小虎队”系列（浙江少年儿童出版社）。人民文学出版社从2000年开始翻译出版“哈利·波特”系列，十年期间共引进了7部，每一部的平均销量都达到了惊人的300万册[①]。接力出版社2002年起陆续从美国引进“鸡皮疙瘩”系列，该系列共计137本，因阵容庞大、畅销全球而获得吉尼斯世界纪录“人类历史上最畅销的儿童系列图书之最”。浙江少儿出版社从2001年开始翻译出版从奥地利引进的“冒险小虎队”系列，刚开始起步阶段，出版社该图书的销售还遭到一些书店的拒绝，出版社只好采取从地方向全国辐射的办法，先在江浙一带促销，然后以该出版社自办的《图书市场资讯》向全国各地的市场发布该图书的销售情况，慢慢获得了全国市场的认可。至今“冒险小虎队”系列已经在国内出版了60个品种，“目前在中国大陆的总销量已达2978万册，销售码洋逾3亿，并陆续9年被评为中国少儿畅销书，近40次名列全国少儿畅销排行榜榜首。”[②] 传统上，中国的少儿图书多是知识性、教化类的内容，而这三种外国畅销书的共同特点是想象力丰富，以儿童的视角想问题，解决问题，贴近孩子的内心世界，容易对孩子产生吸引力。引进版畅销书国内的热销极大地拉动了国内的少儿图书需求市场，推动了文化消费。外国畅销书在中国的热销成为出版社疯狂引进的极大动力。

“哈利·波特”为人民文学出版社带来了丰厚的利润。尝到了少儿畅销书的甜头，人民文学出版社开始了一系列的外国少儿图书引进活动，2002年从德国引进莫尔斯著的《蓝熊船长的十三条半命》（李士勋译）、《来自矮人国的小兄妹》（王泰智、沈惠珠译）；从奥地利引进巴林格著《给小侦探的聪明手册》（王泰智、沈惠珠译）和《鬼怪迷的勇敢手册》（王泰智、沈惠珠译）。从2004年起，人民文学出版社开始出版“当代欧美畅销儿童小说”系列，至2007年已翻译出版来自美、英、加、德等国的13种儿童小说。2005年人民文学出版社又从法国引进洛姆著的“星星秘笈”三部曲：《魔法大师歌德哈尔》（任友琼译）、《沙长老》（任友琼、何

① 《当畅销作家登上富豪榜你也可以学》，《成都商报》2010年11月15日第20版。

② 童书：《〈冒险小虎队〉十年邀粉丝也来露一手》，《北京晚报》2010年8月16日第40版。

蒨译)、《魔影》(李兰婷译)。近些年人民文学出版社引进版少儿图书的畅销也直接导致其副牌外国文学出版社在2009年8月变身为致力于少儿图书出版业务的天天出版社。外国文学出版社先后出版了“二十世纪外国文学丛书”、“当代外国文学丛书”、“外国文艺理论丛书”等大量图书。喜爱外国文学的读者对外国文学出版社还是抱有深厚感情的，但是市场经济的大潮中，文化商品好像商业产品，必须遵循经济规律。出版社按照利润标准以及商业模式操作，这必然会妨碍文学和文化自身发展的规律。文学协会等非营利性机构，应该积极引导读者的阅读取向，消除读者大众的盲从心理，营造理性的阅读空间。

进入21世纪，外国经典文学作品淡出了畅销书市场。悬疑类和青春文学类小说成为畅销书榜单上的常客。丹·布朗的《达·芬奇密码》自2004年由上海人民出版社引进国内之后，一直在各大图书排行榜榜上有名，并于2006年登上了文学类畅销书榜首。截至2006年，《达·芬奇密码》在中国销售320万册[①]。同类型的国外小说也陆续在中国翻译出版，如人民文学出版社在2006年翻译出版美国悬疑小说大师斯蒂芬·金的《肖申克的救赎》(施寄青等译)，该书是斯蒂芬·金的四部中篇惊悚小说的结集，包括“丽塔·海华丝与肖申克的救赎”、“纳粹高徒”、“尸体”和“呼—吸—呼—吸”四篇。同年，长江文艺出版社推出了左自鸣翻译的《鬼魂出没》([美] 欧茨著)；还有辽宁教育出版社推出的西班牙作家纳瓦罗创作的惊悚悬疑作品《耶稣裹尸布之谜：萦绕千年的宗教谜案》(何玉洁译)。一个值得我们注意的现象是，虽然1999年以后出版的外国文学作品数量众多，但入选“30年中国最具影响力的300本书”的只有《达·芬奇密码》([美] 丹·布朗著，朱振武等译，上海人民出版社2004年版)一部。这说明，随着时代的变迁，读者对译本的接受发生了变化，其选择更加多元，阅读目的往往不再为了寻求高尚的情操、丰富的哲理，而是为了消遣、娱乐。这也是青春文学受欢迎的主要原因。随着韩国1998年“文化战略”的实施，韩流袭来中国，除了韩剧之外，韩国青春文学也进入中国，并迅速占据中国文学类排行榜醒目位置。韩国可爱淘的《那小子真帅2》和《那小子真帅》更是在2004年6月的月度“开卷全国文学类畅销书排行榜TOP30”中位列前两名。《那小子真帅2》和《那小子真帅》讲述的是浪漫

① 王英斌：《韩国翻译出版物居世界各国首位》，《世界文化》2007年第7期。

惬意的爱情喜剧故事，书中不少地方还夹杂网络语言符号，语言风格轻松诙谐，读起来轻松自在。市场经济条件下，人们的生活、工作节奏明显加快，各方面压力增加，人们似乎没有闲暇时间和闲情逸致去沉下心来细细品味内容厚重的经典文学名著。“浅阅读”成为人们放松心情、舒缓压力的阅读方式。《达·芬奇密码》的畅销，在一定程度上也和该小说的章节安排有关，小说的每个章节只有两千字左右篇幅，这样安排可以减轻读者阅读时产生的心理负担。篇幅如果过长，读者容易产生阅读疲劳。青春文学的畅销更是迎合了读者靠阅读获取娱乐的心态。

社会转型必然会导致人的心态改变。新世纪之初，中国各项改革全面深化，经济的快速发展及其对社会生活领域的渗透开始成为社会生活领域的主要威胁。市场化原则在逐渐侵蚀社会生活自身的自主性。利益结构失衡，竞争加剧，使得人们开始寻求自我调适。“人们想看什么，出版社就出什么，这是出版界的现实。”[①] 于是心理自助类图书在新世纪初出现了热潮。2001 年中信出版社推出的《谁动了我的奶酪》（［美］约翰逊著，吴立俊译）在当年 12 月即登上非文学类畅销排行榜榜首，并且连续位居榜首 8 个月。继《谁动了我的奶酪》之后，引进版心理自助类图书《把信送给加西亚》（［美］哈伯德著，路军译，企业管理出版社 2002 年版）位居 2003 年 7 月月度榜榜首；《人性的弱点：全集》（［美］卡耐基著，袁玲译，中国发展出版社 2002 年版）登上 2003 年 10 月月度排行榜榜首。引进版畅销书的热销，活跃了国内图书市场，弥补了国内在某些专业知识领域相对较薄弱、不足的状况，为读者送来了丰富的文化大餐，推动了国内的文化消费。

引进版图书的畅销也会刺激本土创作市场，带动本土的类型化创作热情。新世纪初以来，几乎每一种引进版图书的畅销都会紧随几部，甚至多部同类型的国内出版物。“2003 年上半年中国的儿童图书排行榜，前 30 位中引进版占 26 位。”[②] 但到了 2003 年底，本土出版物迎头赶上。在 2003 年 12 月的“月度少儿类畅销书排行榜”上，“‘哈利·波特’与‘哪吒’各得前十名五个位次”。[③] “哪吒传奇”系列自 2003 年 6 月开始陆续出版，书

---

① 徐馨：《文学翻译现状亟待改观》，《人民日报》2004 年 11 月 12 日第 9 版。

② 易舟：《我们为何缺少儿童文学畅销书?》，《文艺报》2004 年 1 月 31 日第 1 版。

③ 《“哈利·波特”与“哪吒”共嬉榜单　少儿畅销书渐归本土》，《中国图书商报》2004 年 1 月 16 日第 24 版。

中塑造了一个活泼可爱、机灵调皮的哪吒形象，较以前的哪吒故事更加鲜明、丰满，书中哪吒诙谐、幽默的语言，不畏艰难、邪恶，为了理想百折不挠的英雄气概，深得孩子们的喜爱。随后本土少儿书如《淘气包马小跳》、《虹猫蓝兔七侠传》、《小鲤鱼历险记》和《喜羊羊与灰太狼》也深得孩子们的喜爱。韩国可爱淘的《浪的诱惑》、《那小子真帅》、《那小子真帅2》，与"青春文学掌门人"郭敬明的《梦里花落知多少》、《幻城》、《左手倒影，右手年华》、《爱与痛的边缘》共同筑起一道青春亮丽的风景。同类型的畅销书还有张悦然的《樱桃之远》、《十爱》，何员外的《毕业那天我们一起失恋》、《何乐不为》；孙睿的《草样年华》、《活不明白》等。"青春文学……畅销书一本接着一本，销量将很多名家新作都远远抛在后面。"①《达·芬奇密码》在中国的热销，带动了本土一批鬼怪、盗墓类小说的创作。仅2004年、2005年，就有蔡骏的五部悬疑小说出版：《幽灵客栈》(云南人民出版社)、《荒村公寓》(接力出版社)、《猫眼》(北方文艺出版社)、《荒村归来》、《地狱的第19层》(接力出版社)。甚至连作家出版社在2007年也推出了蔡骏的《蝴蝶公墓》。2005年后在中国形成了一股盗墓、鬼怪小说热，像天下霸唱的《鬼吹灯》系列；肥丁的《墓诀》、《西双版纳铜甲尸》、《我的爷爷是个鬼》、成刚的《沉睡谷》、《鬼童》、《猎人者》、《镜子迷宫》、《双面人》；郎芳的《午夜蛇变》、《天寺眼》；鬼古女的《碎脸》、《暗穴》、《伤心至死》；甚至还出现了以学校生活为题材的灵异类小说，如，韩倚风的《撞Le鬼：高二五班灵异事件》；马岳的《校园灵异事件簿》；陈瑞生的《第四校区》等。2001年9月中信出版社推出美国斯宾塞·约翰逊著的《谁动了我的奶酪》(吴立俊译)后，"奶酪"一下子成为一个炙手可热的符号，触发了一阵"奶酪"热，仅在2002年，就有11种本土"奶酪"书面世（见表4)。

表4　受《谁动了我的奶酪》影响，2002年国内本土作家创作的"奶酪"书

书名	作者	出版社
《我不想动你的奶酪!》	吴一舟	上海人民出版社
《我要动谁的奶酪》	何君	当代中国出版社
《谁敢动我的奶酪?!》	康燕宁	中国致公出版社

① 北京开卷图书市场研究所月报分析项目组：《2004年5月文学类畅销书排行榜分析》，《中国图书商报》2004年6月25日第14版。

续表

书名	作者	出版社
《学会做自己的奶酪》	董桃福	中国盲文出版社
《就动你的奶酪!》	希尔奇	时代文艺出版社
《奶酪够了》	林展贤	上海文化出版社
《奶酪上的生存哲学》	邓智海	中国商业出版社
《我能动谁的奶酪》	陈彤	中国青年出版社
《谁敢动我的奶酪!》	缪晨	学林出版社
《躁动的奶酪》	连玉明	中国时代经济出版社
《谁也动不了我的奶酪》	张晓峰	京华出版社

资料来源：据 2002 年《全国总书目》筛选而来。

从国外翻译引进的畅销书从弥补国内空白，填补阅读真空，到引领本土创作，在丰富读者精神生活，引导文化消费的同时，也为中国的文化产业贡献了力量。从短期看，对外国畅销书的引进是追求商业利润，但长远而言，对外国文学作品的引进应当遵从具体的文化发展规律，应当看是否有益于社会生活，能否创造社会效益，能不能推动社会进步。

在 20 世纪 80 年代，翻译发挥了解放思想的政治功能，接受者在当时特定的社会语境下，甚至会“误读”译本，重新把译本阐释为接受空间中的主导思潮。20 世纪 90 年代，随着中国经济的快速发展，翻译活动开始贴近人们的日常生活，各种功利性需求成为人们阅读译本的主要动力，读者的阅读需求成为国内出版社引进此类文本的动因。进入 21 世纪，读者的阅读趣味被出版社营造的畅销书消费潮流所置换，文化消费成为人们阅读译本的主要动力。

翻译活动的内、外部环境因素对翻译活动的社会运行起着推动或制约的作用。在本章，我们对改革开放 30 年来中国翻译活动的社会动因做了粗略的分析。改革开放 30 年来，中国从外国翻译引进了 97539 种出版物，文本的跨国流动是不均衡的，影响外国文本进入中国的主要因素是中国与西方发达国家之间的经济交流，中国与发达国家的经济往来带动了国家之间的文化交流，进而促进了文本的跨国流动。中国特定时期与来源国之间的政治关系以及依附在外国文本之上的强大文化资本也是促进文本跨国流动的动因。21 世纪初韩国的对外文化战略促进了韩国文本向中国的大量流动。同时，中国对外国文本引进的起起伏伏还受国家行政性安排、政府部门的干预、中国社会结构转型以及文化产业政策等因素的影响。中国社会结构转型对译本生产也带来重大影响，20 世纪 80 年代，译者社会责任感较强，对翻译工作不计个人利益得失，翻译了大批高质量的作品；随着中国改革开放政策的实施，译者的自主性相对增强，译者的个人喜好成就了一批外国经典文学译本的面世；随着市场经济体制的推进，对经济利益的狂热追求成为大批译者从事翻译活动的动机，进而导致翻译质量下降。外国文本进入中国，在不同时期读者大众对不同文本的需求是不一致的，20 世纪 80 年代，人们抱着改变国家和社会面貌、改善个人地位的美好愿望掀起了阅读西方翻译著作的热潮；20 世纪 90 年代，随着市场经济体制的发展，人们功利化的阅读需求促进了出版界对这类文本的大量引进；进入 21 世纪，随着国家经济的发展、人们生活水平的提高，文化消费成为人们阅读畅销书的动因。

改革开放以来，翻译活动作为交流与沟通的桥梁，已经渗透到中国各个地区和各个领域，促进了社会的发展和进步。但随着翻译事业的繁荣和社会的发展，翻译活动也暴露出一些问题。在分析过改革开放 30 年来影响中国翻译出版活动的社会动力因素之后，我们接下来拟对这一时期翻译活动中暴露出来的一些主要问题加以检讨，分析造成这些问题的原因，是为了更好地“引进来”，以及中国图书更顺利地“走出去”。

第四章 翻译活动的社会运行问题分析

改革开放30多年来，中国掀起了大规模的“引进来”活动，形成了中国历史上的又一轮翻译高潮。随着20世纪末国家文化产业政策的提出，中国的翻译服务产业也由无到有，逐步发展起来。进入21世纪，中国又开始实施文化“走出去”国家战略。大规模的翻译出版活动、翻译服务产业和中国图书“走出去”构成了中国当代丰富的翻译活动状态。改革开放以来，翻译活动作为交流与沟通的桥梁，已经渗透到中国各个地区和各个领域，促进了社会的发展和进步。但随着翻译事业的繁荣和社会的发展，翻译活动的社会运行也暴露出一些问题。接下来我们拟对这一时期翻译活动运行中各关键环节暴露出的主要问题加以检讨，分析造成这些问题的原因，为下一章节我们分析、思考如何解决这些问题做准备。我们拟从文学翻译活动、非文学翻译活动、翻译服务产业这三方面对改革开放30年来中国翻译运行中所存在的问题加以分析。

第一节 文学翻译活动的社会运行问题分析

传统上，翻译文学一方面丰富了人们的精神文化生活，另一方面也促进了中外文化的沟通和交流。如果没有文学翻译，中国新文学不可能有如今这样的收获。王宁教授这样评价翻译文学在中国的地位：“在某种程度上来说，翻译文学可以被当作中国现代文学的一个不可分割的组成部分。正是对外国文学的翻译介绍才有力地推进了中国新文学史的重写。”[①] 谢天振教授认为翻译文学是中国文学的一个组成部分，“无论是歌德、拜伦、雪莱，或是巴尔扎克、福楼拜、雨果，或是普希金、果戈理、屠格涅夫、

① 王宁：《翻译文学与中国文化现代性》，《清华大学学报》（哲学社会科学版）2002年第S1期。

托尔斯泰，他们之所以能对中国文学产生巨大的影响，他们之所以能在广大中国读者的心目中占据重要的地位，主要地、而且在绝大多数情况下完全是由于他们作品的译本”。[①] 在文学翻译给读者带来精神食粮的同时，也存在着外国文学名著重复翻译出版过多过滥、翻译侵权和文学读物翻译质量欠佳等方面的问题。这些问题的存在严重影响了文学翻译活动的健康运行，不利于对外来文化的引进和借鉴。在本节，我们主要考察30年来外国文学名著在中国的翻译出版问题以及翻译的文学性问题。

我们据1978—2007年《全国总书目》统计，改革开放30年来，中国共翻译出版外国文学作品24800种，占引进总量的24%。市场经济条件下，文化产品同时也成为了商业产品，这就意味着文学翻译活动须遵循市场经济规律。文学翻译出版活动越来越被出版社所主宰，这些出版社对文学翻译出版活动实行利润标准考量以及商业操作模式，结果在相当程度上妨碍了文学和文化自身发展的规律。20世纪90年代以来，中国出版界对外国文学作品的翻译出版表明了经济因素对文学翻译活动越来越大的影响。已过版权保护期的外国文学名著不断在中国重复翻译出版（见表5），就是市场引导的结果之一，各出版社都想分一杯羹，占有自己的份额。

表5　　　　1978—2010年外国文学名著重译版本数量统计

作品名	译本数	作品名	译本数
《格林童话》	167	《钢铁是怎样炼成的》	135
《格列佛游记》	130	《伊索寓言》	109
《鲁宾逊漂流记》	104	《简·爱》	103
《小王子》	103	《巴黎圣母院》	95
《傲慢与偏见》	85	《童年》	83
《呼啸山庄》	79	《堂吉诃德》	69
《茶花女》	66	《红与黑》	64
《少年维特之烦恼》	63	《雾都孤儿》	61
《包法利夫人》	44	《老人与海》	42
《罪与罚》	34		

资料来源：1978—2007年资料据《全国总书目》筛选整理，2007年以后据当当网、卓越网统计而来。

① 谢天振：《译介学》，上海外语教育出版社1999年版，第243页。

已过版权保护期的外国文学名著，出版社无须支付版税，更主要的是出版社凭借外国文学名著的名气，可以获得较好的经济利益。这导致外国文学名著在中国出版过多、过滥。《鲁宾逊漂流记》在 2007 年一年中就有 18 个译本面世，《钢铁是怎样炼成的》在 2009 年更是有 29 个译本面世，21 世纪出版社在 2009 年 6 月同期推出《钢铁是怎样炼成的》两个版本，一个是编译本，一个是改编本。在对西方经典文学作品大量、重复译介的同时，东欧、拉美、非洲、阿拉伯地区的文化却被严重忽视。文化产品的引进不能完全交由市场来运作，政府应进行适度的调控和规划。德国的做法值得我们借鉴。“德国政府资助在德国出版亚非拉文学作品的工作，每年经费约 10 万—15 万马克。1994 年出版了阿根廷、墨西哥、智利、印尼作家的小说。”①

尽管《老人与海》有这么多译本，但被评为“30 年中国最具影响力的 300 本书”入选的仍然是 1987 年漓江出版社董衡巽、冯亦代的译本。人民文学出版社的莎士比亚戏剧中译本，多次重版，历年都采用朱生豪旧译。如果原译本质量欠佳、或随着时代的变迁，已经不适合于这个时代，对文学名著进行重译，是完全有必要的。因为翻译，尤其是文学翻译，本来就是永无止境的过程。但如果新译本不能超过旧译本，则只会造成人力财力浪费。

名著重译不仅版本数量过多过滥，而且亦不乏粗制滥造、断章取义者。祝朝伟比较了《红字》的三个翻译版本（2000 年北京燕山版、1981 年上海译文版、1998 年南京译林版），发现燕山版的《红字》质量极差、错漏之多不堪卒读，而且译文中到处都是移译、套译的现象：“仅该书的第 1、2、13、23 和 24 章是新译者所译，占整个篇幅的 1/5，而其余部分均有套译、移译的痕迹。从篇幅上看，此类现象占整个小说的 4/5 。”② 北京燕山出版社出版的《双城记》中将 through the barrier（通过障碍）译作“通过城门”；将 moved in his chair（在椅子上动了动）译作“如坐针毡”。中央编译出版社出版的《海明威》中，“他母亲去世 36 年之后，海明威又想起了那次历险奇遇，并试图写一部小说。”事实上，海明威在其母亲去世（1951 年）10 年后自杀身亡。原文讲的是在那次历险奇遇 36 年后海明威的母亲去世了。再有，“1944 年在伦敦，他（海明威）竟然向马塞利娜大打出手。”马塞利娜是海明威的姐姐，海明威怎么会向自己的姐姐动粗

① 怀国：《德政府资助在国外翻译出版德国图书》，《出版参考》1995 年第 3 期。

② 祝朝伟：《居然有这样翻译的“红字”》，《光明日报》2002 年 5 月 9 日第 26 版。

呢？其实，原文是海明威对着姐姐大吼大叫。还有，译文把 pop（老爹）音译为“波普”。翻译质量低劣的译本流向社会，由于普通读者没有辨识能力，往往会贪图价格低而上当受骗。有读者就描述了购买劣质译本的经历：“就拿《鲁宾逊漂流记》来说吧，就有好几种翻译版本，笔者贪图便宜，买了一种很便宜的版本，结果翻译者的水平太差，看了之后，让我非常失望，后来不得已又掏钱买了一种好的，看清了翻译者是谁，进行了几番比较之后，我才终于买到了最好的版本，翻译的水平也是最好的。这样的翻译小说，看起来当然就会很有趣味。”[①] 出版界利欲熏心、市场混乱无序等问题与日俱增，这不仅侵害了读者的权益，加大了市场交易成本，而且损害了翻译出版发展空间、行业信誉和形象。

名著重译带来的问题，除了翻译质量低劣外，还有盗版横行。在商业利益的驱动下，一些文化经纪人、书商与出版社合谋，共同炮制假冒伪劣译本，谋取不法利益。因为侵害译者著作权，近年来被合法译者告上法庭或被媒体揭发的，仅是冰山之一角。2003 年，刘京胜状告伊犁人民出版社侵害其著作权，后者出版的《堂吉诃德》与 1995 年漓江出版社出版的由刘京胜翻译的版本完全相同。后者承认了侵权行为，并辩解书的出版是由当时新疆人民出版社编辑石某一手操作的[②]。北京海淀区贝景文化发展有限公司将译者署名为李曼西的《一千零一夜》书稿转让给中央编译出版社，于 2005 年出版。该出版社被郅溥浩于 2008 年诉至法庭，因出版社无法提供李曼西的详情，被法庭判定侵犯了郅溥浩的著作权，可在“首都政法网”上查询到判决书内容[③]。2006 年 10 月，市场上出现了时代文艺出版社推出的一套“诺贝尔文学奖文集”共计 26 本，定价 600 元。这套文集共涉及 12 种语言，但译者只标明李斯一人。后来经南京大学图书馆陈远焕和译林出版社原社长李景端揭发，系由时代文艺出版社转包给北京文思集成文化公司，由该公司“中译中”炮制出来的[④]。无独有偶，2008 年，中国戏剧出版社推出一套“世界文学名著读本”20 本，从《百年孤独》、《羊脂球》到《十日谈》，牵扯法、英、日、意、俄等多种语言，但译者只有一

① 毛周林：《不要盲目读翻译小说》，《中华读书报》2009 年 12 月 9 日第 10 版。

② 郑建鹏：《面对出版侵权，你维权了没有?》，《中华读书报》2003 年 3 月 13 日第 10 版。

③ http：//www.bj148.org/sfgk/jpal/zscqajfl/zzq/200905/t20090527 _ 56910.html（访问日期 2010 年 6 月 3 日）。

④ 许嘉俊：《诺贝尔文学奖文集涉嫌“中译中”》，《文汇读书周报》2006 年 11 月 8 日第 6 版。

人——宋瑞芬。这套丛书被媒体曝光，中国戏剧出版社副社长赵建新在接受媒体采访时回答："这套图书是出版社 2004 年、2005 年期间与一名叫王稳平的书商合作出版的。"[①] 那么，这些书商又是如何运作这些非法出版物的呢？记者星河的调查或许揭晓了答案，那就是"中翻中"。"现在中文系本科生挣钱的方式之一，就是'翻译名著'。之所以打上引号，是因为从事这种翻译工作根本无须掌握一点外文。比如说一位书商要出版《战争与和平》，找到一个连俄文字母都不认识的学生，再加上 5 个版本的《战争与和平》，就可以开始工作了——您就一本择一句地开始拼吧。认真点的还用通顺的中文重新整理一遍（尽管如此一来就失了原译的味道），不认真的干脆就一二三四五地顺着抄——不仔细看谁能看出来啊？买这种所谓名著的人谁仔细看啊？听说这些年来靠这一工作发了小财的学生还真有不少。"[②] 尽管不仔细看，我们还是会发现这种盗版译本低劣之程度，在署名译者为宋瑞芬的《生命中不能承受之轻》中，竟然"他"、"她"不分，这说明加工者对书中人物的性别都没搞清楚。

除了不法书商或经纪人参与之外，一些出版社也利欲熏心，置《著作权法》等国家法律法规于不顾，肆意侵犯译者的署名权。近年来因侵犯译者署名权而闹上法庭的案例也屡见不鲜。译林出版社原社长李景端替季羡林、冰心、杨武能等 15 位译者与中国物价出版社打官司，后者侵犯了这 15 位译者的署名权，在其出版的《诺贝尔文学奖大系》这套书中，盗用了上述译者的译作，而不署名[③]。据李景端在 2003 年的调查，杨善录翻译的《白鲸》，竟被署名"罗布"后在哈尔滨出版社出版（后者已经承认侵权），内蒙古远方出版社出版，译者署名为张超译的《简·爱》，经查实，系抄自译林出版社黄源深的译本，经南京中级人民法院一审判决远方出版社侵权成立，责令向原告道歉赔款[④]。2009 年，对外经济贸易大学阿拉伯语系 6 位学者将太白文艺出版社告上法庭。案由为 2005 年太白文艺出版社未经译者许可，将其翻译的作品《一千零一夜》更换译者姓名后出版[⑤]。翻译家

---

① 黄长怡：《莫须有的"大翻译家"是怎么诞生的》，《南方都市报》2009 年 11 月 1 日第 GB28 版。

② 星河：《科幻翻译及其他》，《中华读书报》2001 年 6 月 26 日第 11 版。

③ 李景端：《翻译编辑谈编辑》，湖北教育出版社 2009 年版，第 70 页。

④ 李景端：《透视劣质翻译的症结》，《中华读书报》2003 年 3 月 5 日第 10 版。

⑤ 邹韧：《六学者告〈一千零一夜〉翻译侵权》，《中国新闻出版报》2009 年 6 月 12 日第 2 版。

王干卿于1988年将意大利作家德·阿米琪斯创作的《爱的教育》（原作名为《心》）从意大利原版文字翻译成中文。目前国内有60多个版本，涉嫌盗版的就有40多个，翻译家王干卿为此在6年内打了14场官司①。虽然《著作权法》等法律已经颁布实施多年，但中国一些出版社法律意识不强，相关监管机构职能不到位，导致盗版现象较严重。如果出版社自身有清醒的著作权法律意识，很多盗版现象是可以避免的。因为无须比对盗版抄袭者所依据的文本，只要审查署名为同一译者的翻译文本即可发现盗版抄袭的嫌疑。哈尔滨出版社2007年12月推出了署名译者为陈琳秀的三种外国文学名著《傲慢与偏见》、《茶花女》和《罗密欧与朱丽叶》，三个译本关乎两种外语——法语和英语。吉林出版集团有限责任公司2010年1月同期推出署名译者为宋璐璐、杜刚的五种外国文学名著《童年》、《钢铁是怎样炼成的》、《茶花女》、《少年维特之烦恼》和《格列佛游记》，涉及四种外语——俄语、法语、德语和英语。我们不否认极少数翻译大家精通多门外语，可从事多语种翻译，但上述译者似乎不在此列。仅通过比对这些翻译出版物上的译者署名，我们就可以判定上述译本肯定是以某一或某几个现成译本为摹本，抄袭拼凑而成。这些过了版权保护期的外国文学名著，在中国的翻译形式也是五花八门，有缩译、编译，也有改译、译写。如果说抄袭拼凑别人的译本，再把译者署名为自己尚有一块遮羞布的话，那些在外国文学名著上署名为"某某""改写、编、缩写、改编、编写、编著、著、主编"的，则是更加肆无忌惮了。这些随意改写、改编、缩写的译文，既是对原作的肆意践踏，也是对所依据的原译文、译者、著作权的恶劣侵犯。这种不尊重外国文学名著、肆意侵犯译者著作权的现象在中国一些出版社中较明显地存在（见表6），说明侵权人及出版社责任人著作权意识不够。这需要中国有关部门联合起来营造遵守知识产权、著作权规范的社会环境。

表6　　著作权被篡改的外国文学名著一览

作品名	责任人	篡改形式	出版社	年份
《小王子》	华阳	改编	四川少年儿童出版社	1989
《格林童话》	劳泰	改编	上海人民美术出版社	1989
《钢铁是怎样炼成的》	郑松生	缩写	海峡文艺出版社	1991

① 杜盟：《翻译家王干卿第十四起维权官司昨开庭》，《法制日报》2010年3月30日第8版。

续表

作品名	责任人	纂改形式	出版社	年份
《钢铁是怎样炼成的》	依依	缩写	东北师范大学出版社	1994
《罪与罚》	张宏源	改写	北京出版社	1996
《格林童话》	福欣	选编	内蒙古人民出版社	1998
《雾都孤儿》	薛鸿时	编	上海文艺出版社	1999
《格林童话》	李琬	改编	天津人民美术出版社	2002
《巴黎圣母院》	周雅莉	改写	陕西人民出版社	2002
《巴黎圣母院》	许文心	改写	北京出版社	2003
《简爱》	黄慧鸣	改编	上海少年儿童出版社	2003
《钢铁是怎样炼成的》	郭宇波	改写	北京出版社	2003
《傲慢与偏见》	余小兰	改写	北京出版社	2003
《堂吉诃德》	熊磊	改写	浙江少年儿童出版社	2004
《格林童话》	黎生	缩写	江苏少年儿童出版社	2004
《钢铁是怎样炼成的》	富华	改写	岳麓书社	2005
《堂·吉诃德》	刘怡君	编著	岳麓书社	2005
《少年维特之烦恼》	杨阳	改写	北京出版社	2005
《雾都孤儿（英汉对照）》	《非常英语学生课外阅读丛书》编写组	编	外文出版社	2005
《小王子》	陈长良	改写	北京同心出版社	2005
《小王子》	李丹	改写	天津人民美术出版社	2005
《小王子》	潘陈静	改编	世界知识出版社	2006
《红与黑》	牟怀松、吴星铎	编著	中国对外翻译出版公司	2006
《少年维特之烦恼》	徐林、徐晓宇	编著	中国对外翻译出版公司	2006
《钢铁是怎样炼成的》	杨晓春	改编	世界知识出版社	2006
《钢铁是怎样炼成的》	赵玉臣	编	朝华出版社	2006
《钢铁是怎样炼成的》	《少年版文学名著》编委会	编	延边大学出版社	2006
《钢铁是怎样炼成的》	段其民、徐其成	编	中国对外翻译出版公司	2006
《简·爱》	丁宇平	改编	上海人民美术出版社	2006
《伊索寓言》	李党	主编	北方妇女儿童出版社	2006
《格林童话》	王燕玲	改编	世界知识出版社	2006
《格林童话》	张美妮等	编	四川美术出版社	2006

续表

作品名	责任人	篡改形式	出版社	年份
《鲁宾逊漂流记》	姚玲峰	改编	世界知识出版社	2006
《鲁宾逊漂流记》	唐堂原创工作室	改编	电子工业出版社	2006
《鲁宾逊漂流记》	吕韦远	改编	上海人民美术出版社	2006
《鲁宾逊漂流记》	孟国兴	改编	内蒙古人民出版社	2006
《孩子们喜爱的格林童话：白金版》	李艳双	编选	北方妇女儿童出版社	2006
《格林童话》	张美妮	编	四川美术出版社	2006
《老人与海》	曹德志、白云天	编	中国对外翻译出版公司	2006
《格列佛游记》	徐林、吴星锋	编	中国对外翻译出版公司	2006
《格列佛游记》	徐娥	改编	世界知识出版社	2006
《雾都孤儿》	徐潜	主编	吉林文史出版社	2006
《雾都孤儿》	赵彦君、于翰森	编著	中国对外翻译出版公司	2006
《雾都孤儿》	张美妮等	编	四川美术出版社	2006
《鲁宾逊漂流记》	郑建、张波	编	中国对外翻译出版公司	2006
《鲁宾逊漂流记》	徐明	编著	陕西旅游出版社	2006
《格列佛游记》	徐明	编著	陕西旅游出版社	2006
《鲁宾逊漂流记》	张庆祥	编著	内蒙古人民出版社	2006
《鲁宾逊漂流记》	王丽丽	改编	中国画报出版社	2007
《鲁宾逊漂流记》	创世卓越	改编	北京少年儿童出版社	2007
《鲁宾逊漂流记》	刘云	主编	延边人民出版社	2007
《茶花女》	徐林、杨小环	编	中国对外翻译出版公司	2007
《堂·吉诃德》	赵霞	改写	北京连环画出版社	2007
《格林童话全集：全译本》	骆金城	改写	内蒙古人民出版社	2007
《格列佛游记》	余立新、芮军	改写	江苏少年儿童出版社	2007
《格林童话》	赵志远	主编	延边大学出版社	2007
《格林童话》	原驰、小嘉	改写	浙江少年儿童出版社	2007
《包法利夫人》	王若平等	主编	航空工业出版社	2007
《傲慢与偏见》	渡雨	改编	上海人民美术出版社	2007
《傲慢与偏见》	王若平等	主编	航空工业出版社	2007
《傲慢与偏见》	刘云	主编	延边人民出版社	2007
《堂·吉诃德》	胡大勇	改编	中国画报出版社	2007
《钢铁是怎样炼成的》	创世卓越	改编	北京少年儿童出版社	2007

续表

作品名	责任人	篡改形式	出版社	年份
《钢铁是怎样炼成的》	谢永光	主编	开明出版社	2007
《钢铁是怎样炼成的》	陈英	改写	浙江少年儿童出版社	2007
《钢铁是怎样炼成的》	陈新等	改写	江苏少年儿童出版社	2007
《钢铁是怎样炼成的》	朱鸿	选编	未来出版社	2007
《钢铁是怎样炼成的》	孙锐	主编	延边大学出版社	2007
《罪与罚》	刘云	主编	延边人民出版社	2007
《伊索寓言》	创世卓越	改编	北京少年儿童出版社	2007
《伊索寓言》	墨人	主编	中国戏剧出版社	2007
《巴黎圣母院》	刘云	主编	延边人民出版社	2007
《格列佛游记》	孙锐	主编	延边大学出版社	2007
《雾都孤儿》	刘云	主编	延边人民出版社	2007
《堂吉诃德》	海文	编写	大众文艺出版社	2008
《钢铁是怎样炼成的》	雷明初、谢大中	主编	机械工业出版社	2008
《钢铁是怎样炼成的》	刘庆生、王璐、郑林峰	改写	江苏少年儿童出版社	2008
《钢铁是怎样炼成的》	邱大戊琴	改编	希望出版社	2008
《钢铁是怎样炼成的》	李杰	主编	哈尔滨出版社	2008
《钢铁是怎样炼成的》	施仲杰	主编	湖北少儿出版社	2008
《少年维特之烦恼》	陈自	改写	江苏少年儿童出版社	2008
《格林童话》	郝华	改编	上海人民美术出版社	2008
《伊索寓言》	吕凡、陆萧依等	改编	上海人民美术出版社	2008
《伊索寓言》	陶宏建	选编	上海人民美术出版社	2008
《伊索寓言》	周敏	改写	北京少年儿童出版社	2008
《巴黎圣母院》	王洪涛	改写	北京出版社	2008
《巴黎圣母院》	李慧	编著	北京理工大学出版社	2008
《格列佛游记》	杜光庭	改写	北京出版社	2008
《格列佛游记》	付月卓、长凤	改写	江苏少年儿童出版社	2008
《格列佛游记》	花铭	编写	大众文艺出版社	2008
《雾都孤儿》	王茜	改写	北京出版社	2008
《鲁宾逊漂流记》	卫刚、卢珊、郑林峰	改写	江苏少年儿童出版社	2008
《童年》	连鹏燕	改写	译林出版社	2009

续表

作品名	责任人	篡改形式	出版社	年份
《童年》	朱明霞	改编	21世纪出版社	2009
《童年》	肖复兴	主编	吉林出版集团有限责任公司	2009
《童年》	唐敏	编	中国对外翻译出版公司	2009
《老人与海》	肖复兴	主编	吉林出版集团有限责任公司	2009
《老人与海》	周梅英	改写	外语教学与研究出版社	2009
《老人与海》	张新花	改写	黄山书社	2009
《老人与海》	谢鹏敏	编	中国对外翻译出版公司	2009
《老人与海》	《青少年必读丛书》编委会	编	世界图书出版公司	2009
《老人与海》	谢永光	主编	开明出版社	2009
《老人与海》	龚勋	主编	云南教育出版社	2009
《傲慢与偏见》	蔡俊	改写	译林出版社	2009
《傲慢与偏见》	伍厚恺	简写	四川文艺出版社	2009
《小王子》	肖复兴	主编	吉林出版集团有限责任公司	2009
《小王子》	沈心	改写	浙江少年儿童出版社	2009
《钢铁是怎样炼成的》	肖复兴	主编	吉林出版集团有限责任公司	2009
《钢铁是怎样炼成的》	龚勋	主编	云南教育出版社	2009
《钢铁是怎样炼成的》	张海宏	改写	外语教学与研究出版社	2009
《钢铁是怎样炼成的》	花铭	编写	大众文艺出版社	2009
《钢铁是怎样炼成的》	张建勤	改写	译林出版社	2009
《钢铁是怎样炼成的》	谢琳	主编	延边教育出版社	2009
《钢铁是怎样炼成的》	富华	改写	中国人口出版社	2009
《钢铁是怎样炼成的》	赵新雅、尹俊杰	编著	北京理工大学出版社	2009
《钢铁是怎样炼成的》	张海宏	改写	外语教学与研究出版社	2009
《钢铁是怎样炼成的》	王智英	改编	21世纪出版社	2009
《钢铁是怎样炼成的》	段会卿	改写	同心出版社	2009
《钢铁是怎样炼成的》	《青少年必读丛书》编委会	编	世界图书出版公司	2009
《钢铁是怎样炼成的》	张家林	改写	华夏出版社	2009
《钢铁是怎样炼成的》	杨晶	主编	新疆人民出版社	2009
《钢铁是怎样炼成的》	蔡毅	改写	北京少年儿童出版社	2009
《钢铁是怎样炼成的》	李津	改编	吉林大学出版社	2009

续表

作品名	责任人	篡改形式	出版社	年份
《钢铁是怎样炼成的》	邬茜	改编	湖南少儿出版社	2009
《钢铁是怎样炼成的》	卫英霞	改编	长江文艺出版社	2009
《钢铁是怎样炼成的》	唐敏	编	中国对外翻译出版公司	2009
《钢铁是怎样炼成的》	崔钟雷	主编	吉林美术出版社	2009
《堂吉诃德》	吴宇	简写	四川文艺出版社	2009
《堂吉诃德》	《青少年必读丛书》编委会	编	世界图书出版公司	2009
《格林童话》	李瑾雯	选编	21世纪出版社	2009
《格林童话》	吕扬	编著	北京理工大学出版社	2009
《格林童话》	崔钟雷	主编	吉林美术出版社	2009
《格林童话》	朱苏春	编著	北方妇女儿童出版社	2009
《格林童话》	学习型中国·读书工程教研中心	主编	哈尔滨出版社	2009
《格林童话》	刘顺宝等	改写	辽宁少年儿童出版社	2009
《格林童话》	王蕾	改写	黄山书社	2009
《格林童话》	袁秀敏	改写	云南教育出版社	2009
《伊索寓言》	《中国学生第一书》编委会	编	重庆出版社	2009
《伊索寓言》	周小霞	选编	21世纪出版社	2009
《伊索寓言》	《图说天下：珍藏版》编委会	编	吉林出版集团有限责任公司	2009
《伊索寓言》	赵雪梅	编	中国对外翻译出版公司	2009
《伊索寓言》	赵雪梅	改编	福建少年儿童出版社	2009
《伊索寓言》	龚勋	主编	云南教育出版社	2009
《伊索寓言》	马磊	改写	外语教学与研究出版社	2009
《伊索寓言》	廖闽雁	改编	湖南少儿出版社	2009
《巴黎圣母院》	《青少年必读丛书》编委会	编	世界图书出版公司	2009
《巴黎圣母院》	冯薇	改编	希望出版社	2009
《巴黎圣母院》	江天	简写	四川文艺出版社	2009
《格列佛游记》	肖复兴	主编	吉林出版集团有限责任公司	2009
《格列佛游记》	孙明珍	编	中国对外翻译出版公司	2009
《格列佛游记》	张娜	改写	黄山书社	2009

续表

作品名	责任人	纂改形式	出版社	年份
《格列佛游记》	张丽佳	改写	译林出版社	2009
《格列佛游记》	龚勋	主编	云南教育出版社	2009
《格列佛游记》	张博庆	改写	外语教学与研究出版社	2009
《格列佛游记》	王菊华	改编	长江文艺出版社	2009
《格列佛游记》	禹田	改编	同心出版社	2009
《格列佛游记》	黄岚	改写	北京少年儿童出版社	2009
《格列佛游记》	晏红、雷绍熹	简写	四川文艺出版社	2009
《格列佛游记》	刘建华、商展	编著	北京理工大学出版社	2009
《格列佛游记》	窦孝鹏、窦红梅	缩写	金盾出版社	2009
《格列佛游记》	马永波	著	中国国际广播出版社	2009
《格列佛游记》	张家林	改写	华夏出版社	2009
《格列佛游记》	徐寒梅	改写	中国人口出版社	2009
《格列佛游记》	畲田	改写	北方妇女儿童出版社	2009
《格列佛游记》	杨晶	主编	新疆人民出版社	2009
《格列佛游记》	雷双	改编	湖南少儿出版社	2009
《雾都孤儿》	陈泓历	改写	江苏少年儿童出版社	2009
《雾都孤儿》	李铭	改编	新蕾出版社	2009
《鲁滨逊漂流记》	龚勋	主编	云南教育出版社	2009
《鲁滨逊漂流记》	杨晶	主编	新疆人民出版社	2009
《鲁滨逊漂流记》	张家林	改写	华夏出版社	2009
《鲁滨逊漂流记》	畲田	改写	北方妇女儿童出版社	2009
《鲁滨逊漂流记》	伊甸	改写	中国人口出版社	2009
《简爱》	李大明、李晶	简写	四川文艺出版社	2009
《童年》	赵春香	主编	北方妇女儿童出版社	2010
《包法利夫人》	赵小珏	编著	江苏少年儿童出版社	2010
《傲慢与偏见》	赵春香	主编	北方妇女儿童出版社	2010
《傲慢与偏见》	严晓萍	改写	长江文艺出版社	2010
《小王子》	心远轩工作室	编	水利水电出版社	2010
《钢铁是怎样炼成的》	赵春香	主编	北方妇女儿童出版社	2010
《钢铁是怎样炼成的》	浦漫汀、曹文轩	主编	北京燕山出版社	2010
《钢铁是怎样炼成的》	朱昌汉	改写	江苏少年儿童出版社	2010

续表

作品名	责任人	篡改形式	出版社	年份
《钢铁是怎样炼成的》	感恩	改编	吉林出版集团有限责任公司	2010
《钢铁是怎样炼成的》	黄江琴	编	湖北美术出版社	2010
《钢铁是怎样炼成的》	柏桦	改编	华夏出版社	2010
《钢铁是怎样炼成的》	赵书花	改写	长江文艺出版社	2010
《钢铁是怎样炼成的》	黄静	改写	广州出版社	2010
《钢铁是怎样炼成的》	崔钟雷	主编	延边教育出版社	2010
《堂吉诃德》	赵春香	主编	北方妇女儿童出版社	2010
《少年维特之烦恼》	《青少年必读丛书》编委会	编	世界图书出版公司	2010
《格林童话》	戴颜	改编	上海人民美术出版社	2010
《格林童话》	张长春	主编	延边人民出版社	2010
《格林童话》	郭泳	主编	中国书店出版社	2010
《格林童话》	文恩	改编	北京科学技术出版社	2010
《格林童话》	文蓓	改写	江苏少年儿童出版社	2010
《格林童话》	韩婷	选编	线装书局	2010
《伊索寓言》	赵春香	主编	北方妇女儿童出版社	2010
《伊索寓言》	文恩	改编	北京科学技术出版社	2010
《伊索寓言》	张鹏	改写	译林出版社	2010
《伊索寓言》	文羽军	主编	青岛出版社	2010
《伊索寓言》	浦漫汀、曹文轩	主编	北京燕山出版社	2010
《巴黎圣母院》	肖复兴	主编	吉林出版集团有限责任公司	2010
《格列佛游记》	赵春香	主编	北方妇女儿童出版社	2010
《格列佛游记》	清欢	编写	黑龙江少年儿童出版社	2010
《格列佛游记》	李琳	编	湖北美术出版社	2010
《格列佛游记》	张晶	改写	黄山书社	2010
《格列佛游记》	黄宝国、王显才等	主编	吉林大学出版社	2010
《格列佛游记》	李美霞	改写	长江文艺出版社	2010
《格列佛游记》	顾振彪	主编	吉林美术出版社	2010
《格列佛游记》	谢争艳	改编	时代文艺出版社	2010
《格列佛游记》	高朝君	改写	海洋出版社	2010
《格列佛游记》	刘伟伟、李明璟	改编	吉林出版集团有限责任公司	2010
《格列佛游记》	余立新、芮军	改写	江苏少年儿童出版社	2010

续表

作品名	责任人	篡改形式	出版社	年份
《呼啸山庄》	赵春香	主编	北方妇女儿童出版社	2010
《雾都孤儿》	赵春香	主编	北方妇女儿童出版社	2010
《雾都孤儿》	燕垒生	编写	黑龙江少年儿童出版社	2010
《鲁滨逊漂流记》	黄宝国、王显才等	主编	吉林大学出版社	2010
《鲁滨逊漂流记》	李珂龙、苏静	改写	江苏少年儿童出版社	2010
《老人与海》	黄宝国、王显才等	主编	吉林大学出版社	2010
《老人与海》	陈庭文	改编	吉林出版集团有限责任公司	2010
《老人与海》	杨判	编写	黑龙江少年儿童出版社	2010

资料来源：2007 年之前资料据《全国总书目》筛选整理，2007 年以后据当当网、卓越网统计而来。

从时间上看，表 6 中侵犯著作权的行为主要发生在 2002 年及以后，这也是中国文化产业开始起步的阶段。一方面出版社开始转制，另一方面一些出版机构开始面向市场进行集团化建设。出版机构在快速转型及市场化运作过程中出现这样那样的问题也是不可避免的，因为出版集团内部各子公司之间需要较长时间的磨合过程，出版集团距真正的现代企业制度的运作还有一定的距离，还不能产生真正的规模效应。我们一方面要正视现实问题，另一方面要通过研究使出版集团真正建立起产权明晰、机制灵活的现代企业制度，生产出真正优秀的精神产品。

上述问题的存在也说明中国法律环境对著作权的重视程度不够，对侵犯著作权的打击力度较轻、打击范围太小。中国《刑法》第二百一十七条和第二百一十八条规定，对未经著作权人许可，复制发行其文字作品，出版他人享有专有出版权的图书的；以营利为目的销售明知是侵权复制品的，处三年以下有期徒刑或者拘役，并处或者单处罚金；违法所得数额巨大或者有其他特别严重情节的，处三年以上七年以下有期徒刑，并处罚金。尽管中国《刑法》明确规定了对侵犯著作权的刑事量刑标准，但法院在判罚方面多以责令被告停止出版、停止销售、赔礼道歉、赔偿原告经济损失为主，鲜有对侵犯著作权进行刑事处罚的案例方式。法律环境的薄弱导致一些“译者”和出版商肆意践踏别人的著作权。国家有关部门应对翻译出版活动依法予以规范，进行有效的监管，使翻译出版活动在规范中繁荣。

进入 21 世纪，尽管读者的阅读趣味发生了改变，外国当代经典作品淡出人们的视野，但这并不代表中国出版界对这些经典作品的漠视。事实上，进入21世纪以来，随着国家经济实力的提升，出版界除了引进国外成熟的畅销书之外，目光也紧盯国外的经典作品。但凡在所在国获奖的作品或者反响较好的作品，基本都引进到了国内。各出版社以译丛、系列组织翻译出版的就有20种之多（见表7）。

表7　各出版社以丛书形式出版的外国获奖作品或反响较好作品一览

丛书名	出版社
"获诺贝尔文学奖作家丛书"	漓江出版社
"欧美优秀获奖小说译丛"	漓江出版社
"俄语布克奖作品丛书"	漓江出版社
"当代外国流行小说名篇丛书"	译林出版社
"21世纪外国文学大奖丛书"	译林出版社
"日本最新获奖推理小说系列"	山东文艺出版社
"法国获奖小说选"系列	百花文艺出版社
"法国侦探小说警察局奖译丛"	河南人民出版社
"美国幻想小说终身成就奖丛书"	陕西师范大学出版社
"国际安徒生奖获奖作家书系"	河北少年儿童出版社
"国际大奖小说系列"	新蕾出版社
"江户川乱步奖丛书"	北岳文艺出版社
"纽伯瑞文学获奖作品集"	北方文艺出版社
"金匕首奖最佳小说"	群众出版社
"埃德加·爱伦·坡奖最佳小说"	群众出版社
"加拿大获奖文学丛书"	重庆出版社
"当代外国获奖小说"	人民文学出版社
"外国儿童文学获奖作家作品丛书"	人民文学出版社
"北美雨果奖桂冠作家书系"	人民文学出版社
"21世纪年度最佳外国小说"	人民文学出版社

资料来源：据1978—2007年《全国总书目》筛选整理而来。

上述译丛等多为单项奖获奖系列译丛，重庆出版社的"加拿大获奖文学丛书"则是选择获得各种文学奖项的加拿大作家的作品，既有加拿大本土奖项，如吉勒文学奖、总督文学奖、加拿大作协小说奖，也有国际奖项，如国际都柏林文学奖、英联邦最佳作品奖等。人民文学出版社的"21世纪年度最佳外国小说"则开创了中国人给外国作家评奖、颁奖的先河。从

2001年起，人民文学出版社依托中国社会科学院外文所和中国外国文学学会，从美、英、德、法、俄、西班牙、葡萄牙和拉美国家的现代作品中评选年度最佳外国小说，给获奖的外国作家颁奖，并把获奖作品引进国内翻译出版。2006年法国作家勒克莱齐奥因其作品《乌拉尼亚》获奖，其小说在中国出版半年之后勒克莱齐奥获得了诺贝尔文学奖，这足以证明“21世纪年度最佳外国小说”选题的眼光。此外，自2000年以来，中国还以单本形式出版发行了33种国外获奖文学作品（见表8）。

表8　2000年以来中国出版社以单本形式出版发行的国外获奖文学作品

所获奖项	作品名	原作者	译者	出版社	年份
英国“布克奖”	《迈克尔·K的生活和时代》	[南非] 库切	邹海伦	浙江文艺出版社	2004
英国“布克奖”	《大海啊，大海》	[英] 默多克	孟军、吴益华、秦晨	译林出版社	2004
英国“布克奖”	《少年Pi的奇幻漂流》	[加] 马特尔	姚媛	译林出版社	2005
英国“布克奖”	《美丽曲线》	[英] 霍林赫斯特	石定乐	长江文艺出版社	2006
美国“普利策奖”	《八月炮火》	[美] 塔奇曼	张岱云	新星出版社	2005
美国“普利策奖”	《帝国瀑布》	[美] 拉索	马爱新	人民文学出版社	2005
美国“普利策奖”	《洪堡的礼物》	[美] 贝娄	蒲隆	上海译文出版社	2006
美国“普利策奖”	《安琪拉的灰烬》	[美] 麦考特	路文彬	南海出版公司	2006
法国“龚古尔文学奖”	《情人》	[法] 杜拉斯	王道乾	上海译文出版社	2004
法国“龚古尔文学奖”	《布莱希特的情人》	[法] 阿梅特	周小珊	译林出版社	2005
法国“龚古尔文学奖”	《斯科塔的太阳》	[法] 戈戴	马振骋	辽宁教育出版社	2006
韩国文学奖	《王道：一代巨商的宦海沉浮》	[韩] 崔仁浩	洪梅等	新世界出版社	2004
韩国文学奖	《敦煌之爱》	[韩] 尹厚明	[韩] 王策宇、金好淑	百花文艺出版社	2006
日本“梅菲斯特奖”	《密室物语之密室的封印》	[日] 清凉院流水	皮俊君	北岳文艺出版社	2004
日本“梅菲斯特奖”	《二重身宫》	[日] 雾舍巧	李艳	北岳文艺出版社	2004
日本“梅菲斯特奖”	《密室物语之密室的魔咒》	[日] 清凉院流水	韩锐	北岳文艺出版社	2004
加拿大“克里斯先生童书奖”	《火翅蝠》	[加] 奥培尔	涵滢	译林出版社	2005

续表

所获奖项	作品名	原作者	译者	出版社	年份
加拿大“克里斯先生童书奖”	《日翅蝠》	［加］奥培尔	熊裕	译林出版社	2005
英联邦作家最佳图书奖	《童年的故事》	［澳］哈特尼特	崔金淦	人民文学出版社	2004
福克纳奖和全美书评人协会奖	《大进军》	［美］多克托罗	邹海仑	人民文学出版社	2007
日本“海燕新人文学奖”、“镜花文学奖”	《厨房》	［日］吉本芭娜娜	李萍	上海译文出版社	2004
法国“雷诺多文学获”	《灰色的灵魂》	［法］克洛岱尔	胡小跃	漓江出版社	2004
英国“图书馆协会卡内基奖”	《来自无人地带的明信片》	［英］钱伯斯	邹亚	译林出版社	2004
日本“芥川奖”	《咸味兜风：日本芥川奖获奖小说选》	［日］大道珠贵等	祝子平	上海文艺出版社	2005
法国“安德莱文学奖”	《漫长的婚约》	［法］雅普瑞索	孙纪真	辽宁教育出版社	2005
美国“纽伯瑞奖”	《亮晶晶》	［美］角畑	方微	接力出版社	2005
“雨果奖”	《灵魂骑士》	［美］比约德	艾黎	长江文艺出版社	2005
日本第十届“岛清恋爱文学奖”	《海猫》	［日］谷村志穗	陈辛儿	云南人民出版社	2006
日本“得谷崎润一郎奖”	《老师的提包》	［日］川上弘美	施小炜、张乐风	南海出版公司	2006
德国出版商年度奖	《陪我走到世界尽头》	［德］史密特	林雅芬	辽宁教育出版社	2006
英国“卡内基奖”和《卫报》儿童小说奖	《飞向月亮的兔子》	［英］亚当斯	蔡文	人民文学出版社	2005
美国“艾利克斯奖”	《不良笔记》	［美］索曼	张慎修	湖北教育出版社	2006

资料来源：据2000—2007年《全国总书目》筛选整理而来。

这么多当代外国优秀文学作品引进到中国，在中国的接受情况如何呢？以鲁迅文学奖为例，鲁迅文学奖下设的全国优秀文学翻译奖有五个获奖席位，第三届全国优秀文学翻译奖只有两部外国文学作品入选，第四届三部作品入选，第五届则全部空缺。如果说进入21世纪以来人们的阅读趣味发生了变化，不再喜欢阅读内容厚重的经典文学作品的话，那么，如此多的优秀外国文学作品进入中国后无一入选全国优秀文学翻译奖，就不是阅读趣味的问题，只能说明译者的翻译水准制约了外国文学文学性的表达。有的甚至对原作生吞活剥，对原作的理解都不到位，更妄谈文学的美感了。

林少华在接受记者采访时曾说："精彩的翻译，可以扩大原作的影响；蹩脚的翻译，可以毁掉原作的名声。"[①] 2009 年人民文学出版社出版了斯蒂芬·金的《杜马岛》，该书囊括《纽约时报》、《出版家周刊》、美国独立书商协会、《丹佛邮报》、《洛杉矶时报》畅销排行榜冠军。在当当网上我们看到了读者的如是评论："前 400 页都是在胡诌，翻译水平太差劲，正（整）本书被译得跟鬼似的，不伦不类。"下面紧接着是另一位读者的回复："楼主写的一点都不错，翻译水平实在太差劲太差劲，实在不明白怎么会让他出版，整个就是英翻中，看过那么多翻译书籍第一次看到翻译水平那么差的，这书我不是在当当上买的，是在机场买的，知道作者是出名的没话说所以才买的，没想到这是第一本我看都看不下去的烂书，没法直接评论，这样评论一下也好让我抒发一下心中的怒气，如请大家不想对作者失望就千万别买这本译书，尤其是如果以后还有这位译者的书也都别买了，翻译的那么烂还翻，真替他不好意思。"[②]《杜马岛》究竟翻译得如何，我们选取其中一个段落与中国台湾版译本作一比较：

> It went on for perhaps twenty seconds, then ceased. He blinked, and his eyes went back where they belonged. He was completely quiet for a minute. Maybe two. He saw me looking at him and said, "I'd kill for another drink or a peanut butter cup, and I suppose a drink is out of the question, huh?"
>
> "I guess it is if you want to make sure you hear her ring in the night," I said, hoping I sounded casual. (*Duma Key*)

人民文学出版社译本：

> 癫痫大约持续了二十秒，然后就消失了。他眨眨眼，眼珠子回到各自的正常位置。如此，他安静地待了一分钟。大概有两分钟。然

① 刘雪明：《"翻译不是跨栏，绝非越快越好"》，《乌鲁木齐晚报》2010 年 3 月 29 日第 D06 版。

② http://comm.dangdang.com/member/myreviewdetail.php?review_id=3841012（访问日期 2010 年 12 月 8 日）。

后，他看到我在看他，说，“我会再干掉一杯酒，或是花生蛋糕，我猜喝一杯是应该没问题吧，嗯?”

“如果你确信会听到她半夜的铃声，我想喝一杯是没问题。”说着，我希望自己的语气没有异样。

台湾皇冠文化出版有限公司译本：

整个过程又持续了二十秒左右，然后就停止了。他眨了眨眼，眼球就回到正确位置。他整个人沉默了一分钟或两分钟。他看到我在看他，然后说：“真想再来杯酒，或是来个花生酱点心。不过我想喝酒是不行的，是吧?”

“如果你晚上还想听到她按铃的话，我想是不行的。”我说。希望我的声音听起来还算正常。

尽管台湾版译本中有语句读上去给人感觉不自然，存在不符合汉语表达习惯之处，但译者对原文的理解是基本准确的。在人民文学出版社译本中，译者对原文的理解有偏差，这种偏差一是由于译者的源语言能力；二是由于译者的翻译能力造成的。译者对翻译中语义的处理不具语篇框架意识。would kill for 意为“渴望、渴求”，out of the question 表示否定，意为“不可能”。

译本的好坏，决定了读者对原作的认识、理解、欣赏、认同和接受，也决定了一本外国文学作品在中国的命运。北京师范大学王向远教授对村上春树的作品及译者林少华有这样的评价：“村上春树作品的翻译难度，不在原文字句本身，而在于原文风格的传达。村上的小说在轻松中有一点窘迫，悠闲中有一点紧张，潇洒中有一点苦涩，热情中有一丝冷漠。兴奋、达观、感伤、无奈、空虚、倦怠，各种复杂的微妙的情绪都有一点点，交织在一起，如云烟淡霞，可望而不可触。翻译家必须具备相当好的文学感受力，才能抓住它，把它传达出来。林少华的译文，体现了在现代汉语上的良好的修养及译者的文学悟性，准确到位地再现了原文的独特风格。可以说，村上春树在中国的影响，很大程度依赖于林少华译文的精彩。”[①] 在某种程度

① 王向远：《二十世纪中国的日本翻译文学史》，北京师范大学出版社 2001 年版，第 377—378 页。

上，是林少华的优美文笔成就了村上春树在中国的影响。我们选取《挪威的森林》中一个段落，比较林少华与港台另外两位译者的译文，译者对原作文学性的表达，孰强孰弱，一目了然。

林少华译：玲子……缓缓弹起巴赫的赋格曲。细微之处她刻意求工，或悠扬婉转，或神采飞扬，或一掷千钧，或愁肠百结。

香港叶惠译：玲子……慢慢弹起巴哈的赋格曲来。细腻的部分故意慢慢弹、或快快弹、或粗野地弹、或感伤地弹……

台湾赖明珠译：玲子姐……慢慢地弹起巴哈的赋格曲。细微的地方刻意或慢慢地弹、或快速地弹、或尽情挥洒地弹、或敏感用情地弹……

林少华翻译的《挪威的森林》获 2002 年上海优秀图书二等奖，入选“30 年中国最具影响力的 300 本书”。只可惜，在市场经济条件下，孜孜专注于文学翻译的译者太少了。

外国文学翻译质量低下，除了译者自身的问题之外，出版社也负有很大的责任。市场经济条件下，出版社一味追求出版效率，急功近利之风盛行，只顾经济效益而无视社会效益。复旦大学的夏仲翼教授曾坦言：“即使是有名望的出版社，在这样的竞争气氛下，也只能抢着出书。有时弄几个译者，分章快译，抢时间，争效益。文学译本是要精雕细琢的，粗制滥造的结果，翻译质量怎能不下降?”[①] 2003 年 10 月，南非作家库切获诺贝尔文学奖，2004 年 4 月，浙江文艺出版社一套五本的《库切小说文库》已经上市。“中国社科院外文所的宁瑛一直从事德语文学的研究和翻译工作，她几年前就对奥地利女作家耶利内克做跟踪研究，和郑华汉教授合译了耶利内克的代表作《钢琴教师》，可是出版社一直以这样那样的借口不予出版。令宁瑛意想不到的是，耶利内克获 2004 诺贝尔文学奖的消息一公布，她的书一路绿灯，另外几家出版社打破头般地争购耶利内克其他作品的版权，并在短短三个月内推出了好几部翻译作品。”[②] 2005 年初，宁瑛与郑华汉合译的《钢琴教师》由北京十月文艺出版社出版。同期，耶利内克的《死亡与少女》由上海译文出版社推出，当年 10 月该出版社又推出耶利内

① 《为文学翻译敲响警钟》，《文学报》2000 年 12 月 7 日第 6 版。

② 徐怀谦：《文学翻译缺失多》，《人民日报》2005 年 4 月 29 日第 14 版。

克的《米夏埃尔：一部写给幼稚社会的青年读物》。2005 年 3 月，耶利内克的《啊，荒野》、《情欲》、《魂断阿尔卑斯山》和《贪婪》中译本由长江文艺出版社推出。稍晚，译林出版社于 2005 年 5 月和 8 月，又推出了耶利内克的《逐爱的女人》和《美好的时光》。耶利内克的这几部作品，除了《啊，荒野》、《逐爱的女人》和《米夏埃尔：一部写给幼稚社会的青年读物》由一名译者单独完成外，其他均为两人至多人合作翻译完成。中国译协前会长刘习良曾指出："诺贝尔文学奖是全球关注的文学盛事。获奖作品一公布，谁能够抢先推出中文版谁就抓住了市场，谁就能够赚钱。出版社各显神通迅速招兵买马，把作品分割成几块交给翻译各管一块，然后再'攒'起来推向市场。出版社看中的是经典的'金字招牌'而不是经典本身，急着赚钱，顾不上'讲究'反映作品的'艺术风格'等。"① 外国优秀文学译作的出版速度已经快到几乎可以让国内读者同步看到外国作品中译本的程度了。但翻译质量如何呢？2008 年法国作家克莱奇奥获得诺贝尔文学奖，其代表作《乌拉尼亚》也被人民文学出版社评为"21 世纪最佳小说"。为抢时间，译者仅用 4 个月就将该作品翻译完毕。至于译文的质量，连人民文学出版社副社长、副总编辑路英勇在 2009 年武汉召开的翻译服务产业论坛和翻译经营管理工作研讨会上也坦承，《乌拉尼亚》的翻译水准与原作的文学性是不相称的。

外国文学翻译质量低下，粗制滥造，还与出版社的编辑失职有直接关系。"20 世纪 80 年代，中国实行过外国文学翻译出版准入制，起初全国只批准 38 家出版社可以出版外国文学图书，还规定，必须有外文编辑的出版社才能出版外国文学图书。"② 这一规定，对规范出版秩序起了积极作用。不过，到了 20 世纪 80 年代中期以后，随着出版社数量的增加，这一规定就名存实亡了，出版社纷纷加入了出版外国作品的行列。编辑是图书出版的最后一道把关人。如果编辑认真负责的话，即便不懂外语，也不会让那些语句不通、逻辑混乱的译文面世。

由于很多出版社没有自己明确的出版方向，只是跟着市场走，什么畅销就引进、出版什么，结果造成对外国文学作品的版权争夺日趋激烈，哄抬版税，导致翻译读物出版成本也越来越高。日本作家村上春树的

① 张强、季明：《翻译界浮华中有危机》，《文汇报》2006 年 6 月 7 日第 D04 版。

② 李景端：《翻译编辑谈翻译》，湖北教育出版社 2009 年版，第 186 页。

《1Q84》在中国的版税高达100万美元。据《成都商报》2010年11月15日报道“在中国最赚钱的外国作家富豪榜”，从2000—2010年，在中国赚取100万元以上版税的外国作家就有25位。英国作家罗琳凭借《哈利·波特》在中国狂赚9550万元，奥地利作家布热齐纳的《冒险小虎队》从中国卷走3000万元。中国读者口袋里的真金白银被外国作家不费吹灰之力捞走。

而与上述现象形成强烈反差的是，译者收获的仅仅是每千字几十元的翻译费，出版社外包的译文审校费每千字更是少到只有3元到4元。难怪中国文学研究所（现为文学研究所所长）陆建德如是说：“不是没有翻译的高手，而是好的翻译人才现在已经不屑于去翻译了。”[①] 即便以翻译为专业的大学生，也以文学翻译太辛苦，赚钱少而不选择从事文学翻译。北京外国语大学是国内最早开设翻译系的院校之一，但“日前一项针对北京外国语大学英语学院翻译系07级本科生的调查显示，毕业以后愿意以文学翻译作为第一职业的学生为零”。[②]

改革开放30年来，中国出版界对外国文学作品的引进可谓功不可没。但在市场经济条件下，出版社对经济利益的追求导致了文学翻译出版事业的畸形发展：过了版权保护期的外国文学名著被肆意重复翻译出版，翻译文本粗制滥造，甚至抄袭盗版；译者由于不能得到合理的激励，造成一方面责任心下降，另一方面不愿从事高雅文学翻译工作。出版社为了抢占市场，不惜竞相哄抬版税，造成国家经济资源的白白流失。文学翻译活动作为一种精神性的文化产品生产活动，不应成为出版社谋取经济利益的工具，必须把文学翻译的社会效益放在首位，社会效益与经济效益相统一，出版社肩负生产合格精神产品的重任。同时，国家相关部门应对翻译出版规划、版权引进等予以调控、对图书翻译市场予以监管；译者的辛勤劳动应该得到应有的尊重。在大致分析了改革开放以来文学翻译活动存在的主要问题之后，我们接下来以学术作品为主，对非文学翻译活动进行调查分析。

第二节　非文学翻译活动的社会运行问题分析

翻译活动在丰富人们精神生活的同时，也促进了中外学术和社会政

① 李洋：《文学翻译何以后继乏人》，《北京日报》2005年3月8日第20版。

② 段祖贤、舒芳静：《文学中译西已成一道坎？》，《人民日报海外版》2009年12月17日第7版。

治、经济、文化、科技的沟通和交流。但如果翻译活动不能达到理想的状态，则不但不能实现翻译的功能，反而可能形成沟通与交流的障碍。在本节，我们拟对非文学翻译出版物的翻译质量做一考察，主要从专有名词的翻译、语义理解和句法处理、专业知识的处理、西方学术名著的翻译出版状态等方面展开。

需要说明的是，如果从翻译批评的视角来分析和研究翻译质量问题，我们的调查意义似乎过于浅薄，因为翻译批评研究已经由语义层面进入了语用层面、人际意义层面。但如果从整个社会发展的视角看待目前出版物的翻译质量问题，则会对当前的翻译质量问题形成新的认识。“从文化产业角度来讲，衡量文化民生的标准就是文化产品是否丰富，产品质量是否可信，因为只有丰富的高品质文化产品才能保证老百姓通过文化消费获得文化享受。”[①] 翻译活动最终要为社会服务，翻译质量欠佳、错误百出，势必会影响社会的接受，严重者甚至会造成重大经济损失。

为了检验国内非文学翻译出版物的翻译质量，我们从笔者所在学校图书馆馆藏的人文社科类和科普类翻译出版物中分三次随机借阅到33种翻译出版物，以这33种翻译出版物为对象进行翻译质量分析。不无遗憾的是，限于笔者偏文科的知识背景，没有能力对专业性、学术性较强的理工类翻译出版物进行翻译质量分析。这些出版物的出版时间为1995—2008年（见表9），表中注明的年份是笔者手中掌握的翻译版本出版年份，大多数是初次出版的版本，但也有的版本为再版版本，如《中世纪的知识分子》首次出版于1996年，笔者看到的版本是2002年再版版本。笔者设法获取了其中24种出版物的原语文本，目的是比对译文。之所以以多种翻译出版物而不是针对一种翻译出版物进行质量分析，原因在于笔者的目的不是对翻译文本做翻译批评，而是为了揭示当前中国非文学翻译出版物的大致整体状况。笔者进行翻译质量分析的做法是：参照中国人民大学出版社外文编辑的做法，先看译本，如果发觉译文有常识性、知识性、逻辑性问题，再核对原文。时间有限，笔者不可能对每一种翻译出版物从头至尾进行细致的鉴别，只能采取抽查的方式。笔者选取的这33种翻译出版物中，有些文本在一些专名后附有原文，这样，笔者在不能获取原文的情况下，也可以据所附的原文进行辨析。相对于几万种翻译出版物，笔者据以分析的文本数

① 杨浩鹏：《用文化产业提高文化民生的幸福指数》，《中国文化报》2011年3月9日第2版。

量极其有限，尽管有以偏赅全之嫌，但随机的偶然性在某种程度上也能说明改革开放30年来中国翻译出版物的大致状况。为了叙述的方便，笔者对所发现的翻译质量问题进行了分类。

表9　　用于翻译质量分析的33种非文学翻译出版物

作品名	原作者	出版社	出版年份
《唐代的外来文明》	[美] Schafer，E.	陕西师范大学出版社	1995
《儒教与道教》	[德] 韦伯	江苏人民出版社	1995
《论经济与社会中的法律》	[德] 韦伯	中国大百科全书出版社	1998
《人的条件》	[美] 阿伦特	上海人民出版社	1999
《人类死刑大观》	[法] 莫内斯蒂埃	漓江出版社	1999
《中华帝国晚期的城市》	[美] 施坚雅	中华书局	2000
《站在巨人的肩膀上：历史上最伟大的12位科学家》	[美] 布雷格	中国对外翻译出版公司	2000
《中国的两位哲学家：二程兄弟的新儒学》	[英] 葛瑞汉	大象出版社	2000
《历史研究（修订插图本）》	[英] 汤因比	上海人民出版社	2000
《寻找薛定谔的猫：量子物理和真实性》	[美] 格利宾	海南出版社	2000
《科学的制造：在自然界与社会之间》	[美] 科尔	上海人民出版社	2001
《流动的现代性》	[英] 鲍曼	上海三联书店	2002
《DNA激情：基因、基因组和社会》	[美] 沃森	辽宁画报出版社	2002
《法和经济学》	[美] 考特、尤伦	上海财经大学出版社	2002
《中世纪的知识分子》	[法] 勒戈夫	商务印书馆	2002
《剑桥欧洲经济史·第1卷，中世纪的农业生活》	[英] 波斯坦	经济科学出版社	2002
《后现代伦理学》	[英] 鲍曼	江苏人民出版社	2003
《我们人民：宪法的根基》	[美] 阿克曼	法律出版社	2004
《联邦主义探索》	[美] 伊拉扎	上海三联书店	2004
《费曼传：1000年才出的一个科学鬼才》	[美] 格雷克	高等教育出版社	2004
《万物简史》	[美] 布莱森	接力出版社	2005
《当代美学》	[法] 西门尼斯	北京文化艺术出版社	2005

续表

作品名	原作者	出版社	出版年份
《帝国晚期的江南城市》	［美］约翰逊	上海人民出版社	2005
《巴黎到月亮》	［美］戈普尼克	江苏人民出版社	2005
《（经由中国）从外部反思欧洲：远西时话》	［法］于连	大象出版社	2005
《行为糟糕的哲学家》	［英］罗杰斯、汤普森	新星出版社	2006
《空谷幽兰：寻访当代中国隐士》	［美］波特	当代中国出版社	2006
《精神生活·思维》	［美］阿伦特	江苏教育出版社	2006
《人文主义与民主批评》	［美］萨义德	新星出版社	2006
《强制、资本与欧洲国家：公元990—1992年》	［美］蒂利	上海人民出版社	2007
《英雄史诗的起源》	［俄］梅列金斯基	商务印书馆	2007
《数字人类学》	［美］克伦普	中央编译出版社	2007
《长城：从历史到神话》	［美］Arthur Waldron	江苏教育出版社	2008

一　专名随意翻译，不遵循规范

虽然翻译是一项创造性的工作，但译者不能随心所欲，不能完全按自己的主观臆断随意处理。尤其外国一些比较重要的人名、地名、机构名称，如果已经有了定译或约定俗成的翻译惯例，译者翻译时就要遵循规范，翻译时做到专名的统一。否则，就是胡译、乱译，不符合翻译规范。

《当代美学》2005年由北京文化艺术出版社引进出版。我们据南京大学中文社会科学引文索引（CSSCI）检索，至2009年，该书中文版已被引用10频次。该书图文并茂，译文也较顺畅，但对一些专名的处理较草率，让人遗憾。不过万幸的是，该书在第一次出现的人名后都附了原文，这为有一定外语基础的读者提供了重新翻译或查找该人名对应的汉语通用译名的便利。该书中文版第5页中，“但是这里不存在这个矛盾，因为从德斯卡特（Descartes）思想形成独霸局面后……”Descartes通译为“笛卡尔”；同页，“德国哲学家爱恩斯特·卡西里尔（Ernest Cassirer，1874—1945）致力于满怀敬意地……”自20世纪80年代中期甘阳翻译了该作者的《人论》以后，Ernest Cassirer的中文译名就定格在了“恩斯特·卡西尔”。第

9 页，“高尔布希尔（Corbusier）认为：‘建筑是为了持久，建筑艺术是为了永恒。’弗里德里希·冯·施林格（Friedrich Von Scheling）说过，‘建筑学的寓意是建构的艺术。’”Corbusier 被称为 20 世纪最著名的建筑大师、城市规划家，通译为“柯布西耶”。Friedrich Von Scheling 为德国哲学家，是德国唯心主义发展中期的主要人物之一，一般通译为“弗里德里希·冯·谢林”。第 13 页，“弗朗西斯胡采逊（Francis Hutcheson，1694—1747）坚持美学经验和内心感情的主观特性”。Francis Hutcheson 是英国著名的美学家和道德哲学家，认为审美趣味是一个人先天的能力。Francis Hutcheson 一般通译为“弗兰西斯·哈奇森”或“弗兰西斯·哈奇生”。浙江大学出版社在 2009 年和 2010 年出版了 Francis Hutcheson 的《论激情和感情的本性与表现，以及对道德感官的阐明》、《论美与德性观念的根源》、《逻辑学、形而上学和人类的社会本性》、《道德哲学体系》，译者将原作者名均译为“哈奇森”。

《流动的现代性》从 2002 年在中国翻译出版至 2009 年，已经被 CSSCI 来源期刊引用 122 频次，可见其影响力之大。如此经典的学术著作，译者对书中人名的处理却很草率。经过译者的翻译，本来读者很熟悉的著名人物都变成了陌生人。如：法国象征派大师、诗人 Paul Valery（保罗·瓦雷里）在书中被译成保罗·瓦累利；苏联文学理论家、批评家 Bakhtin（巴赫金）被译成巴克汀；爱尔兰诺贝尔文学奖获得者 Samuel Beckett（萨缪尔·贝克特）被译成贝凯特；德国生命哲学的奠基人 Dilthey（狄尔泰）被译成迪尔泽。鲍曼的另一部著作《后现代伦理学》中又把 Bakhtin（巴赫金）译成了巴克丁；把 Georg Lukas（卢卡奇）译成了卢卡斯；把古希腊哲学家 Diogenes（狄欧根尼）译成戴奥真尼斯。

《我们人民：宪法的根基》自在中国出版以来，截至 2009 年被 CSSCI 期刊引用 9 频次。书中把诺贝尔文学奖获得者 William Faulkner（威廉·福克纳）译为“威廉姆斯·弗格纳”；把诺贝尔经济学奖获得者 James Buchanan（詹姆斯·布坎南）译为“詹姆斯·毕彻南”；把美国总统 Harry Truman（哈里·杜鲁门）译为“亨利·图曼”。还把“Bank of the United States”（合众国银行）译为成“联邦银行”；把“Full Employment Act”（《充分就业法案》）译为“正式雇佣法令”；把 Bill of Rights（《权利法案》）译为“人权法案”；把 constitutional politics（宪法政治）译为“政党”；把 Enlightenment（启蒙运动）译为“复兴”等。

《科学的制造：在自然界与社会之间》书中第二页中有“位于斯托尼布鲁克的纽约州立大学”字样，句中的“斯托尼布鲁克”实为 Stony Brook，通常译作“石溪”。在《强制、资本与欧洲国家：公元 990—1992 年》中，译者将 St Peter's basilica（圣·彼得大教堂）译成了“圣·彼得的教堂”。《DNA 激情：基因、基因组和社会》一书中，译者将曾经的诺贝尔生理学和医学奖获得者 Hershey（赫尔希）译为“赫塞”、Dulbecco（杜尔贝科）译为“杜尔拜科”、Kohler（科勒）译为“柯乐”、Milstein（米尔斯坦）译为“弥尔斯顿”；还将著名的 California Institute of Technology（加州理工学院）译成“加利福尼亚技术学院”；将 human genome project（人类基因组计划）译成“人类基因工程”。

很多以中国为研究对象的国外汉学家，都有很具特色的中文名字。这些中文名与他们的原名没有任何关联性，有的是他们的老师给他们起的、有的是读者给他们起的、有的取自中文的典故。翻译这些汉学家的名字时不能按照一般的译名规范，而要跳出规范，寻求对应。《唐代的外来文明》一书的译者将原书作者 Schafer 译为“谢弗”，其中文名字实为“薛爱华”。《长城：从历史到神话》的译者将原书作者，美国宾夕法尼亚大学教授、两岸问题专家 Arthur Waldron 译为“阿瑟·沃尔德隆”，其中文名实为“林蔚”。《帝国晚期的江南城市》一书汇集了美国、澳大利亚、意大利和日本学者对中华帝国晚期（12 世纪—19 世纪）长江下游区域苏州、杭州、扬州、上海等城市的研究，书中《扬州：清帝国的一座中心城市》一文的作者 Antonia Finnane 被译作“安东尼娅·芬安妮”。其实，这位学者中文名字为“安东篱”，取自陶渊明“采菊东篱下，悠然见南山”的意境。《空谷幽兰：寻访当代中国隐士》一书中，译者将 Stephen Owen、Timothy Brook 和 Jonathan D. Spence 分别译为“史蒂芬·欧文”、“翟莫西·布鲁克”和“乔纳森·斯彭斯”。实际上，这三位汉学家的中文名字分别为“宇文所安”、“卜正民”和“史景迁”。《强制、资本与欧洲国家：公元 990—1992 年》一书中，译者将 R. Bin. Wong 译为“R. 宾·翁”，实为“王国斌”；将 G. William Skinner 译为“G. 威廉·斯金纳”，中文名实为“施坚雅”。《长城：从历史到神话》一书中，译者将 Joseph Needham（李约瑟）译为“约瑟夫·尼德汉姆”；将 John K. Fairbank（费正清）译为“约翰·K. 菲尔班克”；将 James Legg（理雅各）译为“詹姆斯·雷格”；将 Matteo Ricci（利玛窦）译为“马蒂奥·里奇”。《中华帝国晚期的城市》一书中，Kristofer M. Schipper（施舟人）分别被译为“席佩尔”、“史波儿”、“施博尔”，译名既不统一，也不符合译名规范。翻译就是为了沟通和交流的顺畅，否则，本来一个众所周知的专名经过译者的随意翻译而被陌生化，达不到知识沟通和交流的目的，反而给读者造成阅读障碍和错觉。

专名具有唯一性，原作中出现的同一个专名，在译文中也必须对应唯一的专名。但由于译者对有些专名不熟悉，加上责任心不强，翻译时不能做到前后照应，就出现了同一个专名在译文中不一致的情况。这种现象在多人合作翻译完成的译文更普遍。

上海财经大学 2002 年出版了美国学者考特（Cooter，R.）和尤伦（Ulen，T.）合著的《法和经济学》（原作第三版），该书被纳入“新世纪高校经济学教材译丛”，由 5 位译者合作翻译完成。美国最高法院大法官 Oliver Wendell Holmes（霍姆斯）在中文版第 1 页被译为“福尔摩斯”，在第 50 页被译为“赫尔墨斯”。《英雄史诗的起源》由 3 位译者完成，在书中第 238 页两首图瓦史诗的名称被译为《巴扬—托莱》和《梅格—沙冈—托莱》，到了第 298 页《巴扬—托莱》变成了《巴扬—托奥拉伊》，《梅格—沙冈—托莱》在第 302 页变为《梅格—沙加安—托拉伊》。书中古代阿尔泰和布里亚特神话中的创造神“乌里根”在第 288 页翻译为“乌里盖恩”、297 页翻译为“乌里根”，但到了第 311 页又被译为“乌尔根”。《我们人民：宪法的根基》由两位译者合译完成，该书不仅有译名不规范的问题，而且还有译名不统一的毛病。以多元主义民主理论著称的美国政治学学者 Robert Dahl（通译为罗伯特·达尔）在书中有 5 种不同的译法，在第 9 页注释 2 中为“罗伯特·达尔”，到了第 37 页“罗伯特·达尔”变成了“罗伯特·达荷”，再到第 138 页注释 2 又变为“罗伯特·戴豪”，在第 152 页注释 1 中又变为“罗伯特·邓豪”，在第 241 页的索引中又译作“罗伯特·德黑尔”。罗伯特·达尔的著作 *A Preface to Democratic Theory* 在第 9 页注释 2 中被译为“《民主理论导言》”，在第 138 页注释 2 中变成了“《民主理论前言》”。英国著名心理学家、哲学家和经济学家 John Stuart Mill，通译为约翰·穆勒（商务印书馆 1982 年出版其《代议制政府》时，将其名译为“密尔”）。John Stuart Mill 在《我们人民：宪法的根基》中有了 3 个中文名字：第 22 页注释 2 译作“约翰·斯图尔特·米尔”，第 179 页注释 1 译为“约翰·斯图尔德·密尔”，第 248 页索引部分译为“约翰·斯图尔特·米勒”。奥地利物理学家、概率量子力学—波动力学的创始人 Erwin Schrodinger（通译为“埃尔温·薛定谔”）在《寻找薛定谔的猫：量子物理和真实性》第 5 页被译为“埃尔温·薛定谔”，但到了第 385 页变成了“厄尔文·薛定谔”。在《DNA 激情：基因、基因组和社会》一书中，Erwin Schrodinger 有了 3 个中文译名：“斯可罗丁哥”、“斯克洛丁格”和“施罗丁格”。

多人合作翻译如果不统稿或统稿不认真，容易出现译名不统一的问题。不过我们发现，由一人单独翻译完成的译本，也有译名不统一的现象，由此可以想见译者对待翻译的态度以及当前的翻译状态。《行为糟糕的哲学家》一书由一位译者单独完成，但书中 Borgia 一名三变，在绪论第 6 页译为“博尔吉亚”，正文第 83 页译为“包尔吉亚”，第 93 页又译作“波耳查”。《强制、资本与欧洲国家：公元 990—1992 年》也由一位译者翻译完成。John Rawls 在第 9 页注释 1 中被译为“约翰·罗尔”，在第 22 页又被译为“约翰·罗尔斯”。Charlemagne 在第 43 页被译为“沙勒迈恩”，但在 43 页以后再出现时则变成了通译译名“查理曼大帝”。J. R. Hale 在第 46 页被译为“黑尔”，在第 86 页被译为“赫尔”。Castile 是西班牙中北部一个地名，在第 59 页被译为“卡斯迪尔”，第 68 页又译作“卡斯提尔”。James Buchanan 在第 173 页被译为“詹姆斯·毕彻南”，到了第 182 页被译作“詹姆斯·布彻南”。

《站在巨人的肩膀上：历史上最伟大的 12 位科学家》是一本科普读物，也由一位译者翻译完成。数学家 Ian Stewart（通译作伊恩·斯图尔特）在第 133 页被译为“斯图尔特”，第 135、139 页被译为“史提瓦特”。英国政府首席科学顾问 Robert May 在第 139 页被译为“迈”，第 140 页为“梅”，第 142 页被译为“梅依”，第 146 页又变成了“迈”。爱因斯坦的理论 Special Relativity，在第 132 页被译为“狭义相对论”，但在第 144 页却又变成“特殊相对论”。译名的混乱给读者造成了不应有的阅读障碍，面对良莠不齐的科普读物，有读者已经对引进的科普读物产生了抵触情绪。“这些科幻名著我至今不敢去看，生怕一不小心毁了自己的良好感觉。现在的悲哀就是这样：你要英语过关就直接看原版，否则就只有等着，要不然垃圾翻译污了你的眼那才叫亏呢。”[①]

① 星河：《科幻翻译及其他》，《中华读书报》2001 年 6 月 26 日第 11 版。

造成翻译出版物译名混乱的现象，除了译者的不认真统稿、随意处理之外，出版社编辑也难咎其职。只要通读一遍译文，就能够发现因为译名混乱而导致译文逻辑不清晰问题。对译作进行统稿、审校等工作都在市场经济条件下一味求快的利益诉求中变得形同虚设。

二　语言知识性翻译错误

语义准确是翻译的基本要求，语义不准确势必会歪曲原作者的思想，不能达到引进外国图书的目的。由于译者疏忽大意、懒于求证看错原文词汇；对原文词汇只知其一、不知其二，或固守原文的概念意义而不考虑上下文；句法知识薄弱，或者因为对原文句法分析不合理，造成理解和表达的错误，或者因为受原文句子结构的束缚，译文的表达不符合汉语习惯，造成阅读障碍。

接力出版社 2005 年出版的《万物简史》入选“改革开放 30 年 30 部优秀科普翻译图书”[①]。该书中文版仅因对原文词汇理解错误而造成的误译就不少。如在引言第 1 页，“为什么原子这样自找麻烦，这还搞不大清楚”。对应的英语原文为：Why atoms take this trouble is a bit of a puzzle. “take trouble”是英语中一个很常见的固定短语，意为“不辞辛苦”之意，这也与上文能够形成呼应，否则译文不连贯。引言一开始就谈到上万亿个原子以某种特别的方式、任劳任怨地聚集在一起形成了人。既然是“任劳任怨”，为什么还要说“自找麻烦”呢？同页中还有“原子很脆弱……”对应的英语原文为“…atoms are fickle…”。看来译者把 fickle（意为“变幻无常的、反复无常的”）当作“fragile”了。引言第 5 页中一句：“我用过的教科书全都出自那些怀有一种挺有意思的想法的男人（始终都是男人）的笔下，美国的孩子们会喜欢各个章节的结尾都带有问题部分，供他们在自己的时代冥思苦想。”整句话翻译得不仅拗口，而且“供他们在自己的时代冥思苦想”令人费解。查原文，对应的部分为 they could mull over in their own time。“in one’s own time”意为“在某人的闲暇时光”，译文令人费解部分实为“在闲暇时琢磨问题”。《中世纪的知识分子》一书第 55 页，“12 世纪的城市知识分子觉得自己实际上就像手工工匠……他们的专

① 余传诗：《“改革开放 30 年 30 部优秀科普翻译图书”揭晓》，《中华读书报》2008 年 12 月 24 日第 2 版。

业是‘自由艺术’(liberal arts)”。译文中已经附有原文词语，节省了我们查证原文的时间，从学科专业的角度，“liberal arts”对应的汉语表达应为“人文学科”。

《联邦主义探索》第一章第3节中有这么一句话：“联邦主义者决议是我们这个时代正在改变全球外观的各种决议中最广为传诵的决议之一——如果也是最为不受注意的一个决议的话。”何为“决议”？查原文，我们发现这句话中被译者译为“决议”的词汇实为“revolution”。看来，译者误把“revolution”看作“resolution”了。原作者本意是讲革命的各种方式，联邦主义革命是各种革命方式之一，而译者因一词之误扭曲了原文的含义。还有的译者不考虑上下文逻辑关系，一味固守某一词汇的概念意义。《巴黎到月亮》一书，装帧典雅、封面标有“汉译大众精品”，很是吸引读者。在书中第55页，我们看到：“在寒冷中，一系列的社会剧上演了，其中包括……两个外国人的来访并带来了判决的消息。”依上文，句中的“两个外国人”是指世界首富比尔·盖茨和大思想家哈贝马斯。这两个人怎么会带来“判决的消息”呢？原文对应的是“messages of deliverance”一词，“deliverance”确有“判决”的含义，不过用在这里与语境不符，应为“解救、解脱”的意思。书中第57页将“like six-year-olds”(像6岁的孩子)竟译为“像60年代的老人”；第58页将“social security”(社会保障)译为“社会保险”；第61页将“social contract”(社会契约)译为“社会接触”，看来译者把“contract”等同于“contact”了。《寻找薛定谔的猫：量子物理和真实性》第268、274页中将两部书名分别译为《量子理论及其背后》和《物理学及其背后》，这两部书对应的英语原文分别为“*Quantum Theory and Beyond*”和“*Physics and Beyond*”。看来，译者是把“beyond”看作“behind”了。

《强制、资本与欧洲国家：公元990—1992年》书中第7页，“任何具体国家的外部因素对它的变化道路有多强的影响？”句中“具体国家”对应的英语原文为substantial state，应译为“实体国家”。同页，“国际关系是无政府主义的，而且国家之间的相互作用最终还原成以自我利益为中心的演员的防御与进攻”。该句中的“演员”对应的是英语原文“actor”，不过据上下文，这里的“actor”不是“演员”的意思，而是表示“行动者”。第49页，“弗波齐的论文成了匈牙利法律的标准的权威，成了‘贵族圣经’”。该句中的“论文”对应的原文为“treatise”，意为“条款”。笔者怀疑译者是把“treatise”当作“thesis”了。书中第 8 页，“在历史学家、社会学家和比较政治学的学生中，用中央集权主义来解释国家的变迁的看法绝不是最流行的”。该句对应的英语原文为：Among historians，sociologists，and students of comparative politics，statist accounts of states' transformations are by far the most popular. 仅凭常识判断，译文中的“学生”不能和其前面的“历史学家、社会学家”形成并列关系，将原文的“studendt”译为“学生”是不合适的，恰当的表达应该是“学者”或“研究者”。译文还有一处更离谱的错误，译者竟然把“by far”看作是否定结构，其实这个短语是表示强调。原文本来是表示这些看法“最流行”，结果译者译反了。第 72 页，“然而，在 19 世纪前的几个世纪，由于国家在非常不同的资本和强制的关系情景中形成军事力量，它们长期有很大的分歧”。该句对应的英语原文为：Over the centuries before the nineteenth，however，states had long diverged as they fashioned military forces in situations of very different relations between capital and coercion.“分歧”仅限于观点，此处将“diverge”译为“分歧”不准确，符合语境的表达应为“背道而驰、分道扬镳”。第 181 页，“国际的联系也抄近路通过北部意大利的城邦国家”。句中“抄近路通过”对应的是原文中的“cut across”。将“cut across”译作“抄近路通过”，估计是译者查字典的结果。该短语还可以表示“违反、超越、波及”等含义，据上下文，这里的意思应为“波及到”。第 183 页，“不仅所有的欧洲国家都巧妙地纳入了正在显现的体系。”该句对应的英语原文为：Not all European states nested neatly into the emerging system.“not all”在英语中表示部分否定，意为“并非所有的”，而译者把它等同于“not only”了。第 221 页，“在很大程度上，欧洲国家以显然很小的麻烦放弃了它们的封建君主的权位”。该句中的“以显然很小的麻烦”对应英语原文的“with remarkably little travail”，意为“轻而易举”；句中的“放弃”对应的是“relinquish”，意为“废除”。第 242 页，“众多保护人和客户的链接和种族分裂的共存显然使得非洲国家易于受到军人权力的伤害，但是在由民族联合和政党的限制之内”。句中“保护人和客户的链接”对应英语原文中的“patron-client chains”，应译为“庇护关系链”。

《剑桥欧洲经济史·第 1 卷，中世纪的农业生活》第 264 页中，“尤其是奥托三世和少数派的亨利四世……”亨利四世怎么成为“少数派”了？

查原文为：the minority of Henry Ⅳ。“minority”在这里是“未成年”之意，亨利四世4岁时就在神圣罗马帝国首都亚琛由科隆大主教赫尔曼二世加冕为国王。《历史研究（修订插图本）》第5页，“他年轻的时候，写出了一部伟大的著作，这部著作无疑将永远被视为西方历史文学的杰作，这就是1854—1856年出版的《罗马共和国史》（*The History of the Roman Republic*）”。《罗马共和国史》在译文中被视为“历史文学”的杰作，读来令人困惑。查原文，“历史文学”对应的是“historical literature”。见到“literature”，译者就将之译为“文学”，既不考虑译文行文的逻辑，也懒得查字典求证该词的其他含义。在这里，“literature”应为“文献”而非“文学”，即：《罗马共和国史》是一部重要的历史文献。

在下面一句中，译者见到“freedom”就把它译为“自由”，既没有考虑词汇的搭配，也无视上下文语境，只顾字对字地机械翻译，造成对原文的误解。

来自劳动的自由并不新鲜，它曾经属于少数人最根深蒂固的特权之列。在这种情况下，看来科学进步和技术发展好像已经被用来取得一些以往任何时代都梦想却无法实现的东西。（《人的条件》第4页）

对应的英语原文为：

> Freedom from labor itself is not new; it once belonged among the most firmly established privileges of the few. In this instance, it seems as though scientific progress and technical developments had been only taken advantage of to achieve something about which all former ages dreamed but which none had been able to realize.

原文是说“不劳动是少数人的特权”，结果译者因为误译“freedom”，译文变成了“自由是少数人的特权”，完全歪曲了原文的意思。

由于不同民族的思维方式不同，导致各自语言的组织形式不同。翻译时如果不能正确分析外语的句子结构，轻者翻译出来的译文读起来拗口，不易理解，重者与原文出入较大，歪曲、扭曲原文的意思。中国大百科全书出版社1998年出版的《论经济与社会中的法律》，是由英文版转译而来。书中第36页注释9，“在1911年，韦伯自己也卷入了这类诉讼，当时，他起诉海登勃格大学的一位同事。这位同事散布流言蜚语，诋毁韦伯，韦伯拒绝决斗”。初看译文，给我们的感觉是“海登勃格大学”译得不规范，拿原文对照，我们又有新的发现。英语原文为：Weber was himself involved in a suit of this kind when，in 1911，he brought action against a faculty colleague at the University of Heidelberg who had spread the－false－rumor that Weber，when insulted，had rejected a challenge to a duel. 译文给读者的感觉是韦伯的同事除了散布谣言外，还要与韦伯决斗，而韦伯拒绝。对照原文之后，我们发现译者把原文的句子结构理解错了。原文中“that”引导的是一个同位语从句，即表明“the－false－rumor”（谣言）的具体内容。此句的大致意思是：1911 年，韦伯本人也卷入一场诉讼，韦伯把海德堡大学的一位同事告上法庭，因为这位同事散布谣言——韦伯受人诋毁时，也拒绝与人决斗。《剑桥欧洲经济史 第 1 卷，中世纪的农业生活》书中第 7 页，“当然，2 世纪末并非到处都有统一的城市中心”。该句中“统一的城市中心”令人费解。英语原文为：No doubt at the end of the second century urban centres were not spread uniformly everywhere. 译者将修饰关系弄错了，“uniformly”修饰“spread”，实为“城市中心分布得不均匀”。

《精神生活·思维》第 1 页，“只有人们根据他的过去行为和他在受审期间的行为能够观察到的显著特征，在整个预审期间，警察的盘问不能得出任何结论：这不是愚蠢，而是轻率”。该句对应的原文为：And the only notable characteristic one could detect in his past behavior as well as in his behavior during the trial and throughout the pre－trial police examination was something entirely negative：it was not stupidity but thoughtlessness. 如果不对照原文，我们只能感觉译文的表达欠连贯，不会发现因为对原文断句不当而造成的理解错误。我们把原文的整个修饰成分括起来，本句的主从关系就清楚了：And the only notable characteristic（one could detect in his past behavior as well as in his behavior during the trial and throughout the pre－trial police examination）was something entirely negative：it was not stupidity but thoughtlessness. 原文的句法关系搞清楚了，根据汉语的行文习惯进行适当的句子结构调整，再结合原文上文的语境（审判艾奇曼），大致可给出如下译文：从他过去的行为、被审判期间的行为和审判前被警察盘问的行为中，人们能够发觉的唯一明显特征就是某种完全消极的东西：这不是愚钝，而是没脑子。书中第 6 页，“当我们在日常生活中始终有伙伴在周围，不是独自一人，而是与大家在一起的时候，我们在哪里?”只看这句译文，我们会感觉行文拖沓、累赘。对照原文，我们会发现这不仅仅是译文表达累赘的问题，而是译者没有理清原文的句子层次。原文为：Where are we when we，normally always surrounded by our fellow - men，are together with no one but ourselves? 英语虽然原文不长，但有三个层次：“where are we”是第一层次，“when we are together with no one but ourselves”是第二层次，“normally always surrounded by our fellow - men”是第三层次。译为汉语时，应采取倒序译法，也就是先翻译第三层次，再第二层次，最后到第一层次，即：通常有同伴陪伴在我们周围，但当脱离同伴独处时，我们又身在何处？书中第 11 页，“我在这样说的时候，仅仅在于表明人具有在知识范围之外进行思维的一种意向，也可以说，一种需要，人更多地凭借这种能力做事情，而不是把它当作一种认识和行动的工具来使用这种能力。”译文看似具可读性，但对照英语原文，我们会发现，译者对原句的修饰关系没搞清楚，同时，还有对“limitation”的理解错误。原文为：By this I mean no more than that men have an inclination，perhaps a need，to think beyond the limitations of knowledge，to do more with this ability than use it as an instrument for knowing and doing. 原文中两个动词不定式是并列结构，同时修饰前面的两个名词“inclination”和“need”。清楚了修饰关系，我们就可给出较恰当的译文：这样说，我只是想表明人具有某种倾向性，或者有某种需要，要超出知识的局限性进行思考，并运用这种能力做更多的事情，而非仅仅将其作为一种了解事物和行动的工具来使用。

上述翻译中的语言知识性错误，一方面表明译者翻译能力较弱，导致各种低级错误的发生，说明我们的翻译教学、翻译理论研究并未对翻译质量的提高起到较好的推动作用。另一方面也说明译者责任心不强。如果译者遇到把握不准的知识点，翻译时认真一些，勤于查证，很多错误都是可以避免的。

三　专业知识性翻译错误

只具备语言知识，还不足以做好翻译。同一词汇或短语在不同的专业具有不同的含义，专业性越强的文献，对译者的专业知识要求越高。如果译者不具备相关的专业知识，必然会造成翻译错误。

《法和经济学》第 51 页，“……拿破仑委派法律学者人士制定了被称为拿破仑法案的法律草案，这项法案在 1804 年公布执行。起草该法案的学者以 Corpus Juris Civilis（‘民法通则’）作为他们的最初模型，民法通则是于公元 528—534 年在当时的东罗马帝国皇帝的指令下编撰的”。译文中的“拿破仑法案”对应的英语原文为 *Code Napoleon*，它是继罗马的《优帝法典》之后的第一部完全的民法典，通译为《拿破仑法典》。学习民法者不可能绕过这部法典。Corpus Juris Civilis 对应的汉语译名不是“民法通则”，而是《国法大全》。第 55 页，“美国最高法院……有九个成员，包括美国大法官和八个助理法官”。该句对应的英语原文为：The Sup reme Court of the United States……has nine member，consisting of the Chief Justice of the United States and eight associate justices. 在普通用语中“associate”就是“助理”的含义，如果不熟悉美国的司法制度，对照原文也不能发现译文哪里出现了差错。美国最高法院由一位为首席大法官（Chief Justice）和 8 位大法官（associate justice）组成，他们均由美国总统经参议院同意后任命，一般为终身制。《寻找薛定谔的猫：量子物理和真实性》中，译者将英国主观唯心主义哲学家、主教 Berkely 译为“比索普·伯克莱”，其对应的英语原文为 Bishop Berkely。译者因为不了解 Berkely 的历史背景，误将 Bishop 当作人名处理。其实，正确的译法应为“贝克莱主教”。

《费曼传：1000 年才出的一个科学鬼才》中，译者因不具备物理学方面的知识，把“finely etched mirrors”译为“精良的镜子”（第 59 页），实为“精细蚀刻的镜片”；把“hydrogen radical equation”译为“氢辐射方程”（第 81 页），实为“氢原子径向方程”；把“radon”译为“氢”（第 99 页），实为“氡”；把“classical electron radius”译为“经典电子辐射”（第 105 页），实为“经典电子半径”；把“selection rules”译为“淘汰法则”（第 343 页），实为“选择定则”。《论经济与社会中的法律》一书中，译者把“negotiable instruments”译为“谈判工具”，实为“可转让票据”；把“the courts’ rememberancer and the notary”译为“法院的提醒者和书记员”，实为“法院的记录员和公证人”。

《历史研究（修订插图本）》第 273 页，“‘少年天子’顺治（在位期间为 1644—1661 年）的摄政王们在立他为皇帝时……”福临做皇帝时只有 6 岁，在汉语中“6 岁”是不能称为“少年”的。还有，历史上顺治做皇帝时只有一位摄政王，即多尔衮。这句译文既不合逻辑，也不符合史实。该句对应的原文为：The guardians of the Manchu boy－king Shun Chih（imperal at A D 1644—1661），when they made him Emperor…原文是没有问题的。只不过，译者没有历史常识，不知道福临当皇帝的具体年龄，看到boy就以“少年”来对应，译为“年幼的”较合适。原文中的“guardians”没有“摄政王”的含义，应为“监护人”之意。《儒教与道教》第93页，“王安石于1086年死后被封为圣徒，受人供奉，而在12世纪，对他的供奉连同圣徒的称号统统被取消了。”“圣徒”一说，为中国文化不常见，且容易让读者产生错误的宗教联想。王安石死后被追封为“太傅”，即太子的师傅，实为尊称。如果译者稍具历史知识或者勤于查证，即便原文作者对中国历史的曲解，亦应以注脚的形式予以纠正，而不能以讹传讹。我们还发现译者因为专业知识欠缺导致加注出差的情况。《人文主义与民主批评》是萨义德生前自己整理的最后一部著作，由四个演讲和一篇论文组成，演讲的内容都是关于美国人文主义及其对生活于其中的世界所造成的影响，在编者前言中，我们看到一句：“在另一个界标上，为了突出那句塞讷卡人格言的重要性，萨义德从一开始就投入了这个主题……”译者对句中的“塞讷卡人”加了一条译者注：“塞讷卡人（Senecan），北美印第安人，易洛魁联盟中最大的部落，主要生活在美国纽约州西部。”塞讷卡人实行母系氏族制，主要从事锄耕农业。塞讷卡人竟然有让萨义德为之“投入”的格言，引起了我们的怀疑。对照原文，我们发现，让萨义德为之“投入”的格言为“Nothing human is alien to me.”这句格言出自罗马喜剧作家特伦斯（Terence）《自我惩罚者》，原文为“Homo sum：humani nihil a me alienum puto.”马克思在其《自白》中亦曾引用这句格言。商务印书馆1988年出版的《拉丁语词典》中，将这句格言译为“人类之事我都关心”。原文中的“Senecan”实为“Seneca”的形容词形式，“Seneca”（塞内卡）为古罗马重要的剧作家，宣扬同情与仁爱。故，译文中的“塞讷卡人格言”应为“塞内卡式的格言”，也就是说，这句格言与塞内卡的风格近似。

《中华帝国晚期的城市》中，译者把“Tsing Hua Journal of Chinese Studies”按原文字面译为《京华中国研究学刊》，但《京华中国研究学刊》是不存在的。与英语原文相对应的是《清华学报》，由创办于1919年5月的《清华月刊》变身而来。《人类死刑大观》第340、341页展示了两幅中国1901年执行死刑的插图。译者将第一幅插图下面的文字译为“西方军事势力代表对‘拳击手’施斩首刑”，第二幅插图下面的文字译为“拳王的斩首刑”。19世纪末，在中国发生了一场以“扶清灭洋”为口号的义和拳运动，在1900年八国联军入侵中国时，义和拳成为一支抗击外敌入侵的重要力量，后来在清政府和八国联军的联合镇压下失败。这两幅插图正是义和拳成员被西方敌对势力抓获斩首的场面。如果译者具有一定的历史知识，就不会将“boxer”译为“拳击手”了。

外国文本中出现的中国人名、地名、事件名称或引用的中国文献，一般都是各个时代重要的、有历史意义的专名或文献，译者在回译时不能仅依字面对译，必须按线索查证，按史实还原。否则，翻译就真的成为变译了。《法和经济学》第162页有一段引自中国文献的引文：

> 为说明起见，我们引用中国哲人孙中山先生在经典著作《战争的艺术》一书中所写：“当你的军队已经突破界限（进入敌方领地）时，你应该烧掉船只和桥梁，以使所有人明白他们已经无退路可走。”

对应的原文为：

> To illustrate from a classical book on the art of war, the Chinese philosopher Sun Tsu writes, “When your army has crossed the border [into hostile territory], you should bum your boats and bridges, in order b make it clear to everybody that you have no hankering after home.” (Sun Tzu, the Art of War, section IX, part 3)

英语原文引自中国古代军事家孙武的《孙子兵法》，译者竟然把Sun Tzu（孙子）译为“孙中山”（原文正文的Sun Tsu亦有误），孙中山竟然还著有《战争的艺术》，只能说明一方面译者历史知识极其欠缺，另一方面翻译态度不端正。若外国文本中有引自中国的文献并标明出处，规范的做法应该是查回原典。上面引文出自《孙子兵法》九地篇“帅之深入诸侯之地，而发其机，焚舟破釜”。

中国译者对待翻译的态度及翻译能力已经招致外国原作者的不信任。

《（经由中国）从外部反思欧洲：远西时话》一书的作者，法国哲学家于连（Francois Jullien）在其著作中文版中执意要加上“作者告读者书”，内容为：“虽然我十分感谢译者对我思想复杂性的阐述所显示出的极大耐心，我还是拒绝对该书中可能出现的误解和错误翻译承担任何责任。特此声明。”[①] 结果，该书的翻译也成为于连对中国译者不信任的一个注脚。在书中第三章，于连在书中提到在台湾听“徐福官”授课，译者还有意在“徐福官”后面加括号注明是“音译”。书中还介绍了“徐福官”的背景，即他曾任蒋介石的参谋，到台湾后潜心研究中国传统文化。如果译者稍具中国历史知识，或稍微查证一下，就不会出现这种翻译错误了。其实于连书中提到的 Xu Fuguan 是第二代“新儒家”的领军人物之一徐复观。徐复观原名秉常，字佛观，后来他的老师熊十力取《老子》“万物并作，吾以观复”，为他改名为徐复观。一位优秀的作家要在国外得到广泛的承认和读者的喜爱，除了作家作品本身优秀外，还要看翻译的水平如何。好的作品没有好的翻译，不仅有损于作家本人的声望，也会对作品产生负面影响。如果好的作品又有好的翻译，那就等于如虎添翼，流传便会更广更远了。国外的一些学术名著是国外优秀的思想文化的精品，也是全人类文明的优秀遗产，值得我们学习和研究。而译者作为该思想文化传播的中介者，应当以高度的责任心和良好的专业修养，并掌握扎实的语言功底，来从事这项光荣而艰巨的任务。这既是广大读者殷切的期望，也是译者应有的职责。

通过对 33 种非文学翻译出版物的粗略调查，只有 2 种翻译出版物中笔者没有发现明显的翻译质量问题，一种是郑元者翻译的《数字人类学》，另一种是程德祥翻译的《中国的两位哲学家：二程兄弟的新儒学》。《数字人类学》原书为英语文本，但书中涉及法语、德语、日语、拉丁语、希腊语、梵文等方面的词语或术语，而且内容驳杂，涉及民族学、心理学、美学、经济学、社会学、宗教学、航海学、数学、姓名学、天文学、物理学、测量学、博弈学等多学科的知识，为便于读者理解，译者多方考证，对正文文字加注了大量的译者注，历经 4 年方译出。英国汉学家《中国的两位哲学家：二程兄弟的新儒学》是海外研究中国宋代理学的一部重要著

① 于连、马尔赛斯：《作者告读者书》，《（经由中国）从外部反思欧洲：远西时话》，张放译，大象出版社 2005 年版，第 2 页。

作，译者程德祥对这部书的翻译堪称研究性翻译。译者对原书中所引用的中文文献全部核对中文文献原文，英文原书引用中文文献前后句不够完整的，译者亦进行了适当补充，并将补充的内容放进括号里以示区别。原书以英文形式引用的二程语录，译者将原文保留，并在其后附上对应的汉语文本，体现了译者严谨的治学态度。

在我们对33种翻译出版物的粗略调查中，31种翻译出版物存在或多或少的翻译质量问题，存在翻译质量问题的出版物占被调查总数的94%。我们获取的文本数量毕竟极其有限，对所发现的这么高比例的翻译出版物都存在翻译质量问题，必然带有一定的偶然性，将这一比例类推至改革开放以来的全部非文学类出版物也有很大的风险。不过，当前翻译出版物存在翻译质量问题亦绝非个别现象。我们所揭示的翻译质量问题和社会对翻译出版物质量问题的强烈反响可以相互印证。中国人民大学教授何光沪指出："现在的翻译质量大滑坡，一些所谓'译著'的水平，低到了歪曲作者、欺骗读者的地步。"① 在2003年9月18日召开的"新时期图书翻译质量研讨会"上，亦有专家指出："出版物的翻译质量差错太普遍、太严重，到了触目惊心，令人难以置信的地步。"② 商务印书馆译作室副主任陈小文亦指出："如按照信达雅的标准，有几本书合格，我还真找不出来。即使按照最低的标准来衡量——专业知识不闹笑话、对外文的基本书法理解不出错误、中文表述基本符合习惯，如果说大多数翻译作品的翻译质量是不合格的，可能有的人会提出异议，但是如果说至少有一半的学术翻译质量不合格，我想，是不会有反对意见的。"③ 学术翻译作品向读者呈现的正是当下的学术生态。如果译作逻辑混乱、错乱歪曲原作的思想，则根本无益于学术的发展和跨文化思想交流，甚至会误导我们的思想和话语，贻害学术发展。

上述专名翻译错误、语言知识错误、专业知识性错误以及句法理解或转换方面的错误，一方面说明译者的翻译能力低下或不具备相关知识性知识。译者缺乏驾驭翻译的能力，这说明我们对翻译人才的培养是存在严重问题的。另一方面，上述问题其实和译名混乱问题一样，也暴露出译者的

① 杜悦等：《劣质译著：我们遭遇另一种学术腐败》，《中国教育报》2003年3月20日第12版。

② 王越：《图书翻译要设质量关卡》，《中国质量报》2003年9月22日第7版。

③ 郭晓虹：《翻译的现状与前景》，《中国新闻出版报》2003年10月8日第3版。

译德失范。因为译者只要责任感强一点，把翻译当作一项崇高的事业来做，很多问题通过查证是可以避免的。同时，也说明翻译研究和翻译批评对现实生活中翻译质量问题的无视。改革开放以来，翻译研究从最初的"信、达、雅"、直译与意译之争到奈达的语言学派理论、翻译的文化研究路径、哲学研究路径、认知研究路径，加上上海外语教育出版社引进的"国外翻译研究丛书"、外语教学与研究出版社引进的"外研社翻译研究文库"，可以说国外的各种新理论基本都引进到了国内，各种新名词、术语、理论层出不穷，但翻译理论的丰富并没有带来翻译质量的提高。这说明了翻译学的学科局限性。翻译学视野下的翻译研究仅固守纯学术研究的"象牙塔"，而无视生活世界中的各种翻译问题。翻译活动是一个系统工程，出版社编辑对图书翻译质量也负有不可推卸的责任，如果编辑认真负责，做好"把关人"的角色，很多翻译质量问题是可以在出版前发现并解决的。出版社编辑的不作为在一定程度上助长了译者粗制滥造、译德失范的发生。

四　重复翻译出版

除了不断重复翻译出版外国文学名著外，一些出版社还把目光瞄向一些较有影响的西方学术名著。如果因为原译版本问题，后译本所依据的版本好于前译本；或者前译本翻译质量较差，名著重译是很有意义的。反之，就是浪费翻译资源。

青海人民出版社 1991 年推出了译者魏英邦据法国作者格鲁塞法语原本翻译的《草原帝国》，该译本 1996 年再版。两年后，商务印书馆又推出了据美国拉特格斯大学出版社 1970 年英译本转译的《草原帝国》，该中文版还在 1999 年作为"汉译世界学术名著"再版。如果不具备从原版本翻译的条件，通过其他译本转译是不得已的选择。但明明有了据原版本翻译而来的译本，再从其他语种转译，只能说明出版社策划编辑视野狭窄。而且，我们还发现商务版的《草原帝国》有知识性错误，如第 311 页："他于 1222 年 5 月接受了来自中国的、有名的道教和尚丘长春的访问。"道教里是没有和尚的，应为"道士"。如果译者了解一点中国的宗教知识，就不会犯这种常识性的错误。据我们不完全统计，过了版权保护期的西方学术著作在中国重复翻译版本较多的有如下几种（见表 10）：

表 10　　**过了版权保护期的西方学术名著重译**

著作名	原作者	译者	出版社	年份
《道德情操论》	[英] 亚当·斯密	蒋自强、钦北愚	商务印书馆	1997
		余涌	中国社会科学出版社	2003
		吕宏波、杨江涛	九州出版社	2006
		韩巍	光明日报出版社	2007
		谢忠林	中央编译出版社	2008
		王秀莉等	上海三联书店	2008
		王勋等	清华大学出版社	2008
		益群、宏峰	中国致公出版社	2008
		焦维娅	安徽教育出版社	2008
		何丽君	北京出版社	2008
		刘烨	新世界出版社	2009
		崔隐墨、黄海天	中国商业出版社	2009
		周文	中国三峡出版社	2009
		樊冰	山西经济出版社	2010
		王光波	中国华侨出版社	2010
		赵康英	华夏出版社	2010
《经济学原理》	[英] 马歇尔	陈良璧	商务印书馆	2005
		廉运杰	华夏出版社	2005
		刘生龙	中国社会科学出版社	2007
		章洞易	南海出版公司	2007
		朱攀峰	北京出版社	2007
		张桂玲、黄道平	中国商业出版社	2009
《论法的精神》	[法] 孟德斯鸠	孙立坚等	陕西人民出版社	2001
		于应机、余新丽	陕西人民出版社	2006
		申林	北京出版社	2007
		许家星	中国社会科学出版社	2007
		彭盛	当代世界出版社	2008
		许明龙	商务印书馆	2009
		严复	上海三联书店	2009

续表

著作名	原作者	译者	出版社	年份
《社会契约论》	[法]卢梭	何兆武	商务印书馆	1980
		张友谊	外文出版社	1998
		石应天	天津人民出版社	1998
		杨国政	陕西人民出版社	2004
		方华文	陕西人民出版社	2006
		徐强	九州出版社	2007
		罗玉平、李丽	人民日报出版社	2007
		施新州	北京出版社	2007
		徐强	中国社会科学出版社	2009
		庞珊珊	光明日报出版社	2009
		乔坤、张静	中国商业出版社	2010
		孙笑语	江西人民出版社	2010
		高黎平	中国对外翻译出版公司	2010
《新教伦理与资本主义精神》	[德]韦伯	黄晓京、彭强	四川人民出版社	1986
		于晓等	生活·读书·新知三联书店	1987
		康乐、简惠美	广西师范大学出版社	2007
		陈平	陕西师范大学出版社	2007
		龙婧	群言出版社	2007
		赵勇	陕西人民出版社	2009
		李修建、张云江	中国社会科学出版社	2009
		苏国勋等	社会科学文献出版社	2010
		郑志勇	江西人民出版社	2010
		阎克文	上海人民出版社	2010

资料来源：2007年以前的资料来自《全国总书目》，2007年以后的资料来自当当网、卓越网。

从表10看，过了版权保护期的非文学类名著重译主要发生在2003年以后。2003年，中国开始进行文化体制改革试点，经营性出版单位全面转企改制，出版业开始真正面向市场。正是在市场的利益驱动下，出版社把目光对准那些销量可观，而又不需要支付版税的外国经典著作。亚当·斯密的《道德情操论》在2008年一年中竟然出现了6个新译本，上表中其他著作也几乎以每年两、三种新译本的速度面世。我们不否认有质量上乘的新译本出现。但新译本层出不穷，也难免有抄袭盗版的嫌疑。九州出版社曾组织翻译出版了一套“西学经典”，该社对这套丛书很重视，社领导亲自参与译稿的编辑和终审工作。据九州出版社副总编辑张海焘介绍：“在首批确定安排出版的40种译著中，有8种出现比较严重的抄袭。由于九州出版社的层层严格把关，发现了此类问题，并向译者严肃地指出来。其中有一种译稿经过译者重新认真翻译，经审查同意出版之外，其他7种，在我们指出问题之后，译者（有的当时就承认了抄袭；有的并不愿意承认；还有译者竟然以为抄改别人的译本是正常可行的‘吸收借鉴’，显示了著作权保护常识的无知）仍不能或不愿老老实实自己翻译，最后我们就坚决退稿不出了。十分遗憾的是，此后不久，这些译稿，却被另一家出版社接手过去全部出版。”① 而且新译本未必就胜过旧译本，以《道德情操论》为例，我们以中国社会科学出版社2003年译本与商务印书馆1997年译本做一比较，验证名著重译是否真的超过了前译。

其一：

> 中国社会科学出版社2003年译本：一个违背神圣正义法则的人，他不可能不考虑人们必定会对他怀有的那些情感，因而不可能不感到极度的羞耻、害怕和惊恐。
>
> 商务印书馆1997年译本：违反神圣正义法律的人，从来不考虑别人对他必然怀有的情感，他感觉不到羞耻、害怕和惊恐所引起的一切痛苦。
>
> 原文：The violator of the more sacred laws of justice can never reflect on the sentiments which mankind must entertain with regard to him, without feeling all the agonies of shame, and horror, and consternation.

两个译本意思完全相反，中国社会科学出版社译本认为一个人违背正义法律时，会想到别人对他怀有的情感，会感到痛苦。而商务印书馆的译本则认为一个人违背正义法律时，不会想到别人对他怀有的情感，不会感到痛苦。对照原文，中国社会科学出版社译本的两处双重否定表达与原文是不对应的，是错误的译文。而商务印书馆的译本是符合原作者思想的。

① 张海焘：《翻译出版 谨防“中翻中”》，《中国新闻出版报》2008年5月21日第7版。

其二：

> 中国社会科学出版社 2003 年译本：人类是受自然的指导，在某种程度上修正了对事物的分配，要不然自然本身是不会做出这样的分配的。自然为此目的而促使人类遵守的规则与它自己遵守的准则是不同的。
>
> 商务印书馆 1997 年译本：这样，人就在造物主的指引之下，对物的分配进行造物主本来自己会作出的某种程度的改正。造物主促使人们为了达到这一目的而遵循的各种准则与造物主自己所遵循的那些准则不同。
>
> 原文：Thus man is by Nature directed to correct，in some measure，that distribution of things which she herself would otherwise have made. The rules which for this purpose she prompts him to follow，are different from those which she herself observes.

两个译本第一句的意思又完全相反，中国社会科学出版社译本认为自然不会对物进行分配；而商务印书馆的译本则认为自然会对物进行分配。原文的意思是：在某种程度上，人类在自然的引导下修正对物的分配，如果人类不这样做，自然本身也会这样做。对照原文，中国社会科学出版社译本对 otherwise 的理解是错误的，误把该词视为否定词导致完全扭曲了原文的含义。其实 otherwise 是表转折，引导的是一个虚拟结构。尽管商务印书馆的译本对本例第一句的处理较拗口，但没有歪曲原文的含义。

中国的学术研究是在向西方人文社科等专业借鉴、学习的基础上逐步建立起来的，因此，翻译对于学术研究十分重要。同时，中国的学术界不能仅仅满足于对西方学术的学习、了解，还应在对西方学术进行批判性思考的基础上发出我们自己的声音。这一切都决定了我们据以学习、分析、批判的文本必须是可靠的。如果翻译的文本差错百出，那么不但不利于中国学术的研究，可能还会带来贻害。中国著名学者邓正来教授就曾指出："如果我们试图在认真研读西学著作的基础上对它们的观点、方法等进行反思和学术批判，那么我们还必须关注译著的翻译质量问题。在我看来，学术著作的翻译质量问题，在很大程度上关涉到了我们是否有可能读懂或是否有可能进行批判的问题。”① 翻译作品在丰富人民群众文化生活的同时，也在促进中外学术和文化的沟通和交流。但如果翻译的质量和效果不理想，翻译的功能就不能得到很好的实现。

通过我们的粗略调查，我们发现相当高比例的非文学翻译出版物中存在翻译质量问题。从译者层面分析，译者语言知识和专业知识欠缺，翻译能力不强。在经济全球化的今天，中国日益融入国际社会，但如果不对翻译能力薄弱的问题给予充分重视，翻译就会成为中国社会、经济发展中的一个大问题，因为无法准确、及时消化来自国际上的巨大信息流，包括经济和科技信息等，将会导致中国失去大量有价值的信息。我们的调查也发现译者责任心不强，译德失范。出版社编辑在一定程度上没有起到把关的作用，对翻译质量问题听之任之，导致翻译出版物翻译质量整体下滑。在市场经济体制下，出版社完全为市场所左右，翻译出版活动一味地从经济利益出发，无视翻译出版物的社会效益和学术价值。翻译出版不应该只从经济因素出发，而应该是国家社会发展的精神动力的一部分，出版社应该负起提升国民精神文化素质的社会责任。同时，在国家层面上，对极具精神文化性的翻译项目，应进行专项资助。对于翻译资助标准的判定、各环节的资助分配，可以通过制定规范的国家政策来使之间常态化。

进入 21 世纪以来，在翻译图书数量节节攀升的同时，中国面向社会的翻译服务产业也逐渐发展起来，接下来，我们拟对中国的翻译产业现状进行分析探讨。

第三节　翻译服务产业社会运行问题分析

改革开放以来，随着中国对外交流的扩大，翻译活动随之增多，已渗透到国民经济的各个领域。随着市场经济和全球化的发展，中国出现了巨大的翻译市场。以社会为依托、面向市场的翻译公司应运而生。20 世纪末，随着社会主义市场经济的建立和发展，翻译服务作为一个独立的产业已经初具雏形，翻译市场初步形成，且已初具产业规模。据中国译协的不完全统计，“目前中国各种翻译服务机构已经超过 3000 余家，到 2007 年

① 苗炎：《学术翻译如何促进中国社科发展——著名学者邓正来先生访谈录》，《中国教育报》2005 年 4 月 7 日第 9 版。

底，中国翻译服务市场的产值已接近300亿元人民币”。[①] 笔者2008年底从成都市工商局调查，成都有注册翻译公司316家，2009年6月从南京工商局调查，南京市注册翻译公司151家。以此类推计算，中国翻译公司的数量目前要远超3000家。

为了对中国目前的翻译公司状况有个较清晰的了解，笔者在2009年6月北京举办的中国翻译职业交流大会、2009年9月武汉召开的中国翻译服务产业论坛和翻译经营管理工作研讨会、2010年10月在南京召开的纪念全国翻译产业创立十周年研讨会上，对参会的翻译公司进行了问卷调查，三次翻译论坛都参加的翻译公司有20家，参加两次翻译论坛的翻译公司有51家。我们在3次翻译研讨会上共发放276份调查问卷，实际回收231份，再去除重复的、自相矛盾、不合逻辑的无效答卷17份，共得到有效问卷214份。我们向参与问卷调查的翻译公司承诺，将对其信息保密。相对于全国几千家翻译公司而言，我们所获取的这214家翻译公司信息，样本较小，也说明当前中国翻译公司活跃度较低。不过，这214家翻译公司分布在全国24个省、自治区或直辖市（见表11），相对而言，基本能代表中国各地域的翻译公司状况（见图9）。

表11　214家翻译公司在各省、自治区或直辖市的数量分布和比例

地区分布	北京	重庆	上海	天津	福建	甘肃	广东	贵州	河北	河南	黑龙江	浙江
数量	66	4	34	5	6	1	22	1	3	1	2	5
地区分布	湖北	湖南	吉林	江苏	江西	辽宁	山东	陕西	四川	新疆	云南	山西
数量	5	3	2	19	2	3	10	5	8	2	4	1

从表11看，翻译公司主要集中在北京、上海、广东等经济发达地区，翻译公司是服务型企业，这些翻译公司的地域分布和数量比例大致反映了各地的经济发展状况、经济活力以及对外经济文化交流的程度。

被调查的翻译公司主要是民营为主，国有以及外资翻译公司数量极少，这说明翻译公司的产生具有很大的自发性，这在一定程度上决定了翻译公司的经营规模不大，竞争力不强。

① 中国翻译协会：《中国翻译年鉴　2007—2008》，外文出版社2009年版，第97页。

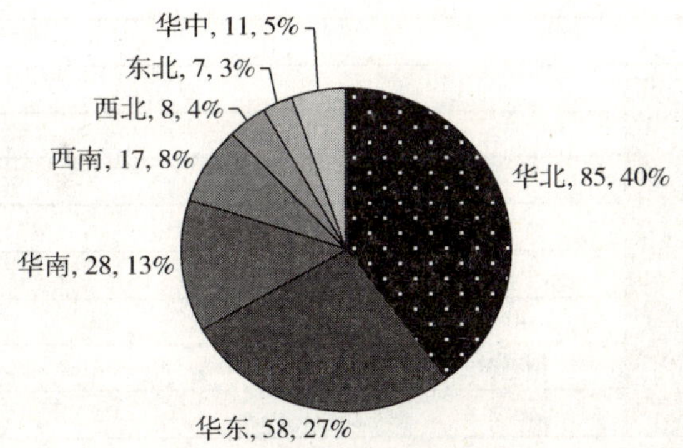

图 9　214 家翻译公司在中国各行政区域的数量和比例

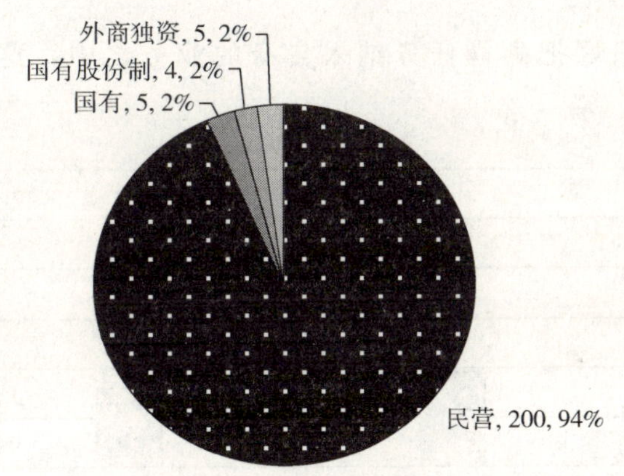

图 10　214 家翻译公司的企业性质

在被调查的翻译公司中，71.5%的翻译公司专职译员在 10 人以下，有 30 名以上专职译员的翻译公司只有 4 家，占翻译公司总量不到 2%的比例。专职译员数量少，决定了翻译公司的竞争力不强，不具备承接大型翻译项目的能力，难以形成规模发展。据报道，“华为一年光是用于专利申请的翻译字数就达 5000 万字。壳牌和中海油在广东惠州 45 亿英镑的合作项目中，仅翻译费的标的就达 9700 万元。目前，中国还没有一个机构能够独立承担下这样的任务”。[①] 由于目前翻译公司普遍规模较小，服务能力不强，不能承担大型的翻译项目，使得许多有翻译业务需求

① 牛凯旋：《加快推进大连翻译文化产业园建设》，《大连日报》2009 年 2 月 11 日第 A07 版。

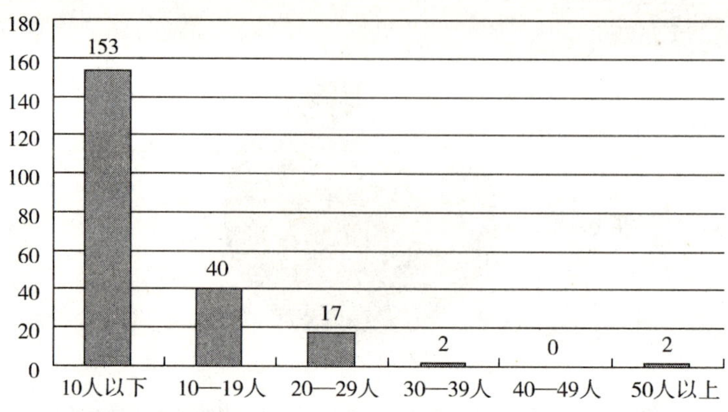

图 11　214 家翻译公司专职译员规模

的公司或机构只好把翻译任务纳入自身的业务之中，这无形中造成了资源浪费。

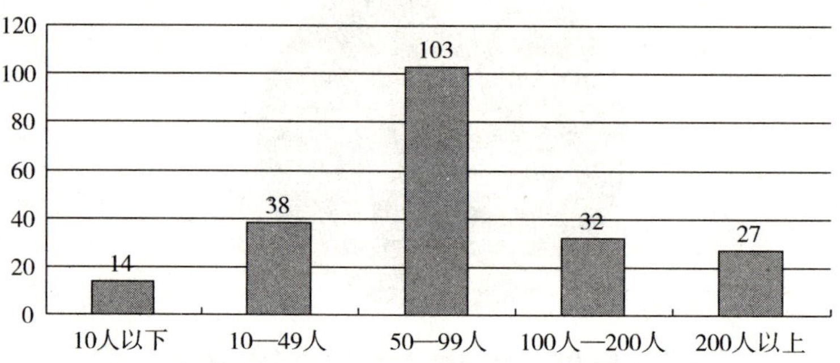

图 12　214 家翻译公司兼职译员规模

与专职译员规模较小相对的是，翻译公司的兼职译员数量较多，75%的翻译公司拥有兼职译员人数在 50 人以上。兼职译员过多一方面会给翻译公司的管理带来不便，另一方面，翻译公司也好像变成了一家翻译中介代理公司，将稿件转包给兼职译员，从中获利，却无法保证翻译稿件的质量。

在接到翻译难度较大的订单时，只有 9%的翻译公司靠内部力量解决，而 91%的翻译公司则通过寻求兼职译员来完成。这一方面说明翻译公司的专职译员翻译能力还有待提高；另一方面也说明，目前中国翻译公司的运营状况、工作环境、薪酬待遇等还不足以吸引兼职译员全身心地加盟。事

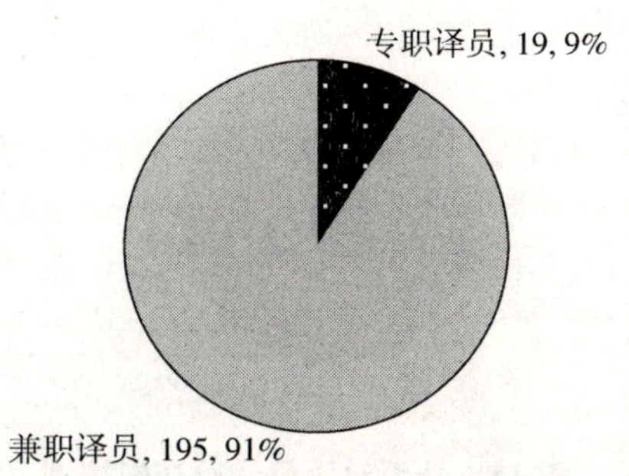

图 13　翻译工作难度较大时的处理方式

实上，许多专职译员在翻译公司工作一段时间，积累了一定的经验后就跳出翻译公司从事兼职翻译的工作。

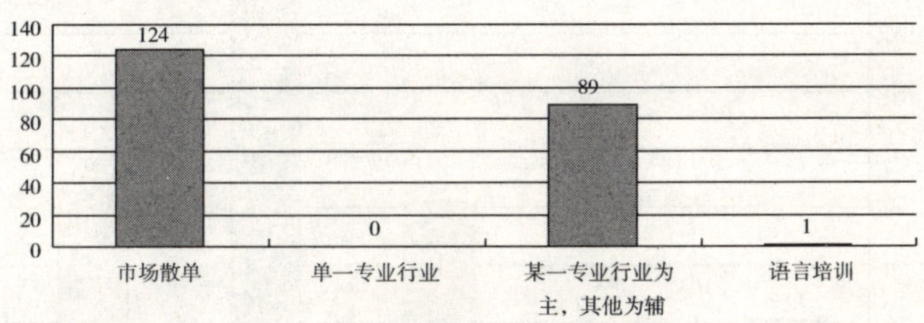

图 14　214 家翻译公司的市场定位

214 家翻译公司中，无一家公司把自己的业务定位在某一单一领域，42％的翻译公司把自身的业务范围定位在某一领域为主，兼顾其他领域，还有 58％的翻译公司没有自己的市场业务定位，以市场散弹、网络接单为主。这说明目前中国翻译公司的专业化程度不高，翻译市场还不成熟。这在一定程度上也说明了目前中国的翻译公司规模普遍较小，因为只有专业化才能支撑企业的规模化发展。在翻译服务产业，翻译不仅仅是语言之间的转换，更重要的是专业知识话语的转换，只有走专业化发展的路子，才能保证翻译质量，翻译公司才能逐步发展壮大起来。

214 家翻译公司中，只有 11 家公司对译员进行在岗培训。翻译工作是知识密集型劳动，对译员方方面面的知识和能力要求较高。由于进入翻译公司时间的不同、译员的翻译经验和翻译能力又是不均衡的，译员之间的

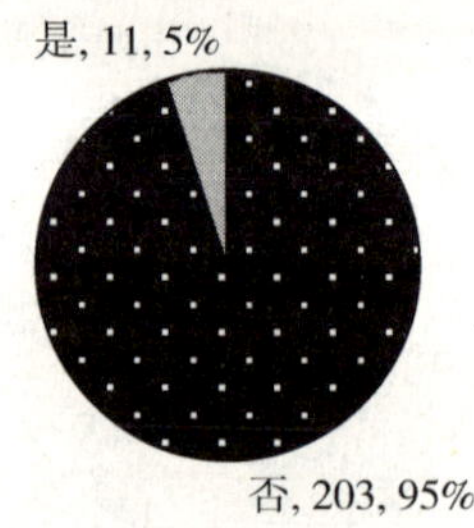

图 15 是否对译员进行在岗培训

个体翻译能力差异肯定是存在的，对译员进行在岗培训是减少这种差异的重要途径。

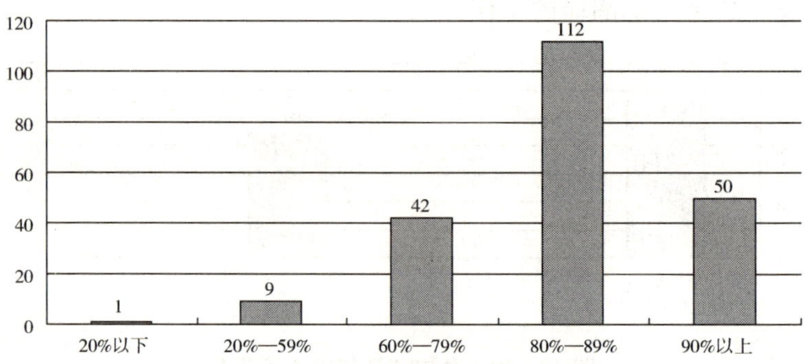

图 16 笔译业务在本公司所占的比重

214 家翻译公司中，笔译业务占公司业务比重 80%以上的有 162 家，占到翻译公司总量的 76%，笔译业务占 60%以上的则有 204 家，占 95%，可见目前翻译公司的主要业务是笔译。被调查的翻译公司中，有一家翻译公司以语言培训为主要业务，9 家翻译公司以翻译软件开发、技术写作或旅游开发等为主，兼做笔译服务。目前，很多翻译公司也把本地化纳入业务范围，不过限于当前中国整个翻译市场的不成熟，真正具备本地化业务能力的翻译公司为数还极少。

表 12 涉及各语种的翻译公司数量

语种	英语	俄语	德语	法语	日语	韩语	意大利语	葡萄牙语	西班牙语	阿拉伯语
公司数	214	214	214	214	214	214	73	65	58	41

续表

语种	马来语	印尼语	荷兰语	捷克语	菲律宾语	泰语	希腊语	蒙古语	瑞典语	波兰语
公司数	29	16	16	15	14	14	14	12	11	10
语种	挪威语	匈牙利语	芬兰语	罗马尼亚语	丹麦语	越南语	塞尔维亚—克罗地亚语	保加利亚语	土耳其语	波斯语
公司数	9	9	9	9	7	7	6	4	4	0
语种	印度语	柬埔寨语	老挝语	缅甸语	僧加罗语	乌尔都语	豪萨语	斯瓦希里语	阿尔巴尼亚语	
公司数	0	0	0	0	0	0	0	0	0	

我们以教育部《普通高等学校本科专业目录》中公布的小语种专业为主，对翻译公司涉及的语种进行调查。为了与实际情况尽可能地吻合，问卷对个别语种有所调整，如，我们把《普通高等学校本科专业目录》中的朝鲜语调整为了韩语，目录中的梵语、巴利语为古语，在印度也已不再使用，我们没有列入。此外，还添加了几个目录中没有，但我们认为有翻译市场的小语种，如，芬兰语、荷兰语等。调查发现，214 家翻译公司都涉及的语种为英语、俄语、德语、法语、日语和韩语，一些东南亚、南亚、西亚国家或地区的语言如印度语、柬埔寨语、老挝语、缅甸语、乌尔都语等则无一家翻译公司涉及，非洲和大洋洲的一些语言也无翻译公司涉及。小语种专业开设数量不足，导致小语种翻译人才稀缺，制约了翻译公司的业务发展。

调查发现，目前翻译公司涉及的业务领域主要集中在信息技术、计算机、网络本地化；石油、化工、天然气能源；建筑工程；电力电子、电气自动化和机械、冶金等行业，涉及率均在 60％以上。这些领域对译者的专业知识要求较高，也决定了高校外语专业、翻译专业的毕业生很难进入翻译公司求职。

我们调查的 214 家翻译公司中，专职译员在 10 人以下的翻译公司占 71.5％。这似乎与翻译公司涉及这么宽泛的领域和语种形成矛盾，这种矛盾只有靠兼职译员来解决。兼职译员的翻译能力和时效性往往就决定了翻译公司的市场竞争力。

被调查的翻译公司中，只有 78 家对公司的翻译工作实行流程管理，另

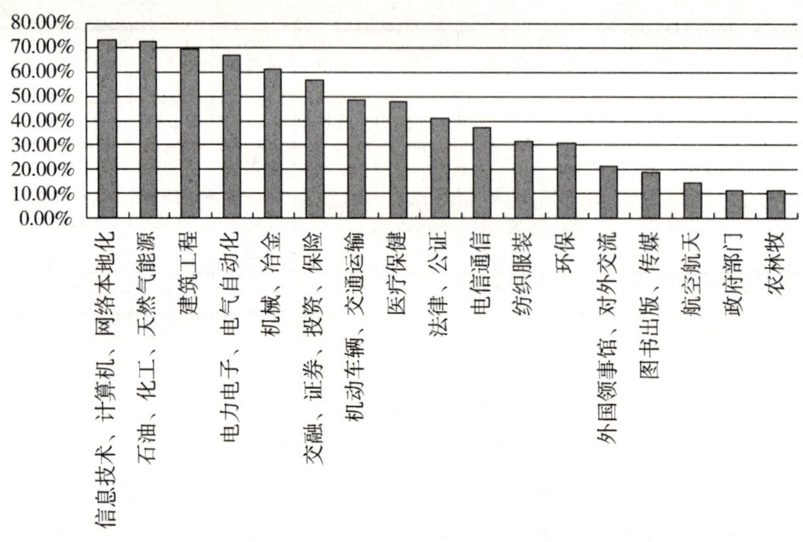

图 17　翻译公司业务涉及率

注：业务涉及率为涉及某一领域的翻译公司数量与翻译公司总数量之比。

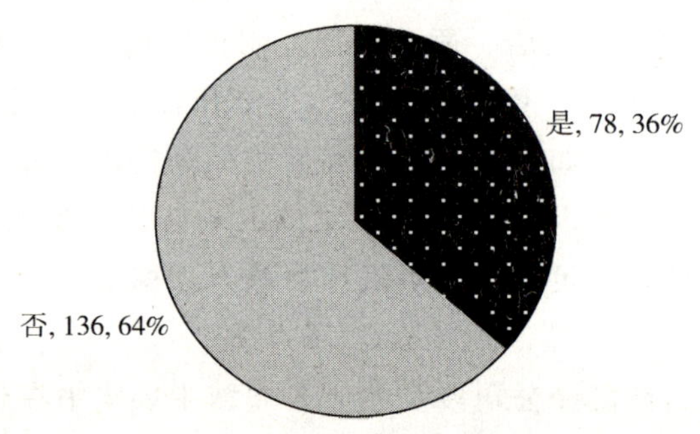

图 18　是否实行流程管理

外 136 家还没有流程管理的概念，这表明翻译公司的内部运作还很不规范。大部分翻译公司只是通过简单雇佣专职或者兼职译员完成客户稿件的翻译，质量上寄希望于“可靠”、“可信”的翻译来确保，而自身做不到任何专业化的审核和监控。即便标榜有流程管理的翻译公司，对流程的理解也深浅不一，目前还没有行业性的、统一的流程管理规范。

只有 11%的被调查公司表示有售后服务措施，说明目前翻译公司的服务意识不强，很难培养客户的忠诚度。翻译任务完成后，翻译公司应派专

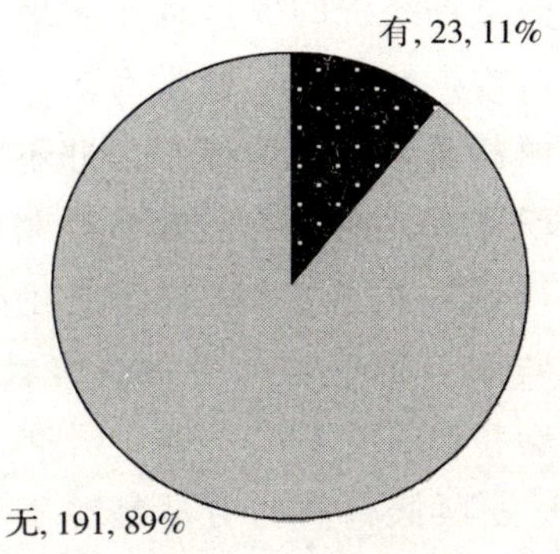

图 19 有无售后服务措施

人进行跟踪提供修改服务，对于给客户造成经济损失的翻译稿件，翻译公司应该主动提出赔偿，这种做法看似对翻译公司不利，但却培养了客户的忠诚度。

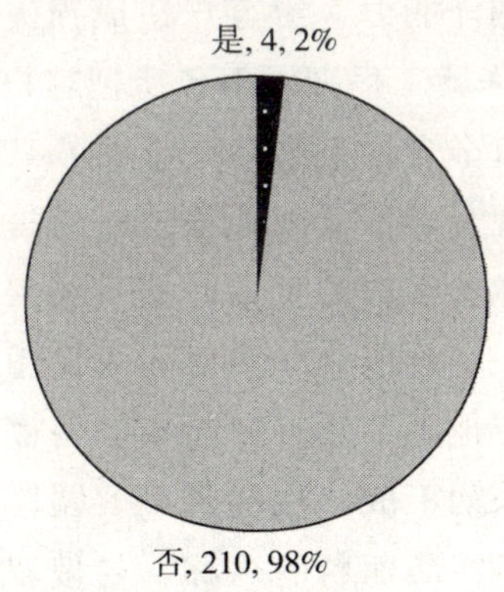

图 20 翻译过程中是否和客户沟通

被调查的翻译公司中，只有 2%的翻译公司在翻译过程中与客户保持沟通，绝大多数翻译公司都是拿到翻译稿件就自顾自地翻译起来，这样翻译出来的译稿如果达不到客户的要求，轻则得不到客户的信任，重则引起客户索赔。如果做到在翻译过程中积极与客户沟通，了解客户的翻译要求、客户对术语翻译的规定、与客户相关的或客户熟悉的专业词汇的翻译等等，既会增进翻译公司与客户的友好关系，又会赢得客户的信任，增加进一步合作的可能性。

翻译公司是随着我国市场经济的发展逐步发展起来的。目前还没有针对翻译公司的权威监管机构，翻译公司既没有统一的价格标准，也没有行业标准。一些小翻译公司甚至为了节约成本，并不聘用专职翻译，只是在客户上门时再临时找兼职译者。而且为了蝇头小利，恶意低价竞争，甚至找一些高校的学生来翻译。"'每千字30块钱也有人干。'一位谙熟此道的在校外语专业研究生这样说，她经常从各种翻译社'揽活儿'分给同学，尽管这样的低价她是不会接受的，但有人会。'谁让翻译是一项低智商劳动呢?'"[①] 把翻译看作是一项低智商的劳动是源于"会外语就会翻译"这种惯性思维。如果外语水平很高，可以带动译者翻译能力的提升，但中国的外语教学现状是把外语当作一种考试工具来教，不能有效提高学生的外语水平，更妄谈翻译能力了。何况在应用翻译领域，专业知识对于翻译而言是不可或缺的，否则，只能做到两种文字的表面对应，而达不到翻译质量要求。

因翻译公司不具备翻译能力，给客户造成损失，损坏客户利益的事件时有发生。2009年新疆华英工程翻译事务所把客户提交的矿产开发报告中的白银含量竟然翻译成黄金含量，给客户造成了12万元的损失，结果被告上法庭。市场上的非正规翻译不仅因为报价过低搅乱翻译服务市场，而且因为翻译水平差而频频搅黄客户的生意。据《绍兴日报》报道，当地印度客商阿纳德·拉奥想做一笔价值300多万元人民币的采购业务。他先后请了两名翻译。两名翻译带他走了几家衬衫布销售商，却连产品要求的细节也没能翻译清楚，最终采购不成。在越州工贸园区做衬衫布生意的陈先生因为不合格的翻译译错了产品面料的名称，与俄罗斯客商错失200万元的生意[②]。2004年，德国SGW公司在华开展业务过程中，因工作需要与北京一家翻译公司签订了翻译服务协议。但他们怎么也没有想到该翻译公司提供的翻译人员未能胜任现场的翻译工作，严重影响了整个谈判活动的进程和质量。当德方要求翻译公司赔偿损失时，双方产生了纠纷[③]。

还有的翻译公司，为了在市场上分得一杯羹，对外压低报价，恶意竞争；对内则不惜采取欺骗的手段，拖欠译员翻译费或工资。"2000年10

① 邢宇皓：《翻译市场亟待规范》，《光明日报》2003年7月9日第7版。

② 骆尚木、胡思源：《不正规翻译搅乱翻译市场》，《绍兴日报》2006年7月21日第2版。

③ 马国香、胡映瑞：《翻译市场"李鬼"出没》，《消费日报》2004年8月12日第T00版。

月，刚进校门不久的他通过校内海报在一家名为'蓝天星'的翻译公司谋到了一份英文翻译的工作。2001 年 3 月小王完成了总稿酬约 3400 元的翻译量并到公司交稿时，翻译公司却只付给了其 500 元稿酬。自此，小王踏上了他那漫漫讨债路，隔三岔五就向公司打去一个电话索要欠债，但是直至今日也没能要到余下的工资。"[①] 与此类似，据《新京报》报道，20 多位兼职人员在金色未来（北京）人力资源有限公司交了 500 元押金后，拿到了翻译任务或文字录入任务，等完成工作提交给该公司后去领报酬时，该公司却人去楼空[②]。

不仅小型翻译公司的经营管理不符合市场规范，就是有些大型翻译公司在市场化过程中也会由于管理不善等原因在市场上碰壁。靠开发翻译软件《东方快车》起家的交大铭泰（北京）软件公司从上海交通大学引资 1000 万元，于 2002 年 10 月雄心勃勃地启动了国内首家连锁翻译组织"东方翻译工厂"，由一家软件公司转化为主要提供翻译服务的企业。2004 年 1 月，交大铭泰又成功在香港上市，融资 3100 万港元，以雄厚的经济实力成为中国第一支"翻译概念股"。东方翻译工厂以互联网为平台，在全国招聘了上千名译员，并与各地的小型翻译公司联盟合作，由交大铭泰负责联系客户，争取到订单后再分发给译员或小翻译公司，译稿完成后提交交大铭泰，由交大铭泰面对客户。东方翻译工厂建立后，的确业务上有竞争优势，据《计算机世界》2004 年报道，交大铭泰"和 HP 公司签订了总量达 600 万字的翻译服务合同，同时和联合国技术信息促进系统中国分部、世界银行组织等达成合作协议"。[③] 但就是这样一家以翻译为主业的大型企业，到 2004 年底公布的全年财务报告显示经营亏损 2535 万元，不得不停牌。该公司到 2005 年时竟然开始拖欠译员的翻译费，年底时累计欠上百名译员近百万元。这些译员被欠的翻译费一直拖到交大铭泰倒闭都未能要回。译协作为行业组织，始终未出面为了译员的利益同交大铭泰交涉。

东方翻译工厂成立之初，我们能够看到媒体的大肆报道，不过从这些正面报道中我们也会发现该公司管理层对翻译性质和特点的无知。2002 年《科学时报》曾报道，交大铭泰翻译事业部副总经理高晋愚向外界透露，

① 邱伟、光炜：《假期打工工资被拖欠　大学生也成"讨债族"》，《北京晚报》2003 年 2 月 13 日第 18 版。

② 姚瑶：《应聘兼职翻译东家携款失踪》，《新京报》2010 年 6 月 29 日第 A14 版。

③ 凌风儿：《翻译服务蛋糕如何切?》，《计算机世界》2004 年 5 月 10 日第 E21 版。

有个客户有关于美国税法的教材，28 万字，要求一周时间翻译完成，找了许多家翻译公司都不敢接，最后东方翻译工厂动用 7 位兼职译员和一位武汉大学金融学博士生做整体把关工作，结果 5 天就完成了翻译任务[①]。联合国译员每天的翻译工作量为 1850 个英文单词。按照惯例，翻译公司译员每天的翻译工作量最多不超过 3000 字，如果超过了质量肯定得不到保证。我们可以计算，上述 7 位译员每天的翻译工作量竟达 8000 字，而那位把关的博士平均每天竟然要审校 56000 字！如果这部美国税法教材真的出版了的话，不知会贻害多少学子！

东方翻译公司刚起步时，媒体予以广泛关注，到该公司业务下滑时我们却看不到媒体的声音了。不过，通过一些著名的翻译论坛，我们还是可以大致了解交大铭泰失利的原因。交大铭泰东方翻译工厂的内部翻译流程极不规范，旗下的译员数量虽多，但具备相应翻译能力者寡。一位曾在东方翻译工厂做过翻译工作的译员这样说："很多时候我们翻译的稿件，根本没有什么高级审校，就是在骗客户。公司的销售很厉害，经常能拉来很多单子，但是就公司实力来说，根本无法应对这类专业稿件，我们只好硬着头皮干。实在干不了给兼职翻译，而校对，根本谈不上。"[②] 达不到客户质量要求的译稿必然会招致客户的投诉甚至索赔。一位英语专业刚刚毕业的大学生，竟然被东方翻译工厂直接录用到审校岗位上。这位在东方翻译工厂坚持工作了 8 个月的审校这样回顾自己在那里的工作："因为刚毕业，几乎什么都不懂，工作好几天了才明白和我一样审稿子的人公司只有两个，公司当时倒是没有什么特大的单子，所以我们加班人手还凑合够用。但稿件领域却是五花八门，不管是能源、财经、管理、建材、通信设备、IT 还是人文，统统都塞给刚毕业不久的我，结果可想而知。""可当时的我隐约感到这种运作方式有问题，但并不知道问题在哪，只是切身觉得痛苦，记得那时审过一个关于手机峰值的技术稿件（抱歉，我至今不知道那稿件说的是什么），上万字的稿子就一天左右的时间来审，从头到尾我就不明白说的是什么，要知道我大学学的是文学英语，且那时我手机都没有啊！"[③] 公司译员翻译能力低下、管理层不了解翻译的特点和性质、公司管

① 赵静：《翻译产业闹革命》，《科学时报》2002 年 10 月 22 日第 4 版。

② http：//www.goutongfanyi.com/news/shiba.html（访问日期 2011 年 4 月 10 日）。

③ http：//bbs.translators.com.cn/mtsbbs/viewthread? thread=14682（访问日期 2011 年 4 月 10 日）。

理混乱、流程管理形同虚设。结果，中国第一家香港上市的翻译公司惨淡经营了 3 年就倒闭了。

翻译产业作为中国的一个新兴产业，市场空间巨大。但由于行业发展的不成熟，从业状态较混乱。翻译公司虽然数量众多，但普遍规模很小，专职译员比例较低，兼职译员不好管理，翻译公司专业化程度低，只要有翻译业务，不管有没有能够胜任的翻译力量都敢接单，同时，译员的翻译水平参差不齐，整体翻译能力还不高，各种翻译质量问题频出，甚至给客户造成极大的经济损失。这一切都极大地损坏了翻译服务企业的整体形象和信誉，使得很多有翻译业务需求的部门不敢把翻译外包出去，进一步制约了翻译产业的快速发展。目前中国翻译产业的状况距离理想的或规范的产业发展状况还有很大的距离，下面我们以图表的形式比较两种状况之间的差距，并简要分析造成这种差距的原因。

表 13　　翻译产业现状与理想状况之间差距及原因

翻译产业要素	理想的状况	现状	原因简析
翻译服务提供者	合格的专职译员； 服务能力强的翻译公司	参差不齐的兼职译员为主； 不太合格的专职译员为辅； 高校学生兼职； 多数翻译公司服务能力不强； 某些翻译公司就是一个中介机构	市场准入门槛低； 监管缺失； 翻译公司服务意识不强； 翻译公司专业化程度极低
服务	专业	绝大多数不专业； 客户基本能看懂翻译产品； 客户看不懂翻译产品； 极少数专业	译员翻译能力弱； 无流程管理，无质量保证措施； 翻译公司没资金能力聘请合格译员
专业化程度	高	不高	利益驱动
价格	与合格译员的付出相匹配； 盈利能够支撑翻译公司良性运转	与合格译员的付出不匹配； 不能维持翻译公司良性运转	无行业指导标准； 同行间恶意低价竞争； 客户不了解翻译行业
客户	重视质量，接受合理价格； 理性采购	既要质量高，又要价格低； 不要高质量，只要低价格	客户一次性采购； 客户不了解翻译行业，对翻译的认可度不高； 翻译公司同行低价竞争
市场监管	有监管机构，监管程序健全、到位； 有产品责任追究机制	缺失	译协务虚、定位不准； 国家标准不具有强制力； 无相应制裁措施

续表

翻译产业要素	理想的状况	现状	原因简析
竞争模式	公平竞争、有序竞争	恶意低价竞争、混乱无序	行业不规范
与上游的关系	支持充分，梯度合理，相互依存	教育机构培养的翻译人才不能达到行业要求； 高校学生参与翻译活动、翻译软件提供商从事翻译活动，上游抢下游的业务	翻译人才培养机制不合理；利益驱动
与下游的关系	稳定、固定的客户源	客户来源不稳定、不固定，一次性采购居多	翻译公司服务意识不强

质量是翻译公司赖以生存的根基，质量来源于合格的、具备翻译能力和专业知识的译员以及翻译公司的质量控制措施。因此，只有培养合格的翻译人才、培育专业化的翻译公司，才是迅速提高翻译质量的根本。国际译联主席贝蒂·科恩女士在中国译协第五届全国理事会会议开幕式上的致辞中提到："翻译必须专业化，这样才能确保翻译的质量。"① 翻译公司进入翻译服务市场的门槛过低，导致翻译产业充分市场化但却不能形成规模化，散、滥、小、差现象普遍。应该提高翻译市场准入门槛，建立健全翻译产业市场准入和退出机制。提高准入条件，严格市场主体资质审查，把好资质、译员等准入关。建立、执行严格的翻译产业市场退出机制，对达不到翻译服务资质的翻译公司要坚决取缔或令其退市。译协等有关部门应当制定指导性的价格体系以及市场准入制度，维护市场交易秩序，加大宣传力度，提高社会对翻译工作的认知度。翻译公司必须加强服务意识和奉献精神，翻译公司为社会做出了贡献，社会自然会反哺翻译产业，从而形成良性循环。翻译产业的发展应该重在推动翻译与经济相结合，充分发掘利用翻译资源，生产、创造丰富的翻译产品，提高产业效益和中国的文化竞争力，提升中国在国际文化产业竞争格局中的地位，进而提高国家的综合竞争力。

通过以上分析，我们发现中国当代翻译活动主要存在如下较突出的问题：由于对译者的激励不充分，不能吸引优秀的译者参与到翻译活动中来，导致从业译者翻译能力不强，表现在文学翻译的文学性欠佳，非文学

① 中国翻译协会：《中国翻译年鉴　2005—2006》，外文出版社 2007 年版，第 842 页。

翻译不专业，翻译公司译员翻译错误，给客户造成经济损失；译者译德失范。出版社受经济利益驱动，对翻译活动的组织和控制落实不到位，导致重复翻译出版过滥；出版社编辑外语语言能力欠佳，不能胜任“把关人”的角色；选题没有科学的计划，一味围绕市场转，忽视了翻译出版的精神生产特质。翻译公司无序竞争，监管缺失；翻译公司对译员只管使用，而在岗培训缺失。这些问题的出现，不是孤立的，而是翻译活动的各要素运行无序、运行不顺畅造成的结果。为了保障翻译活动的各要素运行有序、顺畅，必须有一系列和谐的机制来维系。针对上述诸多问题，接下来我们拟分两章从学理的角度对翻译活动的社会运行机制加以分析研究，思考解决问题的途径。

第五章　翻译活动社会运行机制优化策略

在上一章，我们结合具体的表征分析了改革开放30多年来，中国各项翻译活动在取得突出成就的同时存在的诸多突出问题。这些问题的发生不是孤立的，而是翻译活动的内、外部要素运行无序、社会运行机制不合理造成的，需要去面对和解决。

任何翻译，既是一种行为也是一种产品，必然嵌入在各种社会机制之中。“机制是在系统内部各构成要素相互联系、相互作用基础上产生的促进、维持、制约系统运行的内在工作方式。”[①] 翻译虽然由译者完成，但翻译活动涉及不同的社会机制，它们在很大程度上决定了翻译的选题、生产、发行以及翻译质量。“翻译活动是受社会制约的行为”[②]，翻译活动涉及各种不同的要素和各种运行机制，这些要素的相互作用、相互制约决定了翻译的社会功能和社会价值的体现。“机制具有引导、规范、约束、调节的功能。”[③] 翻译活动的各要素要能和谐地组合在一起并运行有序、顺畅，必须有一套和谐的机制来维系。在本章，我们拟通过调整、设计、选择、优化翻译活动的社会运行机制，以促进翻译活动健康运行，从而达到最佳发展效能，实现更好地“引进来”和“走出去”，更好地表达中国的文化自信。

第一节　翻译活动社会运行整体规划

翻译活动的社会运行涉及方方面面的环节和要素，为了实现翻译活动更

---

① 王晓林：《社会发展机制优化论》，中央民族大学出版社2007年版，第18页。

② Hermans, Theo. Translation as Institution. M. Snell - Hornby, Z. Jettmarová and K. Kaindl (eds). *Translation as Intercultural communication*. Selected Papers from the EST Congress Prague 1995. Amsterdam and Philadelphia: John Benjamins. 1997: 10.

③ 费凡：《建立健全构建和谐社会的运行机制体系》，《中央社会主义学院学报》2005年第6期。

好地为社会发展服务的目标，对翻译活动的社会运行进行整体规划应当成为发展和创新中国未来文化发展的一个重要组成部分。在本节，我们以文学翻译活动、学术翻译活动为主，兼顾翻译服务产业，从服务于社会发展的角度，思考如何整体规划翻译活动的社会运行，促进翻译活动的良性发展。

翻译组织以工业生产的方式生产文化产品、提供文化服务，并且在提供文化产品和文化服务的同时，传播着文化精神。翻译活动既有经济上的重要性，也有文化上的重要性。在当前形式下，翻译组织往往为了适应市场环境，在经济利益的驱使下，受生产组织运作方式方法的影响，为实现利润最大化和盈利目标，只考虑翻译活动的经济效益，而忽视翻译活动的社会效益，即翻译活动的文化性、精神性的一面，导致翻译产品、翻译服务不能很好地满足社会的需要。在市场经济条件下，理想的状态应该是整个社会的资源都得到合理的配置和有效地利用，社会中的各种翻译活动都在市场机制的配置之下进行合理高效的运作。

但市场经济并非在任何领域、任何状态下都能够充分展开。在某些领域，即使市场机制能够充分发挥，也无法达到符合社会要求的资源配置。换言之，在市场经济条件下，会发生市场失灵的状况。中国市场经济发育时间较短，市场发育不成熟，市场机制不够完善，市场失灵状况相对较普遍，出版社和翻译公司对经济利益的追求造成翻译活动的不合理运行。尤其是翻译出版物，由于其不同的品位，加上消费者不同的消费观念和文化素养的差异，会产生不同的消费取向。在市场经济条件下，一些出版社由于受市场规律的影响，其经营策略只考虑翻译出版物的经济效益，而忽视翻译出版物的社会效益。“少数出版社在经济利益的驱使下，把严肃的翻译工作演变成了剪刀加糨糊的作坊行为。”[①] 市场失灵严重影响着中国翻译活动的资源配置和合理利用。因此，翻译活动的生产和经营要素不能完全交由市场来决定，政府应从国家文化繁荣的角度，将翻译产品当作特殊商品对待，进行整体规划，纠正过度市场化带来的翻译图书出版的严重趋利倾向。翻译垃圾产生的危害不亚于伪劣生活产品，由于这些产品的精神属性和国际交际属性，其危害更大，国家在这方面应该重视起来，整体谋划。

就文学翻译活动而言，目前出版社的选题良莠不齐，看似各种译丛名目繁多，在制定选题计划时往往缺乏科学的论证和专家的评判。进入 21 世

① 李强：《合力捍卫译著质量》，《中国新闻出版报》2004 年 9 月 2 日第 29 版。

纪以来，中国出版界对外国文学出版物的引进一味从经济利益出发，文学翻译出版物的选题往往以外国获奖或《纽约时报》排行榜为风向标，获得国外大奖的图书或登上《纽约时报》排行榜的畅销书会成为国内各出版社竞相引进的对象。从文学出版物引进的题材而言，各出版社从翻译图书的销量出发，往往只重视外国小说的引进出版，而对于诗歌和戏剧则普遍较忽视。据我们从2007年和1988年《全国总书目》统计，2007年中国出版界引进的2025种文学出版物来自30个国家或地区，其中仅从美、英两国就引进了1046种，占引进总数的51.7%。而在1988年，中国从外国引进的文学翻译出版物总数虽然只有806种，来源国却多达46个。翻译选题计划制定得不合理，文学体裁过于单一、来源国过窄，这不利于文化多样性的发展。联合国教科文组织在2001年第三十一届会议上通过的《世界文化多样性宣言》第1条中指出："文化在不同的时代和不同的地方具有各种不同的表现形式。这种多样性的具体表现是构成人类的各群体和各社会的特性所具有的独特性和多样化。文化多样性是交流、革新和创作的源泉，对人类来讲就像生物多样性对维持生物平衡那样必不可少。从此意义而言，文化多样性是人类的共同遗产，应当从当代人和子孙后代的利益考虑予以承认和肯定。"① 每个民族的独特文化都有其存在的价值，都是人类的共同财富，是人类文明的主要组成部分。因此，外国文学读物的引进范围不能过窄。进入21世纪以来，中国出版界从东欧、拉美、非洲等国家和地区引进的文学读物数量不增反减，而且来源国数量也在减少。面对这种情况，中国社会科学院外国文学研究所东欧文学研究室的林洪亮研究员曾痛心地谈道："我觉得文化建设很重要，改革开放也不能只对大国开放，各国都有其特有的文学传统和创作成就，何况东欧文学还很丰富，在世界上有不少影响。"② 全球经济一体化不等于文化一体化，人类社会是一个由多种文化组成的丰富的文化系统，不同文化的和平共存使这个文化系统持续发展。翻译活动的条件不能完全取决于经济因素。过度市场化的翻译活动最终可能与目标背道而驰。在经济全球化程度日益加深，美、英等国流行文化日益向世界各个角落输出的国际大环境下，中国相对较弱的文化事业，面临着被西方同化的危险，因此要把保护和发展中国的文化安全提到重要

① http://www.un.org/chinese/hr/issue/docs/62.PDF（访问日期2011年3月10日）。

② 《为文学翻译敲响警钟》，《文学报》2000年12月7日第6版。

的地位。联合国教科文组织通过的《世界文化多样性宣言》第 11 条指出："单靠市场的作用是做不到保护和促进文化多样性这一可持续发展之保证的。为此，必须重申政府在私营部门和民间社会的合作下推行有关政策所具有的首要作用。"[①] 政府应积极培育广大人民群众对外来文化的吸收、鉴别能力，大力发展中国的文化产业，以本土化校正全球化，大力开拓从世界各国而不是西方经济强国引进的渠道，以文化多元性缓和一体化，在交流和对话中走自身发展之路。对东欧、拉美、非洲等国家和地区的小语种文学读物，政府部门应该予以保护和资助翻译出版。法国是一个注重文化多元化的国家，在法国，20 世纪 80 年代末就建立起了固定的资助制度，资助把弱小国家的文学译为法语。这一制度值得我们借鉴。"从语种来说，以过去五年（2006—2010 年）情况看，汉语、日语、意大利语、德语和英语呈下降趋势，而波兰语、斯堪的纳维亚语、朝鲜语、阿拉伯语和俄语呈增加趋势。这说明，法国近年来翻译出版的外国小说呈多语种化。"[②] 英国的英语语料库建设，更是显示了英国是如何考虑各国文本的英语翻译对于英语语言文化和其他语言文化的影响。

文学翻译活动作为一种事业，除了需要政府的大力扶持外，更需建立文学翻译基金会等专门组织，以借助社会和民间的力量，对有成就的文学翻译者以嘉奖、激励，对时下不景气的文学翻译以扶持和呵护。维护民族文化身份、树立主流价值观念、发展壮大文化产业、培育民族文化创造力，都离不开对世界范围内人类优秀文明成果的吸收和借鉴。多元文化的互动性、互补性和多元化才是文学翻译活动的核心。只有这样，文学阅读的趣味、社会文化的发展才会更加多元化，整个接受语境才能变得更加宽阔和深广，翻译文学也才能获得更大的发展空间。

自 20 世纪 90 年代以来，一方面消费文化的盛行侵蚀着翻译文学，但另一方面翻译文学生产和消费机制本身也存在较严重的不足。回顾"五四"运动以后中国翻译文学的繁荣景象，现今我们不得不正视的现实就是文学接受语境中某种文学共同体作用的缺失。

以文学团体、各种社团、文学协会为主的文学共同体承担着转化文化资本的功能，开展各种文化活动，提供文化产品和服务以传承文化和教育

---

① http：//www. un. org/chinese/hr/issue/docs/62. PDF（访问日期 2011 年 3 月 10 日）。

② 张林初：《法国翻译图书出版形势喜人》，《出版参考》2011 年第 25 期。

的功能。中国“五四”运动以后掀起的文学翻译高潮，一方面是由于当时巨大的社会变革需要甚至呼唤着外国文学的引进；另一方面是由于翻译文学的生产与消费有文学共同体的支持。《新青年》杂志与文学研究会、创造社、未名社共同筑起了文学翻译的营地。每个社团都有自己鲜明的译介外国文学的目的和理论主张。《新青年》旨在“引入新思想和新文学，作为中国文学的楷模”。文学研究会的机关刊物为《小说月报》，旨在“介绍世界文学，突出欧洲现实主义文学尤其是俄罗斯文学的译介”。创造社“开创了浪漫主义文学译介的道路”。未名社则重在“‘批评社会’、‘批评文明’和倾向俄苏文学的宗旨和翻译思想”。[①] 除了《新青年》和《小说月报》之外，还有《文学旬刊》、《文学周报》、《文学研究会丛书》、《创造》季刊、《创造周报》、《创造日》等杂志、期刊、读物。这些文学共同体直面读者大众，十分注重公共空间，以启迪思想为己任，对译介外国文学起到了很好的宣传推介作用。五四运动之后的这些文学共同体将译者、作家、读者、出版社连接成一个有机的链条，传播了先进思想、培养了大批优秀译者、提升了读者大众的文学兴趣、开拓了作家的文学视野。这一有机链条有效地促进了文学翻译的生产和消费的良性发展。

反观现在的文学翻译活动，与之相关的文学共同体严重缺位。随着20世纪90年代中期开始的高度学科分化，学科之间的隔阂越来越大。不同的学术共同体之间缺乏共同话语和公共交流空间。人们不再热衷于文学社团的建设，大批知识分子告别了公共生活空间，回归学院。现在的文学研究期刊也由于学科的专业化，拥有了专业的学术话语和学术行规，学科的行话变成了行外人难以理解的“黑话”。这些学术期刊因为学术话语的隔阂和学术规范的制约不能进入大众阅读空间，完全疏离了文学翻译出版活动和读者大众。由于缺乏文学共同体的有效支持，外国文学翻译出版活动只好交给出版社这一家实体。而出版社在市场经济条件下为了自身的发展，唯经济利益为诉求，以诺贝尔文学奖等外国文学奖项以及外国畅销书作为引进的风向标，也就不足为奇了。

以文学期刊、报纸、文学社团、专家学者、作家为主的文学共同体，有责任引领翻译文学在中国的传播，应当通过讲座、报告、宣讲、文学沙龙以及报纸杂志的通俗性评介，来引导读者大众从外国文学的虚拟光环回

---

① 谢天振、查明建：《中国现代翻译文学史》，上海外语教育出版社2004年版，第70—78页。

归到文学本身，而不是跟随外国文学奖项或畅销书的出炉而蜂拥而上。翻译文学的阅读环境和氛围，需要文学共同体参与、投入和引领，如果读者大众得不到足够的养分和引领，他们自然会把兴趣投入到更简单的文化消费当中，翻译文学的生产就会更加被动。引导读者大众回归到文学本身，让文学的影响实实在在地进入到读者的心灵，就不能以文学奖项或畅销书为风向标。大众阅读习惯完全可以被更充分地引导到文学本身的价值上来，外国文学作品的引进不仅仅只有外国文学奖或畅销书一条路径，更不应过多依赖于外国经济因素的刺激。文学共同体应协同起来介绍外国文学。真正有价值的作品，就应该大力宣传推介。文学阅读的兴趣，社会文化的发展，都应该朝着更加多元化的方向发展，只有这样，整个接受空间才能变得更加宽阔和深广。

当前接受空间的狭窄阻碍了读者大众对外国文本的接受。中国出版科学研究所于 1999 年、2001 年、2003 年和 2005 年分四次调查了中国居民的读书率，结果呈逐年下降趋势（见图 21），而且居民花在读书上的时间也在不断减少："阅读状况不容乐观的另一表现是，还在读书的人群中，读书的时间却在不断减少。2005 年，在读书者的被调查者总体中，25% 的人读书时间比原来减少，只有 18.2% 的人最近半年里读书时间增加了。与前三次调查结果相比，个人读书时间增加的比例显著降低，个人读书时间减少的比例却有所上升。"① 尽管调查是针对居民的整体读书情况，但其中是涵盖外国文学阅读的。居民的读书率持续走低，说明文学消费的衰退。与居民读书率持续下降相对的是，同期中国出版界对外国文学作品的引进则呈上升趋势（见图 22）。我们面临的紧迫问题是，要通过各种文学共同体、非营利性组织、书评人等积极引导读者大众对外国文学的持续关注和兴趣，进而及时消化吸收它们。因为，文化消费不仅是文化生产的目的和动力，而且还具有能动性和生产性，能够提高读者大众的精神素质，提高和激发创造力。

同时，为扩大外国文学作品的接受空间，还应积极培育翻译产品提供商，充分利用数字技术，互联网技术，改造传统翻译生产的模式、传播方式，与数字出版相衔接、相适应。数字化是传统出版产业走向现代化的直接切入点。逐步由以纸质翻译出版物为主向多种介质的翻译出版物共存转变，重点发展基于互联网、移动通信网、数字电视网的数字翻译出版业

① 张志强：《2006 年中国出版的八大热点解读》，《编辑之友》2007 年第 1 期。

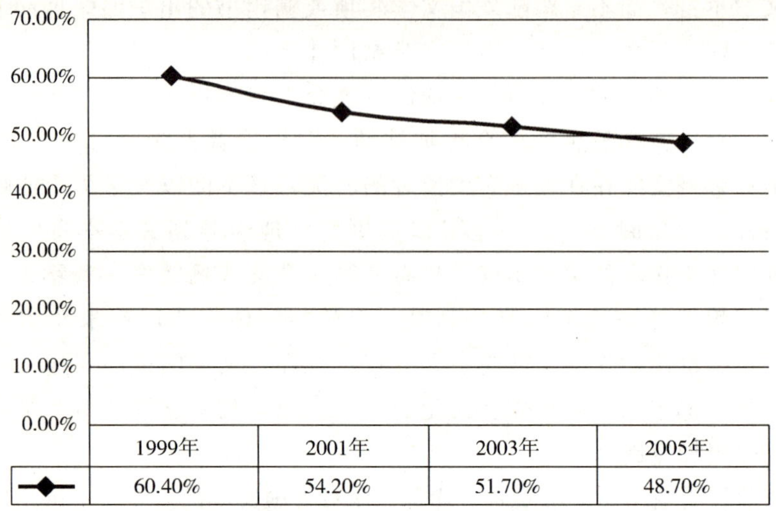

	1999年	2001年	2003年	2005年
◆	60.40%	54.20%	51.70%	48.70%

图 21　1999—2005 年全国居民阅读率变化趋势

资料来源：张志强：《2006 年中国出版的八大热点解读》，《编辑之友》2007 年第 11 期。

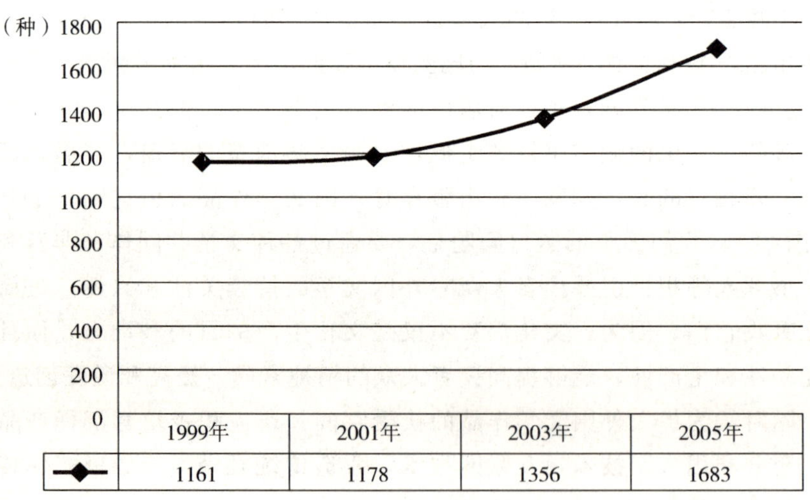

	1999年	2001年	2003年	2005年
◆	1161	1178	1356	1683

图 22　1999—2005 年中国翻译出版的外国文学作品数量变化趋势

资料来源：据 1999 年、2001 年、2003 年、2005 年《全国总书目》梳理筛选而来。

务，通过先进的技术手段来增加读者的阅读空间。

与文学翻译活动相比，学术翻译活动具有相对自主性。从学术翻译流动的角度看，学术翻译活动是基于语言和学术资本分布的不均衡。学术交流的目的在于寻求同行的认可而不是追求商业成功。中国的学术翻译还有点特殊性，那就是，中国学术界是在没有自己学术传统的情形下开展学术翻译活动的。客观而言，改革开放以后中国建立起来的新兴人文社会科学各学科，都带有翻译的性质。在此，我们有必要简要回顾一下中国对西方学术著作的引进历程及西方学术著作在中国学术研究中所起的作用，在此基础上反观当前学术翻译选题的问题并从学理上提出建设性的解决办法。

20 世纪 80 年代的译介活动对人的影响主要是在思想层面而基本没有进入学术层面，这同当时的时代背景以及教育状况直接相关。改革开放前大学正规教育的中断，使得青年学者缺乏专业化的学术训练和基本研究经验。90 年代以降，随着中国大学教育逐步走上正轨，翻译活动出现了由思想输入到知识输入的转变。译者译介的数百部西方近现代典籍，推动了西方现代思潮在中国的传播。人们不仅接触到了康德、新康德主义，黑格尔、新黑格尔主义，也接触到现象学、解释学、弗洛伊德主义、存在主义、西方马克思主义、逻辑分析哲学，以及现当代政治学、法学、教育学、历史学等，拓宽了国人的学术视野，为了解和研究西方文化提供了较系统和完整的基本资料，而且成为中国学术发展的必不可少的一部分。

20 世纪 90 年代的社会转型已经从思想观念的层次进入了实践层次，并以经济领域为核心蔓延到全社会的各个层面。以经济建设为中心在 90 年代不再只是一种意识形态的话语，而是落实为实实在在的实践行为，与社会经济建设、社会文化建设关系直接相关的知识，在经济发展与社会变革中，就不只是口号上的第一生产力，而且成为实际的第一生产力。应用型、研究型的知识受到人们的重视，与解决现实社会问题、理论问题以及与生活密切相关的理论知识受到人民的重视。在中国各方面先进知识相对落后的情况下，“在短短几年内走过人家几百年走过的思想道路”[①]，通过翻译引进国外知识不啻一种走捷径的选择。20 世纪 90 年代对西方学术的译介与前十年相比选题更加系统化，是分学科、分门派的，并且更侧重当

① 孙向晨：《从社会的热潮到深层的问题》，苏力、陈春声《中国人文社会科学三十年》，生活·读书·新知三联书店 2009 年版，第 564 页。

代。商务印书馆的“汉译学术名著系列”，以前大多翻译20世纪以前的外国学术著作，后来大大增加了当代名著的比重。除了商务印书馆“汉译学术名著系列”之外，国内众多出版社加入了翻译引进西方学术著作的行列，不仅在数量上超出了前十年，并且大多以“文库”、“丛书”、“译丛”的形式，引进更具有系统性，学科分化更细。仅以1995年人文社科方面的翻译出版物为例，中国出版界推出的系列西方学术译丛就有30种之多（见表14）。

表14　　1995年中国出版界推出的各种西方学术译丛一览

出版社	译丛名称	出版社	译丛名称
中央编译出版社	建设性的后现代主义译丛	生活·读书·新知三联书店	将来世代文库
青海人民出版社	西方现代诗性哲人文丛	上海远东出版社	火凤凰文库
中国社会科学出版社	西方现代思想丛书	四川人民出版社	宗教与世界丛书
生活·读书·新知三联书店	基督教学术研究文库	生活·读书·新知三联书店	犹太文化丛书
中国文联出版公司	葡萄牙文化丛书	湖南文艺出版社	世界名人传记丛书
生活·读书·新知三联书店	美国文库	生活·读书·新知三联书店	美国文化丛书
漓江出版社	大师文集	商务印书馆	我知道什么?
上海文艺出版社	世界民间文化译丛	上海文艺出版社	域内外民俗学丛刊
上海译文出版社	第二次世界大战史大全	中华书局	中外关系史名著译丛
中华书局	法国西域敦煌学名著译丛	上海人民出版社	美国管理协会·斯米克管理丛书
上海译文出版社	现代政治学译丛	中央编译出版社	当代世界与社会主义丛书
中国社会科学出版社	美国研究丛书	中国社会科学出版社	美国法学精选丛书
中国政法大学出版社	外国刑事诉讼法典系列	中国大百科全书出版社	外国法律文库
上海人民出版社、三联书店上海分店	当代经济学译库	云南人民出版社	“发展经济学与中国经济发展”译丛
中国发展出版社	发展文库	中国财政经济出版社	会计准则丛书

资料来源：据1995年《全国总书目》梳理筛选而来。

改革开放以来我国学术的发展是建立在西方学术之上的，这点毋庸置疑。但重要的是：我们所谓的西方学术不是原生态的西方学术，而是经过翻译的西方学术。我们的学术研究在很大程度上是建立在翻译文本基础之上的。这可以从西方学术翻译著作在1998—2009年“中国社会科学引文索引”

(CSSCI) 被引频次最多的50种文献中所占的比例得以体现（见表15）。

表15　1998—2009年CSSCI来源期刊中被引频次据前50位文献一览

排序	作品名	作者	被引频次	译本数量
1	《马克思恩格斯全集》	马克思、恩格斯	28165	1
2	《马克思恩格斯选集》	马克思、恩格斯	23112	1
3	《邓小平文选》	邓小平	13355	
4	《毛泽东选集》	毛泽东	8729	
5	《列宁全集》	列宁	5970	
6	《资本论》	马克思	4644	1
7	《列宁选集》	列宁	3843	
8	《史记》	司马迁	3455	
9	《毛泽东文集》	毛泽东	3170	
10	《汉书》	班固	3030	
11	《鲁迅全集》	鲁迅	2946	
12	《博弈论与信息经济学》	张维迎	2651	
13	《正义论》	罗尔斯	2470	4
14	《资治通鉴》	司马光	2192	
15	《现代汉语词典》		2139	
16	《朱子语类》	朱熹	2134	
17	《续资治通鉴长编》	李焘	2089	
18	《1844年经济学哲学手稿》	马克思	2003	1
19	《论语》	孔子	1958	
20	《经济史中的结构与变迁》	道格拉斯·诺思	1929	3
21	《辞海》	辞海编委会	1900	
22	《政治学》	亚里士多德	1892	3
23	《孙中山全集》	孙中山	1886	
24	《法理学——法律哲学和方法》	博登海默	1822	3
25	《经济学》	萨缪尔森	1760	4
26	《论法的精神》	孟德斯鸠	1730	6
27	《法哲学原理》	黑格尔	1629	4
28	《社会契约论》	卢梭	1581	6

续表

排序	作品名	作者	被引频次	译本数量
29	《国民财富的性质和原因的研究》	亚当·斯密	1524	3
30	《财产权利与制度变迁——产权学派与新制度学派译文集》	科斯等	1440	4
31	《存在与时间》	海德格尔	1401	2
32	《人论》	卡西尔	1363	4
33	《小逻辑》	黑格尔	1316	3
34	《竞争优势》	迈克尔·波特	1314	3
35	《孟子》	孟子	1117	
36	《老子》	老子	1098	
37	《国家竞争优势》	迈克尔·波特	1078	3
38	《经济与社会》	韦伯	1075	3
39	《自由秩序原理》	哈耶克	1067	1
40	《新教伦理与资本主义精神》	韦伯	1065	7
41	*Core Competence of the Corporation*	Prahalad and Hamel	1017	
42	《资本主义文化矛盾》	丹尼尔	1003	1
43	《论美国的民主》	托克维尔	894	4
44	《纯粹理性批判》	康德	877	4
45	《文明的冲突与世界秩序的重建》	亨廷顿	851	1
46	《制度经济学：社会秩序与公共政策》	柯武刚、史漫飞	850	1
47	《经济学原理》	马歇尔	844	3
48	《海德格尔选集》	海德格尔	844	1
49	《爱因斯坦文集》	爱因斯坦	817	4
50	《比较制度分析》	青木昌彦	764	2

资料来源：南京大学中国社会科学研究评价中心："中国社会科学引文索引"（CSSCI）。

在1998—2009年"中国社会科学引文索引"（CSSCI）被引频次最多的50种文献中，西方学术文献有34种，其中只有一种是英语原文文献。西方学术著作中文版在被引频次最多的50种文献中占66%的比例。随着中外学术交流的开放与频繁，国内学者获取国外原版学术资料的机会较改革开放前大大增加。但事实上，中国学术界对上述西方学术著作的引用主要参考的是该作品的中文版，引自其他版本的数量极少。具体如，韦伯的《经济与社会》被引1075频次，引自外语文本的只有7频次；《资本主义文化矛盾》只有1频次引自网络版；罗尔斯的《正义论》共被引用2470频次，其中引自哈佛大学出版社1991年版本的有3频次、牛津大学出版社1993年版本的有1频次、引自网络版1频次；海德格尔的《存在与时间》共被引用1401频次，其中引自德语1993年版本的有6频次、英语1962年版本的有6频次；康德的《纯粹理性批判》共被引用877频次，只有1频次引自德语版本、1频次引自台湾版本。

倘若没有改革开放以来各类政治、经济、历史、宗教、伦理等领域著作的翻译引进，就不可能有目前中国学术界的繁荣，更遑论理论的创新和突破。从这个角度而言，西方学术对中国学术研究的这种巨大影响是通过翻译实现的，翻译的质量和水平直接决定了我们的学术研究的质量和水平。商务印书馆译作室副主任陈小文对中国学术翻译的质量有这样的评价："一般说来，只要外语水平基本上可以的，专业书籍的主要思想还是会表述出来的。缺点就是细微思想的表述。这类书用来阅读，可以起到一种抛砖引玉的作用，但它不可以用作研究或引用，真正要研究，还得自己查原文。"[①] 但事实上，从我们前面的调查来看，中国学术界做研究真正引用原文者寥寥无几。中国的学术研究目前为止，还是建立在翻译文本之上的学术研究。"西方出版物的汉译本筑就了今日中国的学术语境。"[②] 学术翻译是供研究参考的，发生翻译质量问题更会出现连锁反应。如果说20世纪80年代中国对西方学术著作的翻译存在这样那样的问题，是限于当时特殊的历史语境尚可接受的话，那么进入21世纪以来，中国各方面建设都取得显著成就之后，学术翻译仍存在严重的翻译质量问题，就要引起我们的高度重视了。

进入21世纪以来，中国出版界对西方学术著作的引进规模更大。一些全景式的西方学术著作如《亚里士多德全集》、《维特根斯坦全集》、《爱因斯坦全集》也分别由中国人民大学出版社、河北教育出版社和湖南科技出版社出版。这对我们全面了解这些学者的学术思想、丰富中国的思想资源是大有裨益的。但大规模的引进西方学术著作也出现了泥沙俱下的局面，即二三流的研究书籍引进过多，对经典著作、思想家、理论进行阐释的著作引进过多。据我们不完全统计，从2001—2007年我们出版界从外国引进

① 郭晓虹：《翻译的现状与前景》，《中国新闻出版报》2003年10月8日第3版。

② 刘纳：《全球化背景与文学》，《文学评论》2000年第5期。

的阐释性学术著作大约有50种之多（见表16）。

表16　　2001—2007年中国出版界引进出版的阐述性学术出版物

书名	原作者	出版社
《黑格尔导读》	［法］科耶夫	译林出版社
《陀思妥耶夫斯基哲学：系统论述》	［德］劳特	广西师范大学出版社
《福柯的迷宫》	［德］克拉达、登博夫斯基	商务印书馆
《第三思潮：马斯洛心理学》	［美］戈布尔	上海译文出版社
《胡塞尔与〈笛卡尔式的沉思〉》	［英］史密斯	广西师范大学出版社
《齐格蒙特·鲍曼：后现代性的预言家》	［美］史密斯	江苏人民出版社
《维特根斯坦与〈哲学研究〉》	［奥］麦金	广西师范大学出版社
《汉娜·阿伦特：历史、政治与公民身份》	［德］汉森	江苏人民出版社
《博德里亚与千禧年》	［英］霍洛克斯	北京大学出版社
《麦克卢汉与虚拟实在》	［英］霍洛克斯	北京大学出版社
《德里达与历史的终结》	［英］西姆	北京大学出版社
《维特根斯坦与心理分析》	［英］希顿	北京大学出版社
《拉康与后女性主义》	［英］赖特	北京大学出版社
《福柯与酷儿理论》	［英］斯巴格	北京大学出版社
《海德格尔与纳粹》	［英］科林斯	北京大学出版社
《弗洛伊德与虚假记忆综合症》	［英］莫伦	北京大学出版社
《萨特的世纪：哲学研究》	［法］列维	商务印书馆
《福柯的生死爱欲》	［美］米勒	上海人民出版社
《海德格尔的弟子：阿伦特、勒维特、约纳斯和马尔库塞》	［美］沃林	江苏教育出版社
《沃尔特·本雅明或走向革命批评》	［英］伊格尔顿	译林出版社
《黑格尔：之前和之后·黑格尔思想历史导论》	［美］洛克摩尔	北京大学出版社
《尼采与后现代主义》	［英］罗宾逊	北京大学出版社
《苏格拉底之道：最充分地运用你的智慧的7把万能钥匙》	［美］格罗斯	北京大学出版社
《迪尔凯姆社会学》	［英］亚历山大	辽宁教育出版社
《阿多诺：非同一性哲学》	［日］细见和之	河北教育出版社
《拉康：镜像阶段》	［日］福原泰平	河北教育出版社
《齐美尔：生存形式》	［日］北川东子	河北教育出版社

续表

书名	原作者	出版社
《现代思想的源流：马克思、尼采、弗洛伊德、胡塞尔》	［日］今村仁司等	河北教育出版社
《柏拉图灵丹：将永远的智慧应用于日常问题》	［美］马里诺夫	云南人民出版社
《海德格尔哲学纳粹主义》	［美］朱利安	辽宁教育出版社
《伽达默尔：视野融合》	［日］丸山高司	河北教育出版社
《康德与柏格森解读》	［法］德勒兹	社会科学文献出版社
《尼采、海德格尔与德里达》	［德］贝勒尔	社会科学文献出版社
《尼采与哲学》	［法］德勒兹	社会科学文献出版社
《福柯　褶子》	［法］德勒兹	湖南文艺出版社
《理解福柯》	［澳］丹纳赫等	百花文艺出版社
《福柯的生死爱欲》	［美］米勒	上海人民出版社
《结构精神分析学：拉康思想概述》	［法］萨福安	天津社会科学院出版社
《舍勒思想评述》	［美］弗林斯	华夏出版社
《文化转向：当代文化史概览》	［英］钱尼	江苏人民出版社
《黄昏后的契机：后现代主义》	［英］奥顿奈尔	北京大学出版社
《纯粹现代性批判：黑格尔、海德格尔及其以后》	［美］库尔珀	商务印书馆
《波德里亚：批判性的读本》	［美］凯尔纳	江苏人民出版社
《从结构到解构：法国20世纪思想主潮》	［法］多斯	中央编译出版社
《现代性的碎片：乔美尔、克拉考尔和本雅明作品中的现代性理论》	［英］弗里斯比	商务印书馆
《罗蒂和实用主义：哲学家对批评家的回应》	［美］萨特康普	商务印书馆
《希腊化世界中的犹太人：斐洛思想引论》	［英］威廉逊	华夏出版社
《海德格尔与东亚思想》	［德］梅依	中国社会科学出版社
《论现代和后现代的辩证法：遵循阿多诺的理性批判》	［德］维尔默	商务印书馆
《韦伯的新教伦理》	［美］莱曼、罗特	辽宁教育出版社

资料来源：2001—2007年《全国总书目》。

中国出版界对外国二三流的学术著作引进较积极，原因是多方面的。其中一个重要的原因是，现在的出版社很少从图书的社会效益或者作品的学术价值出发考虑选题，而更注重图书的经济效益。学术著作的读者面较狭窄，主要面向大学教师和大学生、研究生以及相关的研究人员。尤其对于经典著作，因为理论艰深、普通读者难以读懂，相对来说阅读受众更窄。而二三流的学术著作则以通俗易懂的语言来阐释经典学术著作艰深的理论思想，便于读者接受，因此，接受面相对较宽。其次，许多出版社对学术著作的策划选题不严谨，有的把选题外包给一些图书中介机构，选题不科学、严谨。再次，经典学术著作由于难以为普通读者读懂，对于译者而言，翻译起来难度也大，不好找译者。2009 年 9 月在武汉召开的翻译服务产业论坛和翻译经营管理工作研讨会上，人民出版社副总编辑张小平介绍，2007 年该社启动了由德语翻译《黑格尔全集》（20 卷本）的项目，为了保证翻译质量，该社在全球寻找译者，很多在德国留学、工作七八年的博士、教授试译，也达不到翻译质量要求，最后该社确定的译者队伍中，一半以上都是六七十岁以上的老先生。二三流的学术著作则行文相对较简单、易懂，相对容易找到译者。

改革开放之初，中国政府部门对翻译活动是很重视的。在 1983 年 5 月 20 日在北京召开的北京市翻译工作者协会成立大会和中国翻译工作者协会第一届理事会第一次全体会议上，杨尚昆、伍修权到会祝贺。杨尚昆在会上高度评价了翻译工作的历史贡献，指出："现在实行开放政策，翻译工作在中外交流方面起着重要作用；翻译工作是高度的政治工作，不是简单的技术工作；翻译工作者要为国家多作贡献；社会上要重视翻译工作，提高翻译工作的地位。"[①] 邓小平同志在 20 世纪 80 年代也高度重视翻译工作，并亲自过问翻译选题，对翻译选题提出指导性的意见。"邓小平同志 1984 年曾经指出，要用几十年的时间，把世界古今有定评的学术著作都翻译出版。"[②] 有政府部门的高度重视，出版社对翻译选题工作自然也会十分慎重，也会对译者形成高度的激励。商务印书馆原总经理林尔蔚在 2005 年回顾了商务印书馆为"汉译世界学术名著丛书"选题召开的三次规划会："一次在 1984 年，到会专家学者 102 人；第二次是在 1989 年，全国各地专家学者近百人参加，这次会议对丛书的出版产生了重要的影响，许多出版原则是在这次会经过学者的广泛讨论决定的。第三次是 1994 年，相关学科

① 《杨尚昆、伍修权指出：翻译工作者要为国家多作贡献》，《人民日报》1983 年 5 月 21 日第 3 版。

② 《〈汉译世界学术名著丛书〉五人谈》，《中国图书评论》1990 年第 2 期。

的专家、学者 60 余人参加。”[①] 从林尔蔚的回顾，我们也可以大致了解，进入 21 世纪以来，以出版西方学术著作闻名的商务印书馆，其召开选题规划会的频率也已不如以前那么高了。

随着建立社会主义市场经济目标的确立，中国出版界的翻译出版活动完全被市场、经济因素所左右。市场经济的发展的确给中国的发展注入了巨大的生机和活力。但市场经济也导致出版界一味追求经济效益最大化，而忽视翻译产品的精神性、文化性。市场机制越健全，出版社越把翻译活动按照市场规律来运作，结果导致市场失灵。即便是一些口碑较好的出版社，进入 21 世纪以来，我们也鲜见有哪家出版社对翻译图书选题进行较规范的论证，通常是由策划编辑一手操办，或者出版社找某位专家、学者来包办。

要克服市场失灵，实现文化资源的合理配置，提高翻译活动的效率，就必须进行必要的战略性规划引导。迄今为止，中国还没有一个政府部门主管翻译事业，还没有一个针对翻译的统一、完整、系统的政策规范。加强统一规划很有必要。精神产品不能全部交由市场去调节，相关专业的知识专家应该有组织的介入翻译选题，应当对引进文本的文化质量进行审查与把关。对某些有很高学术或艺术价值的，或者是填补空白的著作，应通过规划给予必要的扶持，给予译者适当的激励。译林出版社社长章祖德曾谈道：“真正一些有价值的作品，还是找不到译者。在市场经济的情况下，利益驱动，很多人就不愿意坐冷板凳。包括我们一些专家学者，一开起会来就讲，什么作品就没有中文译本，你们出版社就是大逆不道，你们光顾着赚钱。其实不是，有很多的作品，我们想找翻译，但是我们找不到人。我至少找了五个译者，都是答应了以后，最后还是放弃了，没人译。为什么呢？就是难度大。一部在文学史上有口皆碑的作品，但却没有人愿意去翻。你翻这个，可能一个晚上才能翻 400 字、500 字。我给外企去当翻译，一个晚上上千块，这是很容易的事情。”[②] 翻译出版外国图书，出版社承担着双重的费用，既要支付给外国作者或外国版权代理商版税，还要支付给译者翻译费，而且出版社还要核算出版成本。在市场经济机制下，出版社为了生存，不可能因为某部外国作品有价值而额外向译者支付翻译费。因

① 林尔蔚、胡企林：《五十六年“汉译”事》，《光明日报》2005 年 6 月 9 日第 7 版。

② 郭晓虹：《翻译的现状与前景》，《中国新闻出版报》2003 年 10 月 8 日第 3 版。

此，在市场系统以外，国家政府部门应当承担翻译活动的资助功能，对文化产品的引进应该有清晰而明确的规划。对于外国自然科学、社会科学方面的最新研究成果，要不惜血本、加大投入，及时引进。同时，要合理地限制某些文化垃圾、文化泡沫的引进。

学术译著的受众面狭窄，印数一般不会太多。因此，为了抑制在市场经济机制下一味追求经济利益，避免文化生产中的同质化、标准化风险，应当对学术翻译进行保护。理想的学术翻译机制应当有专门的规划并以资助的形式进行译介。中国国家社科基金在20世纪90年代中期资助了几种宗教学方面的翻译活动，如“因明学代表作翻译”、“宗教现象学翻译”、“宗教与教派”。这对中国的宗教研究起到了一定的保护作用。进入21世纪，国家社科基金除了资助宗教类翻译活动如“《分别论》翻译”（2008）之外，也对其他领域的学术翻译进行了资助，如“图形学研究”（2008）、“汉语方言分区的理论与实践”（2008）等。国家社科基金对翻译活动的资助在一定程度上促进了某些学术领域的翻译活动发展，但这一资助目前还不系统，而且资助量和面都过窄。对阅读受众面窄，但又极具学术研究价值的原始文献、原始资料应该由政府出面资助、大力引进。研究航海的最重要原始文献世界三大航行日记，只有《哥伦布航行日记》引进国内，另外两部《维尔霍航行日记》和《皮加费塔航行日记》至今还未引进。对于那些低水平重复出版的译作，也要通过规划加以限制，力求实现质量优良、结构合理的繁荣。政府要重视经典著作的翻译，要有一种激励机制。否则出版社只会重视经济效益，而不重视学术价值和社会效益。

保护翻译生产活动的文化性、精神性，维护、发展文化的多元性，非营利性中介机构在其中扮演着重要的角色。它们往往从市场以外的维度和视角考虑翻译的选题、推动翻译活动的发展。这些中介性机构可以直接强化或削弱翻译活动的文化资本。目前中国翻译活动的中介性组织还不能起到应有的作用。全国性的行业协会中国版权协会、中国译协、中国编辑学会以及地方性的行业协会，这些组织的组建方式往往是自上而下，前身就是政府部门，目前仍然承担着管理职能，行政依附性强、缺乏独立性和自主性，覆盖面狭窄，不能充分代表行业利益。行业协会人员结构老化，往往是退休官员到协会挂职或担任领导职务，对协会的发展会有一定的作用，但往往由于年龄偏大，观念有可能较陈旧，较少具有创新意识、开拓精神和服务意识等。

一些地方翻译协会为了生存，利用组织优势开展与本行业经营业务相同的经营活动，与翻译公司争利。从《中国翻译年鉴　2005—2006》对广州翻译协会的介绍中，可发现该协会俨然就是一家翻译公司，其标明的业务范围居然为："承接各种大件、急件、难件、普通翻译件的笔译；提供大型国际会议、中外展销、业务洽谈、设备安装调试等所需的同声传译、交替传译、陪同翻译、音像资料翻译、外语配音服务；提供外语信息咨询服务，开展培训服务。"① 这种行业协会根本不能发挥服务行业、规范行业、代表行业、协调行业、沟通政府的基本职能。这也说明中国翻译协会与其下级译协之间的组织沟通不通畅。行业协会应该是自下而上，由行业内人士和各相关单位自愿组建，实行行业服务和自律管理的非营利性社会团体，具有较大的自主权和自主意识，履行市场协调、监督服务、对内实行行业自律，对外维护会员利益，促进行业健康发展。

翻译活动不能完全由市场来决定，政府相关部门应加以必要的干预，对文化产品的引进应该有清晰而明确的整体性规划。对一些极具文化、学术价值但翻译难度又很大的外国图书，政府应有计划地予以资助。新形势下，应重视面向广大读者的文学共同体建设，引领读者积极向上的阅读趣味，更好地消化、吸收文学翻译出版物的内容。非营利性组织在保护翻译生产活动的文化性、精神性方面起着重要的作用，应加强行业性组织建设，真正发挥其应有的作用。

当前中国的翻译活动由于受市场机制的影响，翻译的选题、翻译运行一味从经济利益出发，不利于翻译产品文化性、精神性的表达，也注定了不能较好地为社会服务。健康的翻译活动运行应该是翻译生产系统以外的因素与翻译的内部生产要素和谐互动才能实现。接下来，我们拟研究翻译系统内部运行机制优化问题。

第二节　翻译系统内部运行机制优化

翻译产品既具有"文化品性"，也具有"商品品性"，是社会效益和经济效益的统一，但二者发生矛盾时要以社会效益为最高准则。翻译质量是实现翻译产品社会效益的至关重要一环。只有生产出高质量的翻译产品，

① 中国翻译协会：《中国翻译年鉴　2005—2006》，外文出版社 2007 年版，第 427 页。

才能为人民提供更多更好的精神食粮，才能推动全民族文明素质的提高。针对在第四章所揭示的翻译质量问题，本节拟以翻译质量为核心，思考如何优化翻译系统内部运行机制，以实现翻译质量的提升。

翻译活动是由各相关要素连接运行的，如我们在第二章所述，对翻译活动运行的优化，重点是对翻译系统关键控制点的优化。在图书翻译活动中，决定翻译作品质量的最重要因素是译者和编辑；在翻译公司的翻译活动中，决定翻译产品质量的最重要因素是译员、项目经理和审校，这两个要素对翻译活动的运行起着关键性的作用。在翻译生产过程中，翻译活动的流程控制管理是保证产品质量的关键环节。我们主要研究图书翻译活动中的译者和编辑因素以及翻译生产流程控制管理。在翻译公司，译员除了掌握翻译知识外，还要具备各种操作性能力，这属于较难传递的隐性知识。隐性知识的掌握对提高译员的翻译能力极为重要，我们拟在第六章研究翻译隐性知识传递与共享的问题。

在图书翻译生产系统内部，从发起翻译活动到产品生产出来的运行流程一般为：出版社策划编辑确定选题、与外国作者或版权代理商洽谈版权、购买版权后寻找译者、与译者签订翻译合同、译者翻译完成后交付出版社编辑、审校付梓。在这一过程中，决定翻译产品质量的主要是译者和编辑。而目前来看，这两个环节都不尽如人意。当然，二者背后起决定作用的是出版社管理层的经营目标——注重文化产品的精神性还是仅把文化产品当作赚钱的工具。由于目前出版社的组织结构中没有固定的译者资源，从外国买进某部作品的版权之后，出版社才开始寻找译者。随着中国外语教育的普及，译者的翻译能力和译者数量按道理应该能够满足出版社对译者的需求。20 世纪 80 年代，中国有些翻译出版物是以编译的形式出版的，原因就在于在当时的历史语境下，有些译者的外语能力不能完全驾驭外语文本。“如果他发现自己外文不太好，或者他没有太大耐心或认为没有太大必要去做一字一句的翻译，他可以对这本书进行‘编译’……说得刻薄一点，‘编译’与‘翻译’的区别就在于原著中那些费解、费劲的地方……译者可以撇开不管、绕过不译。”[①] 这种编译的形式在当时的特定语境下有存在的必要，而且起到了及时引进西方思想的作用，尽管对西方思想的理

① 童世俊：《“理论”的实践意义》，苏力、陈春生《中国人文社会科学三十年》，生活·读书·新知三联书店 2009 年版，第 559 页。

解存在一定的偏差。但随着社会的发展、教育的进步和著作权法等法律法规的实施，编译这种形式越来越不可接受，因为原著中那些“费解”、“费劲”的地方可能正是传达原作者细微思想的关键。因此，能够胜任翻译工作的译者资源对图书翻译活动极为关键。

由于译者不能从中国目前的翻译环境中得到充分的激励，优秀译者很少会愿意加入到图书翻译队伍之中来。《中国翻译》杂志自1986年起每年举办一次“青年有奖翻译”竞赛，1989年后改名为“韩素音青年翻译奖”，每年吸引众多的翻译爱好者参赛。我们把历年获得竞赛一等奖的获奖者名单（见表17）逐一在我们自建的译者数据库进行检索（该译者数据库依据1986—2007年《全国总书目》而建）。结果发现，35位翻译一等奖获得者，获奖后从事外国文学翻译活动的只有五位（我们的调查还不能排除重名的可能性）。看来，其他获奖者只是把翻译当作业余爱好。曾两度获得翻译竞赛一等奖的张天光竟也未走上文学翻译的道路，更是让人惋惜。五位从事文学翻译活动的译者中，除了孙会军有四部译作问世外，其他四位的翻译成果也显得与一等奖荣誉不相称。张晓丹有两部译作，分别出版于1998年和2006年。邵明明只有一部以第二译者身份出版的译作，出版于1996年。袁榕于2004年单独翻译一部文学作品，2007年以第三译者的身份参译一部文学作品。巫和雄只有一部译作面世，出版于2004年。翻译竞赛的初衷是发现翻译人才，促进中国翻译队伍整体水平的提高。但这些优秀的翻译人才大多数最终未能步入文学翻译的殿堂，表明翻译的环境不能给予他们充分的激励，吸引他们加入文学翻译活动的队伍。正如汪剑钊所言：“在没有精神与物质有力支持的境况下，有多少人能够顶着漠然的眼光，饿着肚子去‘十年磨一剑’呢？”①

表17　　1986—2007年获得“青年有奖翻译”/“韩素音青年翻译奖”一等奖名单

年份	获奖者	年份	获奖者
1986	张晓丹、王兆华、李汉林	1997	肖锦银、刘喆
1987	胡晨、崔瑜	1998	空缺
1988	朱安、邵明明、陈学农	1999	林斌、吴文子

① 汪剑钊：《翻译的尴尬和委屈》，《人民日报》2004年12月7日第12版。

续表

年份	获奖者	年份	获奖者
1989	张天光	2000	空缺
1990	邹海波、张天光	2001	郑宇
1991	宋正华、潘陈胜、苏音	2002	空缺
1992	黄倩、于少蔚、金德明	2003	空缺
1993	何学文、孙会军、方彤	2004	空缺
1994	袁榕、白力、徐奔郁	2005	空缺
1995	熊焰、宋正华、方开瑞	2006	空缺
1996	巫和雄、王昱	2007	陈燕敏、辛广勤

资料来源：《中国翻译年鉴 2005—2006》、《中国翻译年鉴 2007—2008》。

目前，出版社经常遭遇到的状况是，在买来外国出版物版权之后，难以找到合格的译者。译林出版社副社长竺祖慈曾经谈道："找到一名合适的翻译很困难。有些引进书，译林很多年前就已经买了版权，但因为没能找到合适的翻译而一直没有出版。"[①] 这在某种程度上而言，译者因素阻隔了外国优秀文化成果进入中国的通道。更多的出版社却抵挡不住市场的诱惑，找不到优秀的译者，只好临时找译手，大量草率之作就这样产生了。侯捷在谈计算机图书翻译时就提到："现实是，计算机翻译书籍是所有书籍中最有市场、单价最高、却又最轻率推出的一个书种。本来理应由专业翻译执笔的工作，却以一群毛头小子为翻译主力，又缺乏把关的专家学者。……另一方面，又由于计算机书籍市场需求量大，因此出版者睁一眼闭一眼，把糊里糊涂弄出的蹩脚货出版给读者看。一些在校生、兼差打工者，成了出版者经常找的翻译人才。于是造就了'学生译书给老师看，小孩译书给大人看'的奇怪现象。"[②] 劣质翻译出版物流入社会，不但不能起到引进外国先进的知识和文化因素的作用，而且还会误导读者。

优秀的译者没有从事翻译活动的动力，主要是翻译系统内部环境提供的翻译报酬较低不能充分激励译者的劳动意愿。商务印书馆译作室副主任陈小文曾指出："翻译作品又难又累，报酬又低，谁当傻瓜搞翻译呢？"[③] 目前，出版社支付给译者的翻译费一般在每千字 40—80 元之间。尽管报酬

① 张妍妍、周润健：《翻译出版业浮华有隐忧》，《市场报》2005 年 5 月 27 日第 10 版。

② 侯捷：《走出计算机书籍翻译的误区》，《光明日报》2004 年 8 月 25 日第 7 版。

③ 郭晓虹：《翻译的现状与前景》，《中国新闻出版报》2003 年 10 月 8 日第 3 版。

不多，但从事翻译活动尚可获得一定的经济利益，这就吸引了一部分翻译能力较差的人员进入该领域，他们与部分急功近利的编辑合谋，炮制出了不少低劣的译文。上海译文出版社社长、总编辑叶路曾谈道："有些出版社的译著翻译质量低劣，有时不是因为这些出版社没有质量意识，而是因为他们不具备这个能力，找不到好的译者。"① 高等院校的教师和研究机构的研究者是出版社寻找译者的一个重要资源，他们大多中外文素养都较好，熟悉外国文学流派、历史、宗教、美学等外国文化背景，但由于绝大多数高校和研究机构的职称评定体系都规定翻译不能纳入职称评定的范围，导致高校教师和研究者不可能把时间和精力放在翻译工作上。即便高校教师或研究者勉强接手翻译任务，也往往不能尽心尽责地保证翻译质量，甚至有些教师会交给自己的学生来翻译，翻译出版物成为高校学生翻译练笔的试验品。"现在译书最通常的做法是先找一个教授，让他译。这位教授不一定对这本书有兴趣，有了解，碍于情面而接下来。但他要在核心刊物上写文章，又要出书，还要做其他许多与学术有关或无关的事，哪有时间自己亲自去译？于是，他就找自己的学生，让他们一人译一章或一部分，然后美其名曰他是'总校'，其实有时看也不看，这样出的译书能有质量吗？"② 其实，高校教师并不是没有时间从事翻译工作，而是因为翻译报酬和现行的职称评定制度严重打击了他们从事翻译活动的积极性。正如布劳书中所言："人们之间的所有接触（contacts）依赖于给予和回报等值这一模式。"③ 目前情况下，译者从事翻译活动，缺乏来自翻译系统的支持，也缺少文化和象征性资本，更缺少经济资本。优秀译者远离翻译活动也就不难理解了。

吸引优秀译者加入到翻译活动的队伍是当务之急。中国现在在经济上、在政治上已经从一个区域性国家变成一个全球性国家，但中国文化的竞争力还与中国全球性国家的形象不相称。翻译工作对于提高全民族的科学文化素质，满足人民群众的精神文化需求，促进中国文化事业的繁荣，解放和发展文化生产力极其重要。不合格的译者占据翻译的岗位、翻译能力薄弱，对日益融入国际社会的中国而言，如果不给予充分重视，就会成

---

① 殷泓：《出版业须提高翻译水平》，《光明日报》2009年3月13日第6版。

② 梁小民：《傅雷、张谷若后继无人》，《东方早报》2010年9月12日第B12版。

③ 布劳：《社会生活中的交换与权力》，李国武译，商务印书馆2008年版，第33页。

为中国社会经济发展的一个大问题，因为无法准确、及时消化来自国际上的巨大信息流，包括经济和科技信息等，将会导致中国失去大量有价值的信息；在汉译外活动中，也不能准确地传达中国文化。要吸引优秀译者加入到翻译活动当中来，就必须增加对译者的激励因素。布劳把人们在社会交往中的报酬分为“个人吸引、社会赞同、尊敬—声望、社会承认、工具性服务、服从—权力”[①] 等六种。在市场经济条件下，出版社作为一个经济体，本身也要生存，为译者大幅度增加翻译费的空间不大。在不可能大幅度提高译者经济报酬的情况下，只有从其他方面来补偿对译者的激励。也就是要提高译者的社会声望、增加社会对译者工作重要性的认可度、承认译者的辛勤劳动成果。从翻译活动参与的角度，现如今虽然译者人数众多，但分布在社会的各个领域，未形成一个制度化和有组织的社会力量和社会阶层，在社会上处于劣势地位。把大量业余从事图书翻译活动的译者纳入一个职业群体是不现实的，那只有依靠行业组织进行制度化、组织化建设。通过这种方式来提高译者的社会声望和社会认可度，从社会机制层面上改变译者的社会地位，使他们从劣势地位变为优势地位，以实现对译者的激励。人的社会地位与社会资源是相匹配的，人在社会中的位置往往决定了其能够获取的社会资源量以及获取社会资源的机会。提高译者的社会地位和社会声望，即便译者从事翻译活动不能获得满意的报酬，因为社会地位的提高，也可以从别处获得其他社会资源或社会资本作为补偿。提高译者的社会地位，译者的社会性组织要有所作为。

中国译协目前还是一个松散的组织，对译者采取自愿入会方式，而且译协从制度层面和利益层面上都难以吸引大量译者主动加入到译协中来。截至 2008 年，中国译协的各层次会员总数仅为 2294 名[②]。而且这些会员的来源范围极广，既有来自翻译公司的译员；也有来自高校外语院系从来没有从事过翻译实践的外语教师；还有来自高校的学生会员。译协的初衷是降低入会门槛、吸纳广大的翻译工作者和爱好者加入到译协之中。但会员成分的庞杂不利于从组织和制度层面提高会员的社会声望。从事图书翻译活动的译者与翻译公司的职业译员不仅在经济方面从翻译中得到的回报不同，在很多其他方面也是有区别的。翻译公司的译员如果具备一定的翻

① 布劳：《社会生活中的交换与权力》，李国武译，商务印书馆 2008 年版，第 157 页。

② 中国翻译协会：《中国翻译年鉴　2007—2008》，外文出版社 2009 年版，第 652 页。

译能力，是可以获得较丰厚的翻译回报的。因此，提高对译者的社会回报更多是指向从事图书翻译活动的译者。如何从制度层面上对这两类译者区别对待，中国译协可以借鉴法国译协的做法。在法国，在翻译公司从事翻译工作的职业译者隶属于译者协会，以“第二职业”从事文学翻译活动的作家、评论员、教师或批评家则隶属于文学翻译者协会。中国译协亦可以把在翻译公司从事专职翻译工作的译员与业余从事图书翻译的译者分为两个团体，并对后者采取资格认证、注册入会的管理体制。在具体操作上，中国译协可以同地方各级译协分工协作，比如把全国专家级的译者统归中国译协组织管理，一般译者按照地域由地方译协组织管理，由中国译协统一协调。译协依据译者从事图书翻译工作的贡献程度授予不同级别的职称或头衔。译者的社会声望和社会地位依赖于当下的职称评价体系。职称就是一种社会声望的表征，在社会上，人们一般对大学教授很尊敬；某些学术期刊，往往也规定只刊发教授、副教授的研究成果。译者从事翻译工作，是在进行知识生产活动，这与从事科研或教学研究本质上是一致的。因此，译协授予译者的职称评定在级别上应该与高校或研究机构相应的职称具有一致性或等同性。目前中国医学院校的教师既从事教学活动，也在医院坐诊。医学院校的教师既可以在本院校参评教师系列职称，也可以在医院的卫生系统参评职称，职称名称尽管不同，但具有等同性。对在译协注册入会的译者也可以借鉴这种方式，译者因为自己的工作和贡献在译协获得的相应职称，在自己的本职单位得到认可或承认。当然，这需要译协、出版社和教育、研究机构等部门多方协商、协作才能完成。并且还要通过多种渠道大力宣传译者在文化译介中的重要性和辛勤劳动。这样，尽管译者不能从出版社那里获得丰厚的报酬激励，但却可以从他处获得与自身付出相匹配的符号资本作为激励。“不同种类的资本（经济的、社会的、文化的、符号的资本）之间的等级次序也随着场域的变化而有所不同。”①也即资本在不同的场域之间会发生转化。社会声望作为一种符号资本，可以在其他方面为译者带来利益，比如在申请项目、发表文章等方面，会为译者增加筹码。同时，高等院校和科研院所应将译作纳入职称评定的考核范围。当然，不同的文本，其文学性或学术性不同，翻译的难易亦不同，

① 布迪厄等著：《实践与反思：反思社会学导引》，李猛、李康译，中央编译出版社1998年版，第135页。

可以采取同行专家匿名评审的方式，由同行专家打分决定译作能否算作学术成果。要吸引优秀译者参与到翻译出版活动中来，必须提高译者的待遇，在不能增加译者的经济报酬的情况下，只有提高译者的社会声望，争取社会对译者辛勤付出的认可。只有从整体上提高了对译者的激励，图书翻译的整体质量才会有所提升。

当前出版社难以找到好的译者，除了优秀译者缺乏从事图书翻译工作的动力之外，还有一个原因就是出版社寻找译者的渠道不通畅。译者群体分散、出版社编辑视野有限。人民文学出版社外文编辑室主任刘开华曾谈道："就人民文学出版社而言，一个外文编辑室一年大概出版五六十种书，对应就要找五六十个译者，但是，找人的过程很困难。"[①] 以资格认证、注册入会的方式将译者纳入译协的管理体制，为译者建立信息库，译者的受教育背景、专业领域、擅长翻译的专业领域等信息，在出版社需要译者时就有据可查，这样也就建立起了较完善的译者队伍储备和管理制度。一来可以把不具备翻译资格者阻隔在图书翻译之外；二来可以及时为出版社输送大量的合格译者。2009 年 9 月在武汉召开的翻译服务产业论坛和翻译经营管理工作研讨会上，人民文学出版社副编审姚翠丽就大力呼吁："我们需要一种人文的、可信赖的、权威性的媒介，在出版社与译者之间牵线搭桥，为出版社推荐优秀的译者。而我们从情感和理性上都无法接受商业性操作的媒介向我们推荐的译者。"将社会上优秀的译者资源整合起来，及时为出版社输送合格的译者，只有这样，才能保证图书翻译质量，在为出版社创造经济效益的同时，也能准确展现翻译出版物文化性、精神性的一面。

就翻译出版物的低劣质量而言，出版社的编辑也责任重大。编辑对于图书出版的重要性毋庸多言。翻译家朱生豪译《莎士比亚全集》时，编辑施咸荣从选择原作版本、勘校译文、再到找专家补译，乃至为全集写序，每个环节都兢兢业业，《莎士比亚全集》出版后引起巨大的社会反响，编辑施咸荣是功不可没的。施咸荣本身也是一位翻译家。当前中国翻译出版活动中，审稿环节的不到位是造成翻译图书质量下滑的主要原因之一。一方面，编辑没有尽到翻译图书"把关人"的责任；另一方面，编辑本身外语能力不足以从事翻译图书编辑的工作。对于我们在第四章发现的很多翻

① 李洋：《文学翻译何以后继乏人》，《北京日报》2005 年 3 月 8 日第 11 版。

译质量问题，即便出版社编辑不懂外语，如果编辑认真负责地通读书稿，很多逻辑性错误、常识性错误也是可以在出版环节之前阻止的。目前出版社中懂外语的编辑普遍不多，即便编辑责任心较强，通读书稿，如果不懂外语，还是不能发现一些翻译质量问题。“有的出版社尽管没有一名外语编辑，却敢‘招呼’多国文字的外国作品，造成鱼龙混杂的局面。”① 出版社组织结构配置不合理，编辑责任缺失、合格编辑的缺位，实际暴露的是出版社只重视图书出版的经济效益，无视翻译图书的社会效益。“只顾经济利益，只图市场，不考虑自身的出版条件：比如说没有专业的编辑力量等，似乎已成了一些出版社的通病。”② 在市场经济条件下，出版社为了争夺市场份额，不顾自身出版条件，靠引进外国出版物扩大业务范围。为了抢得市场先机，加快出版流程，却置自身条件建设于不顾。这种状况造成的结果就是，从数量上看中国每年出版的翻译作品在不断增加，但翻译的整体质量却在下滑。上海译文出版社总编叶路曾指出：“由于现在的市场经济的竞争，大家都去引进版权，但是很多出版社的人才储备不够，没有懂外语的编辑去做，他只能改一点标点符号，改错别字，对于翻译不正确，表达不准确的地方，他是没有办法去解决的。”③ 在翻译出版活动中，懂相关专业的外语编辑是其中重要的一个环节，这一环节如果管理不到位、运作不符合出版规范，不但不能为翻译图书起到把关的作用，还会无形中助长一些译者的侥幸心理。在 20 世纪 80 年代，中国曾实行翻译出版准入制，必须有外语编辑的出版社才能出版外国文学图书。如果出版社没有适当数量的外语编辑，翻译出版活动的运行环节就是断裂的。培养外语能力过硬，懂翻译的编辑人才是当务之急。出版社在组织结构方面不但要配备合格的编辑人员，还应该有严格的翻译出版流程控制管理制度，否则难以从制度层面上对图书翻译活动进行规范。同时，国家骨干型出版社的翻译编辑应当具备整体筹划和担当的能力。

翻译活动的流程控制管理对于保证翻译质量是极其重要的。几乎所有出版社都声称它们对翻译图书出版实行“三审三校”制度，从我们在第四章对翻译图书调查所发现的翻译质量问题来看，在许多出版社，“三审三校”形

---

① 路艳霞：《出版社一窝蜂发“洋”财》，《北京日报》2009 年 8 月 19 日第 13 版。

② 李强：《合力捍卫译著质量》，《中国新闻出版报》2004 年 9 月 2 日第 29 版。

③ 《为新时期翻译工作把脉》，《中华读书报》2003 年 10 月 8 日第 6 版。

同虚设。因为如果真的实行“三审三校”制度的话，许多翻译质量问题是可以被发现的。“三审三校”制度属于反馈控制管理环节，因为“三审三校”是在翻译工作完成之后才介入，而没有融入译者的翻译过程之中。目前，中国出版社与外国版权代理商或原作者签订版权合同之后，一般通行的出版周期为 18 个月。等译者把整部书稿翻译完成交给出版社编辑之后，编辑如果发现翻译质量较差不能付梓出版，再进行补救可能就会超过出版周期。事实上，很多有翻译质量问题的出版物面世，就是因为等到后期才发现翻译质量问题，这时补救已经来不及了，出版社明知有质量问题，也只好将就，匆匆付梓。因此，必须对译者的翻译活动实行同期控制管理，及时发现问题，及时纠正。图 23 是我们构建的图书翻译同期控制管理流程：

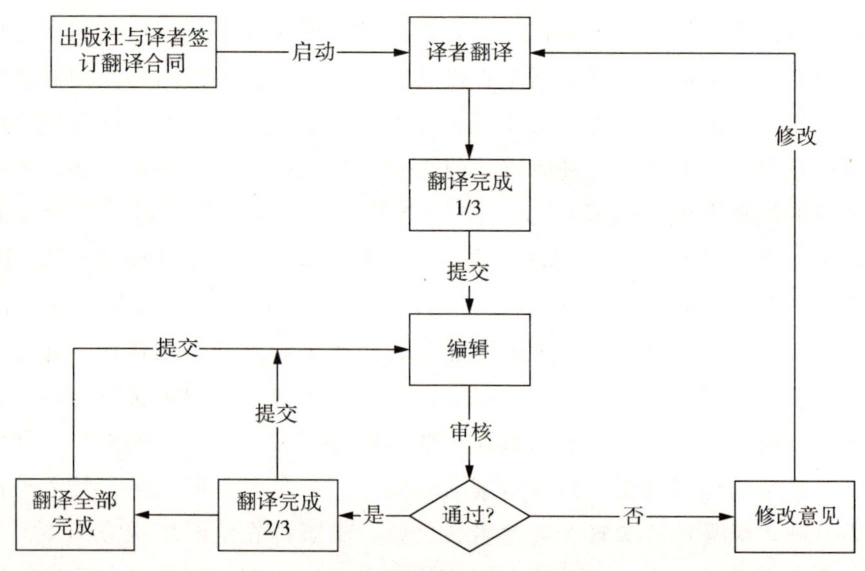

图 23　图书翻译同期控制管理流程

我们构建的图书翻译同期控制管理流程，编辑介入译者的翻译过程，译者每翻译完成总工作量的约 1/3 时，就要将译稿提交给编辑审核，编辑发现问题及时与译者沟通，及时纠正。我们的图书翻译控制流程是针对单个译者的，如果一部书稿由两名以上译者合作完成，还必须增加统稿环节。对图书翻译活动进行同期控制，既可以保证翻译质量，同时，对译者也是一种督促和监督。翻译出版物的翻译质量得到了保证，就会赢得读者的信任，其出版物就会更加有市场，出版社在取得社会效益的同时，自然会取得丰厚的经济效益。

流程控制对于翻译公司更加重要。目前很多翻译公司为了节省成本，只是雇佣几位译员从事翻译服务工作，公司没有任何专业化的审校和统稿人员，导致翻译稿件错漏百出，翻译格式、术语不统一，甚至前后矛盾。规范的翻译公司在组织结构中应设置审校和统稿职位。有些翻译公司的管理者目光短浅，不管自身有没有翻译某领域文献的能力，只要有客户找上门来，一概照单全收。随意应付客户、翻译质量差，轻则会失去客户，重则被投诉索赔。这种公司迟早难逃被市场淘汰的命运。

在翻译公司，翻译控制管理对于保证翻译质量极为重要。在第四章第三节，我们对“东方翻译工厂”的个案分析清晰地表明了翻译控制管理的重要性。我们在第四章对一些翻译公司的调查显示，64%的翻译公司还没有翻译流程控制管理的概念，表明中国翻译公司的内部运作还很不规范，难以保证翻译质量。即便标榜有翻译流程控制管理的翻译公司，对翻译流程控制的理解也差异很大。我们在一家翻译公司（不在我们调查的214家翻译公司之列）网站上，看到该翻译公司在“译件流程”栏醒目位置标有“本部实施规范的翻译流程及质保体系，严格监控翻译质量及文件日期”，图24是我们从该翻译公司网站上复制的“规范翻译流程”，这种流程管理根本不能控制翻译的各个过程，更妄谈保证翻译质量，更不会赢得客户的信任。

图 24

资料来源：某翻译公司网站 http：//www.cnfesc.com/html/2008－8/2008－8－27－17－19.html，访问日期2010年12月8日。

结合翻译公司的运行特点，我们构建如下翻译控制管理流程：

规范的翻译公司，翻译控制应该从市场接单开始。翻译公司接到翻译件之后，首先要由公司的项目经理（PM）进行内容评估，分析本公司有没有能力从事这笔翻译业务。若有能力接单，报价得到客户认可后，应由项目经理负责创建该翻译件的双语或多语术语表，经客户确认后再确定针对该翻译件的翻译规范如译文的行文风格、客户的具体要求等。然后，项

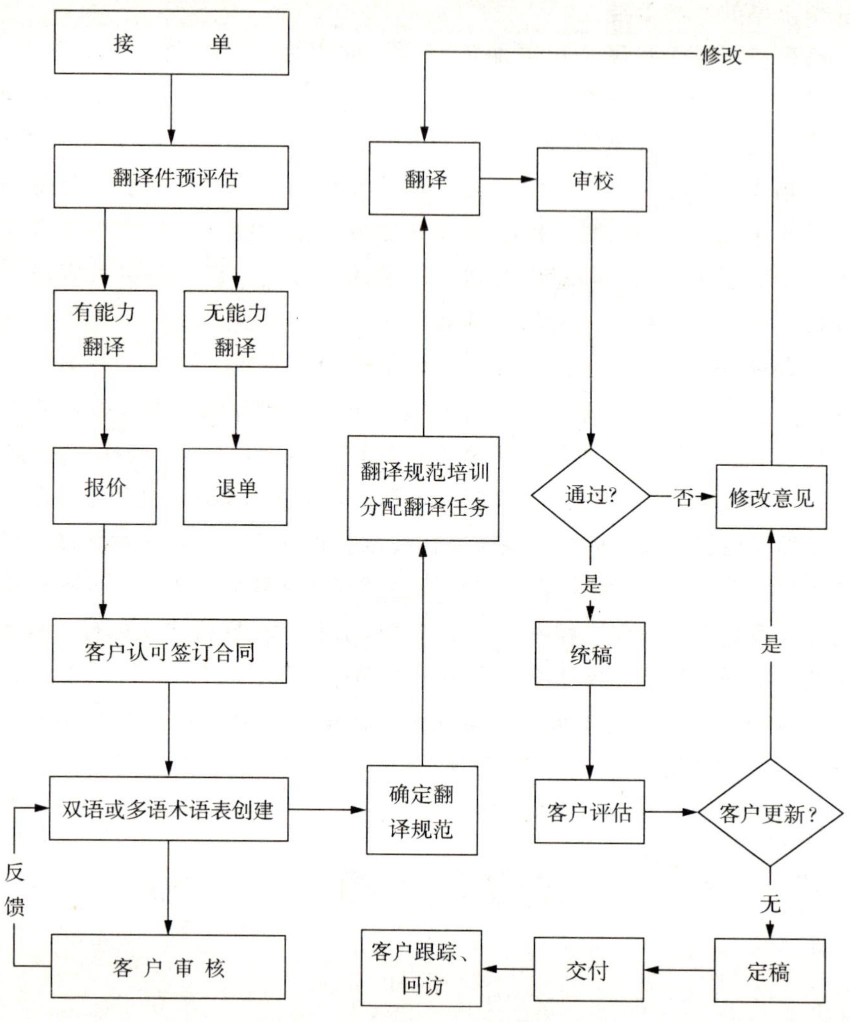

图 25　翻译公司控制管理流程

目经理根据公司译员的具体情况和特点进行翻译任务分配，并对参与翻译任务的译员进行翻译规范培训，如果翻译件涉密，还要让译员签订保密协议。译员在规定的时间内完成翻译任务之后，将译稿交付给审校，如果审校不通过，译员要根据修改意见进行修订，或者由审校负责修订。翻译初稿审校完成后，应由公司高级译员进行统稿。统稿结束后提交客户评估，有时客户会对翻译件进行补充或更新部分内容，客户反馈后，公司再交付译员翻译。客户最终确认后，翻译公司将定稿交付客户。翻译件交付客户之后，翻译公司还要派人定期对客户进行跟踪回访，了解客户对翻译产品的意见、建议。对客户的回访亦可增加客户的忠诚度，是争取固定客户源的一个重要途径。翻译流程控制管理不但可以较好地保证翻译产品质量，还可以提高译员的翻译能力，审校针对翻译问题提出的修改意见不断反馈给译员，译员解决这些问题的过程就是不断提高自身翻译能力的过程。

翻译系统运行合理是保证翻译质量的关键，其中最重要的环节是译者、图书编辑以及对翻译活动的同期控制管理。目前由于对译者的激励不充分，不能吸引优秀译者加入翻译行列。在不能大幅度提高翻译报酬对译者进行激励的情况下，需要环境因素的介入，通过各种途径提升译者的社会地位和社会声望，增加译者的符号资本，以对译者产生激励。出版社和翻译公司应加强自身组织建设，重视编辑和审校、统稿岗位的合理配置。不论在出版社还是翻译公司，翻译活动的流程控制管理极其重要，重视管理流程的每个细节，翻译质量才会有保证。有了高质量翻译产品，才能更好地把外来文化转化为我们的文化生产力。

合格的翻译产品除了要求译者具备出色的翻译能力、翻译控制管理规范之外，还有赖于译者良好的职业道德素质。在市场经济条件下，译者译德失范也是导致翻译质量下滑的主要原因之一。在下一节，我们拟研究译者职业道德约束机制问题。

第三节　译者职业道德约束机制构建

在第四章，通过对翻译质量问题的调查分析，我们发现翻译出版物中的很多翻译质量问题都是由于译者责任心不强、译德失范造成的。虽然从事图书翻译活动的很多译者都不是专职译者，但只要译者在从事翻译工作，其对待翻译工作的态度即可称为职业道德。在本节，我们拟运用社会网络理论研究如何约束译者的职业道德问题。

个人生活在社会中，其行为必然受到各种因素的约束。依据科尔曼（Coleman）的社会网络理论，对个人行为产生约束的主要因素为内化规范、非正式制度和正式制度①。对个人行为的约束和控制手段，我们拟提

① Coleman，James S.，*Foundations of Social Theory*，Belknap Press of Harvard University Press，1990.

出下列三个命题：

1. 内化规范约束人的行为：内化规范执行成本低，对个人行为的约束最有效。

2. 非正式制度限制人的行为：非正式制度执行成本不高，但对个人行为不具强制性，效果不佳，尚需借助社会网络执行非正式制度。

3. 正式制度制约人的行为：政府是正式制度执行的主体，制约有效但成本较高。

从行动的角度来看，在缺失外部制裁的情况下，内化规范可以通过个人的自觉来约束自己的行为，这是最有效的约束机制。中国古代重视教化，目的都是进行内化规范教育。内化规范通过个人的感悟和领悟，就会变成一种内生性的、自觉的行为指南。内化规范不仅是社会舆论、传统习俗和人的内心信念的基础，而且还对社会舆论、传统习俗、内心信念发生作用的方式和路径起决定作用。受内化规范的影响，个人在行为处事时会自觉地把自己看作是规范的承担者、承传者和承继者。内化规范对个人行为的约束成本最低、效果最明显，是一种理想型的社会机制。

当内化规范缺失，正式制度不存在时，非正式制度决定制度环境，社会网络成为执行非正式制度的主角。人类社会的发展几乎都是从非正式制度的部落社会进化而来。部落社会网络密度高，所有成员都互相认识，每个成员的所作所为都为其他成员所知。虽然部落社会没有正式制度，社会控制却特别有效。随着人口的增加和人的活动范围的扩大，社会网络由于人的各项活动越来越复杂和陌生化而被拉伸得越来越稀薄。结果社会交换的容量和范围扩大，非正式制度对人的规范显得力不从心，这时，就需要正式制度的介入。

在现代社会，单纯以非正式制度为主导的社会越来越少，取而代之的是以法律为主、非正式制度为辅。假设社会规范不存在，那么社会网络就变得无关紧要，这时国家机器就成为唯一的执行手段。事实上，这并不是最经济有效的方案，因为正式制度的执行成本很高，难以制裁日常细微的违规行为。目前中国正处在社会转型期，制度建构和改革仍在进行之中。缺乏正式制度环境，即便有成文的法律条文，也往往不能得到正常的贯彻和遵守。

我们以译者的译德失范为焦点，对上述三个命题进行经验验证。目的是弄清楚造成当下译者译德失范的原因，从而提出合理的解决方案。

个人的行为符合内化规范时，个人自我感觉受到了奖励；如果个人的行为违背了内化规范，其感觉是内心受到了谴责和惩罚。这是个人从事活动的最经济的自我激励方式。

传统上，“中国是伦理本位的社会”。[①] 儒家文化注重个人的道德修养，把人看作维护社会群体生存的伦理主体，要求个人道德人格完善。《大学》有言：“自天子以至于庶人，壹是皆以修身为本。”个人通过“修身”以达到“齐家”、“治国”、“平天下”的目的。“其身正，不令而行；其身不正，虽令不从。”（《孟子·万章上》）由此可见儒家文化特别注重个人的内化规范。儒家知识分子不仅把自身看作道德的承载者、守护者和维护者，而且把自身看作道德使命的传承者。“士不可以不弘毅，任重而道远。”（《论语·泰伯》）儒家知识分子自觉地弘扬和传承“道”，在他们看来，人性可以通过自我的道德修养而得到完善。

同时，传统中国社会也是典型的“乡土社会”，人们世世代代生活在同一片土地上。“以农为生的人，世代定居是常态，迁移是变态。”[②] 人们在长期的共同生产、生活和相互交往中形成了十分稳定的社会网络。人们聚族而居，相互有着比较密切的联系，人与人之间的矛盾不是靠正式制度，而是靠礼俗来调节。礼教是社会公认的行为规范，是一种自觉行为。中国素有礼仪之邦之称。礼教不靠外力来推行，人们在教化中形成了对礼教的敬畏之心。孟德斯鸠曾言说：“他们（中国统治者）把宗教、法律、风俗、礼仪都混在一起。所有这些东西都是道德。所有这些东西都是品德。这四者的箴规就是所谓的礼教。中国统治者就是因为严格遵守这种礼教而获得了成功。中国人把整个青年时代用在学习这种礼教上并把整个一生都在实践这种礼教上。”[③]

传统中国社会既有内化规范对个人行为的约束，又有“乡土社会”这样稳定的社会网络制约个人的行为。因此，传统上，译者对待翻译的态度是神圣的。释道安苛求词对词、句对句的直译。鸠摩罗什提倡译者署名，以示负责。彦琮提出做好翻译的必备条件，即：“诚心爱法，志愿益人，不惮久时，其备一也。将践觉场，先牢戒足，不染讥恶，其备二也。荃晓

① 梁漱溟：《中国文化要义》，上海世纪出版集团、上海人民出版社 2005 年版，第 70 页。

② 费孝通：《乡土中国生育制度》，北京大学出版社 2004 年版，第 7 页。

③ 孟德斯鸠：《论法的精神（上）》，许明龙译，商务印书馆 2004 年版，第 374 页。

三藏，义贯两乘，不苦暗滞，其备三也。旁涉坟史，工缀典词，不过鲁拙，其备四也。襟抱平恕，器量虚融，不好专执，其备五也。耽于道术，淡于名利，不欲高衒，其备六也。要识梵言，乃闲正译，不坠彼学，其备七也。簿阅苍雅，粗谙篆隶，不昧此文，其备八也。”[①] 这八条其中一半是谈译者的道德品质的，要求译者淡泊名利、持之以恒、虚心学习，还谈到译者要广采博览、通晓古今，不断提高翻译能力。玄奘提出翻译要做到既须求真，又须喻俗。严复更是提出信、达、雅的翻译标准。

即便在儒家文化衰落以后，在五四运动期间及以后相当长时期，知识分子中许多人尚有一种救国救世的自觉的神圣使命感和责任感。鲁迅先生对待翻译的态度是极其严肃认真的。鲁迅先生的好友许寿裳曾这样说："那时我和他同住，目睹其在骄阳满室的壁下，伏案工作，手不停挥，真是矻矻孜孜，夜以继日，单是动植物的译名，就使他觉到不少的困难，遍问朋友，花去很多的精力和时间。”[②] 由此可见鲁迅先生对待翻译的这种字斟句酌的态度。

改革开放以来，市场经济的发展使得我国文化的商业化、世俗化程度加深。在世俗化的过程中，我国传统上重义轻利的价值观为追求自由、享乐的个人主义价值观所取代。在个人主义价值取向下，现代知识分子崇尚自由、功利，强调以自我为中心来设计和选择自己的行为准则。在我国历史上，由于封建专制存续的时间较长，没有个人主义生长的土壤，因此，市场经济条件下个人主义张扬的前提就是对集体主义的彻底否定，结果成为一种极端个人主义。极端个人主义者抛弃了对崇高理想和精神价值的追求，为了满足个人私欲而不惜损害社会和他人利益。

在市场经济条件下，我国的经济成分、组织形式、利益关系、就业渠道和分配方式都日趋多元化，这导致社会的高开放性和人的高流动性。结果，社会网络被拉伸得越来越稀薄，带来的是一个“匿名”的陌生人社会，社会舆论和各种约定俗成的规范失去了对人的外在约束力，失去了存在的意义。没有了远大理想和抱负，失去了道德责任感和使命感，在对物质和精神享受的追求中，人们不仅可以利用各种手段巧取豪夺各种资源，而且还很容易规避对自己失范行为的惩罚。

① 罗新璋：《翻译论集》，商务印书馆 1984 年版，第 46 页。

② 同上书，第 320 页。

我国目前的现状是，原来维持社会秩序的内化规范被打破，低流动性的社会网络不复存在，导致人的自律性大大减弱、诚信缺失、道德失范，而法律制度还不健全。具体到翻译活动而言，目前国家还没有一个具体的政府部门负责管理翻译，也没有正式的法律制度规定翻译的各方面，对翻译标准和质量缺乏正式的法律制度约束。这是导致译者自由放任、译德失范，翻译质量下降的直接原因。

如何在现有的条件下重塑译者的社会责任和尽职尽责的翻译态度是我们面临的紧迫任务。重塑内化规范已不可能，马上制定正式制度不现实，那我们只有回到命题二，即采取非正式制度加社会网络辅助的办法。中国从2003年起陆续颁布了翻译服务相关的国家标准。GB/T19363.1—2003《翻译服务规范第1部分：笔译》主要是针对翻译公司制定的，其中关于翻译质量的条款有：

“4.4.2.2 译前准备，规定译者应在翻译前仔细做好以下工作：

——审阅原文；

——熟悉所译资料涉及的专业内容，备齐相应的工具书；

——审阅自己已掌握的术语；

——审阅顾客提供的术语；

——审阅并整理顾客提供的资料；

——进一步查阅单词和专业术语（如在互联网或数据库）；

——在保密的前提下通过翻译服务方与顾客解决内容上、专业上和术语上的问题。

4.4.2.3 译文的完整性和准确度

译文应完整，其内容和术语应当基本准确。原件的脚注、附件、表格、清单、报表和图表以及相应的文字都应翻译并完整地反映在译文中。不得误译、缺译、漏译、跳译，对经识别翻译准确度把握不大的个别部分应加以注明。顾客特别约定的除外。

4.4.2.8 统一词汇

译文中专有词汇应当前后统一。”①

时隔两年，中国又出台了GB/T19682—2005《翻译服务译文质量要求》国家标准。该标准对笔译译文的基本要求为：“（一）忠实原文：完

① GB/T19363.1—2003，翻译服务规范第1部分：笔译。

整、准确地表达原文信息，无核心语义差错。（二）术语统一：术语符合目标语言的行业、专业通用标准或习惯，并前后一致。（三）行文通顺：符合目标语言文字规范和表达习惯，行文清晰易懂。”[①] 该标准对译文的质量要求是译文的综合差错率一般不超过 1.5‰。2008 年出台的 GB/T19363.1—2008《翻译服务规范第 1 部分：笔译》是对 GB/T19363.1—2003 的修订，删除了涉及译文质量的 4.4.2.4—4.4.2.7（与 GB/T19682—2005 重复）并规定译文的质量要求按照 GB/T19682—2005 标准执行。如果译者能够按照上述国家标准执行，翻译出版物的质量会大为改观，至少我们读到的译作不会逻辑不通、情理不明。但以上国家翻译标准都是推荐性标准，推荐性标准又称为非强制性标准或自愿性标准，对行为者不具有强制性。国家翻译质量标准的颁布并没有改善翻译质量，很多译者根本就不知道有翻译国家标准的存在，或者知道有此标准也不遵照执行，因为这些标准对他们不具有强制性。

人际网络有维持非正式制度的作用。非正式制度的有效性随群体的规模扩大而递减。在一个缺乏社会关系的“陌生人”社会里，很多规范都难以施行。再好的规范，若没有约束力，乃空中楼阁。在这种状况下，非正式制度的有效执行就要借助密集的社会网络的力量。社会网络蕴涵着规范控制能力。社会网络的疏密程度对个体的影响截然不同。密集的社会网络具有维系和支持非正式制度和习俗的能力。网络密度和群体的凝聚力有助于规范的约束力。人际网络密集、凝聚力强以及信任度高的群体或者社区，能够更有效地组织集体行动，执行非正式制度。

在中国，目前存在着一个社会网络，这就是中国翻译协会和各省区市地方翻译协会。中国翻译协会在章程中明确其宗旨为：“开展翻译研究和学术交流；促进翻译人才培养和翻译队伍建设；进行行业指导，参与行业管理；维护翻译工作者的合法权益；开展与国内外相关组织之间的交流与合作。”[②] 中国翻译协会下设社会科学、文学艺术、科学技术、军事科学、民族语文、外事、对外传播、翻译理论与翻译教学、翻译服务和本地化 10 个专业委员会。在全国各省区市还设有 34 个地方性翻译协会。中国翻译协会及各省区市翻译协会在开展学术交流、教育培训、社会公益活动和对外

① GB/T19682—2005，翻译服务译文质量要求。

② 中国翻译协会：《中国翻译年鉴　2005—2006》，外文出版社 2007 年版，第 36—37 页。

交流方面取得了可喜的成绩。但这些活动的开展主要以各级译协常设工作机构为主体，未能把全体会员纳入到活动中来。并且会员对是否参加各级译协的活动是自主选择性的，协会对会员的管理只限于会费的缴纳，会员虽然同处一个网络之中，但彼此处于一种无联系状态，彼此不熟悉。中国译协和各省区市译协都是采取自愿入会和离会方式，是一个开放的网络，不能把所有译者纳入译协的网络控制范围，网络密度低。开放的网络对行动的鼓励往往不充分，很难实现最优的社会状态。所以，当前状态的这一网络不能对译者发挥其应有的、有效控制的作用。

在全球化时代，翻译活动在规模、速度、技术等方面发生了变化。与之相关的组织亦应与时俱进。国际译联在2009年国际翻译日的主题“携手合作”中提出：“对于行业协会和其他翻译服务机构而言，即时接触不再遥不可及。跨境联系只需一封电子邮件便可实现，网络扩大了机构的范围和影响力，这对于过去几代语言工作者而言只是一个梦想。问题是：富创新力的协会是如何使用这些新资源来提升行业标准、增强影响力的？”[①] 我们认为，各级译协应行动起来，效仿中国一些体育协会的做法，对从事翻译活动者采取强制性注册入会的方式，将译协改造为封闭的网络系统。因为封闭网络由共同利益者组成，其中某一事件的结果可以使所有人获利或受损。“一个群体的形成包含着整合纽带的发展，这种纽带将个体们团结在一个集体单位中。”[②] 译协通过考核或者一定的评估对注册入会的会员按照不同的学科门类进行一定的资历或职称评定。各级译协要成为一个连接译者和各出版社及翻译公司的中介机构，即各出版社和翻译公司所需译者由各级译协负责把关和输出，各级译协对译者的翻译质量进行监督和管理，译作完成之后要先交给译协，由译协请相关专家对翻译质量进行评判，评定合格后再流向社会。对在翻译工作中不负责任、粗制滥造的译者，各级译协有权力将之开除出译协。同时，被译协开除的译者在各出版社和翻译公司也不会有立身之地。各级译协定期召开翻译交流会议，要求其网络内的所有会员必须参加，这样可以使得网络内的译者们能够很快相互熟悉起来，变成一个“熟悉人”社区和高密度的互联网络。当然，如今网络技术越来越发达，译者之间的交流也可以通过网络平台进行。总之，

① http://www.fit-ift.org/download/en/itd-2009.pdf（访问日期2010年11月3日）。

② 布劳：《社会生活中的交换与权力》，李国武译，商务印书馆2008年版，第73页。

应该保证高密度的译者交流网络体系。高密度的互联网络能给予行动以充分的激励，行动者进而会表现出极大的行动热情。在高密度的互联网络中，还较易实施惩罚措施，因为高密度的互联网络内的共识为行动者应用惩罚措施提供了权利，对个人行动的惩罚措施是由众人共同实行的。此外，各级译协还可以把部分热心读者纳入自己的网络中来，定期召集译者与特定读者联谊，读者当面对译者的褒扬或批评可以对译者起到效果绝佳的刺激或激励作用。因为，我们都知道，现场观众的加油喝彩声能够激发运动员的勃勃活力，观众的掌声能够释放舞台表演者的能量。有了这种封闭网络的监控，译者在翻译活动中就会自觉地遵照国家翻译标准执行，从而实现非正式制度与网络控制的有机统一，从而使翻译质量能够得到保证。

良好的职业道德是保证译者出色地完成翻译工作的重要一环。导致译者译德失范的原因在于社会转型期的社会机制。当前较经济的解决办法就是要充分发挥各级译协的网络作用，对译者实行注册入会方式，进行有效的监管。

长期以来，中国的翻译活动以外译中为主。进入21世纪以来，中国的翻译活动又出现了新的表现形式。随着中国经济实力的增强，中国开始实施中国文化“走出去”战略。中国图书作为中国文化的主要载体之一，也必然要加入“走出去”的行列。中国图书“走出去”目前主要是在政府大力支持和资助的形式下运行的，政府资助的对象主要为把汉语或少量少数民族文字翻译为外语在国外销售的图书。因此，翻译是中国图书“走出去”的重要一环，只有准确传达中国图书的文化理念，才能促进世界对中国的了解，树立中国的良好国际形象。接下来，我们拟研究中国图书“走出去”运行机制优化问题。

第四节　中国图书“走出去”运行机制优化

全球化的发展大大加强了国际经济交流。文化的发展与经济的发展尽管有相对独立性，但文化与经济不是截然分开的，国际经济交流的发展同时带动了国际文化交流的频繁往来。西方经济大国凭借其经济、科技的强势地位，推行文化霸权。文化力在国际综合国力竞争中的地位和作用越来越突出。国际形势的新变化加重了中国文化事业和文化产业与时俱进的历史责任。中国文化面对西方大国的文化战略，必须积极应对，提高自身的竞争力，实施中国文化“走出去”战略。只有不断提高“走出去”的能力和实力，才能回应日益激烈的国际文化产业竞争所提出的严峻挑战，才能在西方文化的冲击下固守自己的根基和立场，才能在世界文化舞台上占有一席之地，才能在与世界其他民族文化的交流与碰撞中保持生机和活力。

文化力通过文化产业的规模和竞争力得以体现。如果一个国家拥有实力强大、竞争力强、出口额高的文化产业，就能够通过文化产品向全世界输出自己的价值观，就可以发布有利于自己的文化信息，塑造自己良好的文化形象。文化产品通过消费者的选择使用而达到文化力的实现。“版权贸易的顺差和逆差，实际上反映了一个国家和地区文化产业竞争力的强弱，是一个国家和地区以文化为核心的国家‘软实力’的集中表现。因此，以版权产业为核心的文化产业将成为文化产业发展的主流和文化产业综合竞争力强弱的战略性标志。”① 版权贸易逆差和版权市场的不平等状态导致文化交流的不对称，其结果影响到中国在国际文化竞争中的权重。可以说，现在中国在经济上、在国际政治上，已经从一个区域性的国家变成一个全球性的国家，但中国的文化竞争力还较弱。“在1990—2005年期间，中国文化竞争力指数从23到22，略有下降；世界排名从第22位到第24位，下降了2位。”② 因此，中国图书“走出去”，不仅是国家经济发展的需要，更是文化发展的需要，关系到国家的整体利益。中国图书只有“走出去”，才能更好地传播中国的文化理念，促进世界对中国的了解，树立良好的国家文化形象，增强中国的文化吸引力和国际竞争力。

中国图书“走出去”是增强中国文化国际竞争力的重要举措，在中国出版业实力较薄弱的现实条件下，政府对中国图书“走出去”予以资助和扶持是很必要的。中国图书“走出去”在政府的大力资助下，近几年取得了不俗的表现，但在运行中亦存在不尽合理之处，本节将对中国图书“走出去”的规划、路径及主体要素加以分析研究。

从2004年起，中国国务院新闻办公室推出“中国图书对外推广计划”，目的在于扩大中国图书的实物出口和版权输出。“中国图书对外推广计划”

---

① 胡惠林：《文化产业发展与中国新文化变革》，上海人民出版社2009年版，第11页。

② 中国现代化战略研究课题组、中国科学院中国现代化研究中心：《中国现代化报告2009——文化现代化研究》，北京大学出版社2009年版，第277页。

向国外出版机构资助出版中国图书翻译费，鼓励各国出版机构翻译出版中国图书。2009年中国国务院新闻办公室又推出“中国图书对外推广计划”的加强版——“中国文化著作翻译出版工程”，重点扶持和资助国际出版合作，以资助文化、文学、科技、国情等领域系列产品为主，不仅可以资助翻译费用，还可申请资助出版及推广费用。翻译费资助额度为社科类图书每千字150—200元，自然科学类图书每千字80—120元。同年，原国家新闻出版总署又推出“经典中国国际出版工程”，面向国内出版社采用项目管理方式资助外向型优秀图书选题的出版和翻译，重点资助反映中国传统经典文化和当代中国社会科学、自然科学、文学、艺术、语言、少儿类优秀选题。重点扶持“中国学术名著系列”和“名家名译系列”。除了上述资助面较广的三大中国图书“走出去”工程之外，在中国还有一些专题式、地方性的中国图书翻译资助项目，如国家汉办暨孔子学院总部组织的《五经》翻译项目，该项目召集海内外30多位学者共同翻译代表中华文明核心的中国儒家传统经典《诗》、《书》、《礼》、《易》、《春秋》。“《五经》将首先被译成英语，学者将根据英译本并参照经文底本，再翻译成法语、德语、西班牙语、俄语、阿拉伯语、希伯来语、印地语和马来语。”① 中国作家协会组织的“中国当代文学百部精品译介工程”，“中国作协将从中国当代文学作品中挑选出百部精品力作，有计划地翻译、推介给外国出版商和有关机构，同时加快培养文学翻译和编辑人才”。② 2008年陕西省作协成立了专门的文学翻译委员会，推出了“陕西文学海外翻译计划”，把陕西当代著名作家的文学作品译成英文向外推介。此外，原国家新闻出版总署配合国际性书展还在2008年初发起了“2009年法兰克福书展中国主宾国活动重点图书翻译出版资助项目”该项目资助了包括《狼图腾》、《兄弟》、《中国通史》、《进入中国服务业》等80种图书的翻译出版。综合起来看，上述中国图书“走出去”的项目布局是很合理的，既有中国古代文化的精髓，又有中国当代人文景观的图书；既有文学作品，又有学术著作；既有普及中国文化的读本，也有少儿图书。从中国近十几年来的版权输出数量可以发现，中国图书“走出去”也是很有成效的（见图26）。

① 柳霞：《中文学者携手共译〈五经〉》，《光明日报》2009年7月28日第2版。

② 《中国当代文学百部精品译介工程启动》，《中华读书报》2006年3月8日第2版。

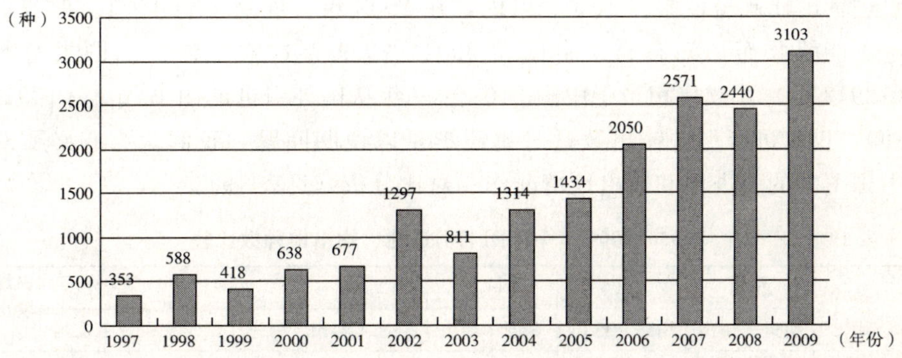

图 26　1997—2009 年中国输出版权数量变化趋势

资料来源：1997—2004 年数据来自《中国图书出版产业报告 2003—2004》；2005—2009 年数据来自原国家新闻出版总署网站。

尽管中国图书的版权贸易目前为止还处于逆差，不过，随着中国图书“走出去”工程的实施，逆差态势在趋缓（见表 18）。

表 18　　1997—2009 年中国图书版权引进和输出比

年份	版权引进种数	版权输出种数	引进输出比
1997	3224	353	9.1
1998	5469	588	9.3
1999	6461	418	15.5
2000	7343	638	11.5
2001	8250	677	12.2
2002	10235	1297	7.9
2003	12516	811	15.4
2004	10040	1314	7.6
2005	9352	1434	6.5
2006	10950	2050	5.3
2007	10255	2571	4
2008	15776	2440	6.5
2009	12914	3103	4.2

资料来源：1997—2004 年数据来自《中国图书出版产业报告 2003—2004》；2005—2009 年数据来自原国家新闻出版总署网站。

自 2004 年中国实行“中国图书对外推广计划”以来，中国版权贸易的引进输出比已经控制在10∶1以内，在2007年一度缩小到4∶1。但我们绝不能就此而沾沾自喜。中国在2004—2009年这六年输出的图书总数（12912种）才仅仅相当于中国2009年一年从国外引进的图书数量（12914种）。仅仅进行引进输出数量对比还不足以说明问题，我们认为有必要对中国图书的引进地和输出地情况作一对比分析（见表19）。

表19　　2005—2009年中国图书引进地、输出地种数比较

	2005		2006		2007		2008		2009		总数		引进输出比
	引进	输出	引进	输出	引进	输出	引进	输出	引进	输出	引进	输出	
美国	3932	16	2957	147	3878	196	4011	122	4533	267	23243	748	31.8
英国	1647	74	1296	66	1635	109	1754	45	1847	220	8179	514	16
德国	366	9	303	104	585	14	600	96	693	10	2547	233	11
加拿大	39	0	40	0	33	13	59	29	73	10	244	52	4.7
法国	320	7	253	14	393	50	433	64	414	26	1813	161	11.3
俄罗斯	49	6	38	66	92	100	49	115	58	54	286	341	0.84
日本	705	15	484	116	822	73	1134	56	1261	101	4406	361	12.2
新加坡	140	43	156	47	228	171	292	127	342	60	1158	448	2.6
韩国	554	303	315	363	416	334	755	303	799	253	2839	1557	1.8
中国香港	204	169	144	119	268	116	195	297	398	219	1209	920	1.3
中国澳门	43	1	2	53	0	38	4	47	0	10	49	149	0.3
中国台湾	1038	673	749	702	892	630	6040	603	1444	680	10163	3288	3.1

资料来源：原国家新闻出版总署网站

注：表中数据中的图书版本贸易既包括翻译出版物的版本贸易，也包括原版引进和输出的图书版本贸易，故与我们在第三章中对翻译出版物进行分析的数据不完全吻合。

从表19看，五年之中中国版权引进输出比超过10的国家或地区为美国、英国、德国、法国和日本，说明中国在这些国家中文化竞争力处于较大劣势。从中国版权输出数量及引进输出比来看，中国版权输出主要集中在中国台湾、中国香港、韩国、新加坡和俄罗斯等国家或地区，中国只对俄罗斯和澳门实现了版权贸易顺差。这说明中国的文化影响力还主要集中在东（南）亚及周边国家或地区，而且中文图书占版权贸易的很大比例。我们对中国台湾、中国香港、中国澳门地区的版权输出只是汉字简、繁体转换的授权出版，不牵扯语言转换。中国悠久灿烂的文化不仅属于中国、属于东（南）亚及中国周边国家和地区，中国理应对21世纪世界文化格局的形成做出自己的贡献。

文化价值的实现在于传播，文化不传播就失去了其价值属性，也就失去了文化权力。积极实施中国图书“走出去”战略，与他者文化进行互动，让中国文化的魅力在世界范围充分展现，从而有效地促使中国由文化资源大国步入文化强国，在向世界展示对国际事务负责任的大国形象的同时，展示文化中国的形象，承担起对世界文化发展的文化责任。中国图书“走出去”，是在国内文化投资缺乏和中国出版社相对弱小的背景下进行的，因此，政府的扶持和资助十分必要。

当前形势下以及以后相当长的一段时期，政府对中国文化产业的扶持是中国文化产业发展壮大的重要保障。在执行具体的扶持政策时，我们发现，中国有些执行机构稍显急躁，不能以理性的态度客观地对待中国的版权逆差，急于求成、贪大求量，总想“走出去”的效果能够立竿见影。目前，只有目标为进入非华语地区图书市场的中国图书才会享受政府资助。这就决定了中国图书“走出去”必须要进行语言转换，中文或少量少数民族文字图书翻译成目标市场语言之后才能真正输出到目的地。图书翻译需要一定的时间周期，如果时间太短翻译质量肯定会受到影响。我们发现，有的执行机构对入选受资助的图书规定有严格的翻译出版时限。只求一时的数量和数据，图书翻译质量很难得到保证。这不但不利于中国文化向外传播，而且造成资源浪费。2008 年 10 月，首批 80 种图书入选“2009 年法兰克福书展中国主宾国活动重点图书翻译出版资助项目”，“有关协议签订后，新闻出版总署将拨付资助费用的 50%，项目完成后，再拨付其余的资助费用。对于获得资助、但未能在规定期限内完成的项目执行单位，将不能获得另外 50%的项目资助，并返还已获得的资助费用。各出版单位必须在 2009 年 8 月底以前完成相关出版工作”。① 从签订资助协议到完成项目，扣除出版流程，留给译者翻译的时间只有半年左右。在国家新闻出版总署网站上还发现，原国家新闻出版总署在 2010 年 4 月 28 日发布的《关于申报 2010 年度“经典中国国际出版工程”资助项目的通知》中规定：“此次申报的项目仅限于已有书稿或中文（含少数民族文字）版图书，有版权输出或合作出版的国外出版机构，并能保证在 2012 年 6 月底前完成出版工作的项目。”② 该项目于 2010 年 9 月最终确定了 97 个翻译出版项目，留给译

① 王玉梅：《2009 法兰克福书展中国翻译出版资助书目公布》，《中国新闻出版报》2008 年 10 月 31 日第 1 版。

② http：//www.gapp.gov.cn/cms/html/21/508/201004/698594.html（访问日期 2010 年 11 月 5 日）。

者翻译的时间也是只有半年左右。翻译不是文字的表面转换，而是文化的传达，翻译质量得不到保证，中国文化的表达就会打折扣。中国图书“走出去”在加强增量的同时，更应该注重质的提升。

“中国图书对外推广计划”工作小组是中国政府资助版权贸易的执行机构。虽然“中国图书对外推广计划”工作小组有20家国内出版社或出版集团作为自己的成员单位，但没有把国外出版商纳入自己的工作机制之中，视野不开阔。为了中国图书更好地“走出去”，“中国图书对外推广计划”工作小组应积极开展与世界各国出版机构的对话与交流，广泛调研，了解世界各国的出版运作机制、出版政策和所在国家或地区的文化消费情况。同时，要与国外出版中介建立长期稳定的非贸易关系，以便随时了解国外的出版动态。“中国图书对外推广计划”对中国图书“走出去”扶持和资助是粗放型的，既资助版权贸易，也资助推广费用，对输出国没有科学的评估机制。我们认为，为了让中国文化更好地“走出去”，更好地用好国家的经济资源，“中国图书对外推广计划”应合理规划，对世界不同地域的国家或地区进行科学的评估，针对不同的评估级别，调整资助资源配置，在推广的力度、重心以及资助额度方面区别对待。德国于1973年起实施“促进图书翻译”计划，该国对翻译图书的资助重点明确，评选严格。“近年来，随着国际形势变化，德国重点资助中欧及东欧语言的翻译工作，如亚美尼亚语、立陶宛语、乌克兰语，还有前南斯拉夫的一些语言及越南语。翻译的图书主要有文学作品、实用书、青少年读物及科技书。”[①] 德国的这一做法值得我们借鉴。

中国图书“走出去”如果规划合理，可以用同样的资金资助更多的版权贸易项目，可以扩大中国图书“走出去”的覆盖范围和辐射面，从而实现中国文化顺利走出去。对于与中国地缘相近或文化、语言传统相近的国家或地区，中国文化对其有着巨大的吸引力，其本身对中国文化就有较强烈需求，如东（南）亚等国家或地区。随着中国经济实力的增强、影响力的扩大，上述地区或国家了解中国文化的愿望也会越来越强烈，同时，中国深厚的传统文化和影响力能够辐射到上述地区或国家，为中国图书“走出去”奠定了良好的基础。对这些国家或地区，我们可以减少资助的额度。

① 怀国：《德政府资助在国外翻译出版德国图书》，《出版参考》1995年第3期。

对于采取文化保护政策的国家或地区，应采取审慎的态度，时机不成熟时可以考虑暂时不资助推广费。法国是一个既重视文化的多样性，又采取文化保护政策的国家。重视文化的多样性，自身就会对别国文化有内在的需求。中国很多作家的作品，多是法国人译介到法国的。采取文化保护政策，又决定了别国的文化产品很难大规模地进入法国。加拿大也是采取文化保护政策的国家。事实上，“中国图书对外推广计划”就是起源于2004年中法文化年。该项目实施以后，并没有帮助中国图书大量进入法国出版界。2005—2009年，中国输入法国版权仅161项（见表19），年均32项。对上述国家，我们暂时可以不投入大量的推广力量和资金，但对向中国申请版权贸易资助的项目，则可大力资助。

“中国主题图书在主要发达国家出版情况的调研”课题组研究发现：“德国出版社的整体战略偏保守，多数译介的中国主题图书都是在美国、英国或法国已经达到一定的销量后才会被引进德国，首发量一般都不是特别大。从整体上来说，德国出版社对从中国直接引进版权并翻译出版的兴趣不大。”[①] 对像德国这样对中国图书持审慎态度的国家，我们可加大宣传推广的力度，积极培育图书出版中介或寻找国外成熟的、有图书推广经验的出版商以合作的方式或资助推广费的形式大力推广中国图书，争取输入国对中国图书的认同或认可。

美国、英国、日本等经济强国在图书贸易中对中国的比较优势明显，尤其是美国，2005—2009年中国与美国的引进输出比为31.8∶1。虽然目前中国文化竞争力与上述三国相比还处于劣势，但上述三国是中国文化输出的最大潜在市场。文化消费是与经济因素不可分割的。经济发达，人们的文化消费支出就高。因此，政府对中国图书输入上述三国应该增加资助的额度。除了大力资助直接版权输出之外，还可大力扶持中国出版社与上述三国出版界开展各种形式的合作，利用它们的先进管理经验和全球性的市场运作模式，开拓国际图书市场。资助上述三国的知名代理机构和中介机构，提高中国图书的国际销售能力。政府帮助解决中国出版社“走出去”面临的资金不足问题，大力扶持中国出版社兼并、控股、收购上述三国出版企业，利用其原员工、品牌和销售渠道进入当地文化市场。大力扶

① “中国主题图书在主要发达国家出版情况的调研”课题组：《中国主题图书在德国的出版情况概述》，《出版广角》2007年第9期。

持中国出版社在上述三国建立中国图书营销基地，形成集聚效应，逐步树立中国的文化品牌，扩大市场影响，中国图书进入了美、英等国家的文化市场，就可能较顺利地进入德国市场。因此，大力开拓进入上述国家图书市场的渠道是中国图书“走出去”的重中之重。

当前，中国图书“走出去”最主要的动因是政府的大力推动。但从中国图书的接受地看，接受国或地区接受中国图书的动因主要是中国与这些国家或地区的文化交流。这些国家或地区首先是中国引进出版物的来源地，文化交流尽管可能不平等，但却是互动的。中国对这些国家或地区的出版物的引进带动了中国图书走向这些地区。结合在第三章中的研究发现，我们认为让外国出版商接受中国图书还有一个动力因素，即中国的对外经济交流。随着中国经济实力的增强，中国企业对外直接投资越来越多。中国图书“走出去”可以借助中国企业“走出去”的路径。经济交往与文化交流有着相辅相成的关系，经济输出的同时，也在进行文化输出，当地人必然会产生进一步了解中国文化的愿望，对中国图书产生需求。中国企业“走出去”的路径为我们指明了中国图书“走出去”的又一个方向。中国出版社可以向获得中国企业投资较多或较集中，而与中国版权贸易还不活跃的地域大力推广中国图书和中国文化，扩大中国文化的覆盖面。表 20 为我们提供了中国对外直接投资较集中的国家或地区。

表 20　2008 年中国对外直接投资流量超过 1 亿美元的国家（地区）

序号	国家（地区）	金额（亿美元）	序号	国家（地区）	金额（亿美元）
1	中国香港	386.4	12	蒙古	2.39
2	南非	48.08	13	缅甸	2.33
3	英属维尔京群岛	21.04	14	赞比亚	2.14
4	澳大利亚	18.92	15	柬埔寨	2.05
5	新加坡	15.51	16	德国	1.83
6	开曼群岛	15.24	17	印度尼西亚	1.74
7	中国澳门	6.43	18	尼日利亚	1.63
8	哈萨克斯坦	4.96	19	阿拉伯联合酋长国	1.27
9	美国	4.62	20	越南	1.2
10	俄罗斯	3.95	21	阿富汗	1.14
11	巴基斯坦	2.65	22	印度	1.02

资料来源：商务部网站：http://hzs.mofcom.gov.cn/accessory/200909/1253868856016.pdf，访问时间 2011 年 3 月 23 日。

表 20 中的 22 个国家或地区，去除我们在上文中已经分析过的、与中国版权贸易相对数量较多的国家或地区，其余的主要为亚洲的哈萨克斯坦、巴基斯坦、蒙古、缅甸、柬埔寨、越南、阿拉伯联合酋长国、阿富汗，非洲的南非、赞比亚、尼日利亚和大洋洲的澳大利亚。这些国家或地区是中国图书“走出去”的潜在市场。有了中国投资企业直接经济投资的前期铺垫，中国图书走向这些地域遇到的障碍会相对较少，对上述国家或地区的图书市场开发就会相对较容易，实现图书贸易顺差的可能性就大。等这些国家或地区图书市场开发成熟之后，再向其周边国家或地区辐射，这样，就大大增加了中国文化的全球覆盖范围，中国文化的影响力就会慢慢显现。

但中国图书走向这些国家或地区还面临一个亟待解决的问题，即小语种的翻译问题。上述国家或地区除了澳大利亚之外，都是小语种国家，中国图书能否尽快输入这些国家或地区，取决于中国小语种翻译人才的储备是否充足。而当前的现状是，中国的小语种翻译人才严重短缺，培养小语种翻译人才已经迫在眉睫。关于小语种翻译人才的培养问题，我们将在下一章讨论。

目前，中国图书“走出去”还主要靠政府的资助和扶持。但从长远来看，中国图书“走出去”的主体是出版企业，中国图书的国际市场化运作应由中国出版企业来承担。文化竞争力的实现，关键在于文化传播。出版企业是图书市场的主体，图书在市场上流转才可以扩大文化的传播范围，增加本民族文化与他者文化碰撞、交流的机会，从而增强文化生命力。否则，再好的精神产品，如果不进入市场流通，其价值就不会得到体现。中国 20 世纪 80 年代初期开始出版的“熊猫丛书”，是一大批杰出翻译家辛勤劳动的结晶，像杨宪益、戴乃迭夫妇、萧乾、杨绛、傅雷、王科一、杨必、任溶溶、草婴、傅东华等都参与了翻译。但由于“熊猫丛书”未进入图书流通领域，“印行的图书，大多被用作礼品，主要通过中国驻外使、领馆等向外国友好人士进行赠阅，较少进入市场销售流通”。[①] 没有充分实现传播中国文化的功能。“改革开放以来，中国文学最著名的译丛‘熊猫丛书’虽然走出了国门，但其中很多种书其实在中国的驻外机构里‘沉睡’。”[②]

---

① 李朝全：《中国当代文学对外译介成就概述》，《文艺报》2007 年 11 月 6 日第 3 版。

② 吴越：《如何叫醒沉睡的“熊猫”》，《文汇报》2009 年 11 月 23 日第 1 版。

中国出版机构的国际竞争力还很弱，至今一些出版机构的转企改制工作还未顺利完成。没有出版企业的发展壮大，中国在世界图书市场上的份额就会越来越小，在当今综合国力的竞争中就会落后，民族文化身份、主流价值观念的保持就不牢固，更谈不上通过文化产品向外输出本民族的价值观了。因此，提高中国出版企业的国际化水平和国际市场竞争力是关键。培育一批有自主创新能力、有知名品牌的出版企业或出版集团，使骨干出版企业成为在国际文化市场具有较强竞争力，在拓展国际文化市场、促进文化产品“走出去”中发挥主力军作用。

中国图书不仅仅要“走出去”，而且还要“走进去”。中国图书只有被输入国接受，中国文化才会有生命力。中国图书、中国文化能否“走进去”，关键取决于翻译的效果。“汉学家葛汉文曾说过一段故事，说有一个留美的中国博士生翻译了贾平凹的《废都》，可惜那留学生水平太差，翻译出来的东西‘是一堆文字垃圾。（葛汉文语）’，故而《废都》翻译成英文后，再次被废了一次。”[①] 中国图书“走出去”，中国文化内容的表达靠翻译，在很大程度上译者决定了中国文化对外传播的效果。“更严峻的问题是，我们的图书在‘走出去’时，也常因为找不到好的翻译而导致图书翻译质量普遍粗糙。……正是由于翻译水平的限制，中国图书版权输出的主要对象只能是东亚和东南亚受汉文化影响的国家，欧美市场所占比例微乎其微。而且，出版物输出语种单一，以中文版权直接输出为多，其次是英文版权的输出，其他语种版权输出很少。”[②] 中国图书“走出去”，我们不缺代表中华文化的优秀作品，缺的是把优秀作品转化为优秀译作的优秀译者。中国译者翻译水平低下，小语种翻译人才短缺，已经成为制约中国图书走进输入国的瓶颈。大量合格的翻译人才才能增强我们文化的传播力。因此，培养合格的翻译人才是我们的迫切任务。

在翻译活动的环境要素中，政府的调控缺失、非营利性机构的辅助矫正功能缺失、文学共同体的引领功能缺失，导致图书翻译市场无序。政府应对翻译出版物加以宏观规划；应加强非营利性机构建设，起到对出版社的趋利行为进行矫正的作用；应发展各种文学共同体，引领读者进入高层次的阅读空间，更好地消化吸收外国文化成果。在翻译系统的内部运行机

① 南桥：《缺乏翻译，中国文化如何走出去?》，《南方都市报》2009 年 12 月 9 日第 A17 版。

② 殷泓：《出版业须提高翻译水平》，《光明日报》2009 年 3 月 13 日第 6 版。

制中，优秀译者缺失、编辑、审校、统稿职能不到位是影响翻译活动良性运行的主要因素。译者的社会组织（译协）应对译者予以合理的激励，提高译者的社会地位和社会待遇。出版社和翻译公司对翻译活动应进行合理的流程控制管理，把好每个环节，实现翻译流程良性运转。市场经济条件下，译者译德失范，应发挥各级译协的作用，把译者纳入各级译协的网络控制之中，实现对译者有效的监管。对中国图书“走出去”，应对版权贸易国或地区进行评估规划，针对不同的国家或地区采取不同的资助方针和力度，在现有版权贸易国的基础上，中国出版界还可以以中国企业“走出去”的路径开发新的、更多的版权贸易国或地区，扩大中国文化的覆盖面。

不论是翻译活动的“引进来”、“走出去”，还是翻译服务产业，译者都是其中最为核心的一环。译者如果翻译能力低下，即使各种机制都运行良好，也不能保证翻译产品的优秀品质。因此，翻译人才培养是重中之重。在下一章，拟研究翻译人才培养问题。

第六章　优化翻译人才培养机制探索

从翻译活动的"引进来"到"走出去"，再到翻译服务产业的发展，译者的翻译能力已成为一道障碍。在第四章第一节，我们分析发现译者的翻译水平制约了文学翻译的文学性表达。在第四章第二节，我们结合对33种非文学翻译著作的调查，发现译者翻译能力较弱，导致各种低级错误发生。在第四章第三节，通过对国内翻译公司的调查，发现多数专职译员翻译能力不强，甚至给客户造成经济损失，也制约了翻译公司的规模化发展。译者翻译能力不强更是成为制约中国图书"走出去"的瓶颈。"文化走出去不差钱差翻译"①，"中国图书在国际市场上表现不佳，除了受到中西文化差异的限制，深层次的原因是人才问题，特别是高水平中译外人才的匮乏"②。中国要想真正解决文化输出问题，首要的是解决翻译问题。只有解决了翻译问题，中国文化才能真正实现由"走出去"到"走进去"，才能增强中国文化的国际竞争力。中国目前的翻译人才培养机制显然已经不能适应中国社会文化发展的需要。因此，探索新的翻译人才培养机制迫在眉睫。

第一节　新形势下重构翻译人才培养机制

翻译人才是中国未来的文化生产力。对翻译人才的培养，应能达到胜任某一翻译任务的目的。但由于对翻译人才培养的定位不准，导致中国高校培养出来的翻译人才翻译能力低下，不能很好地完成翻译任务。因此，有必要重构翻译人才培养机制。

---

① 文敏：《文化走出去不差钱差翻译》，《浙江日报》2010年3月31日第13版。

② 孟晓光：《理智看待中国文学走向世界》，《人民日报海外版》2010年9月23日第7版。

近几年来，翻译的重要性得到了政府的重视。翻译本科专业于2006年开始从外语专业中独立出来。翻译硕士专业学位（MTI）设置也在2007年获得国务院学位委员会的批准。“随着翻译硕士专业学位点的酝酿筹建，以及翻译专业本、硕、博完整教学体系在中国大陆的形成；翻译学作为一门学科已经稳稳地站住了脚跟。”[①] 到2010年9月，158所高校获得国务院学位委员会批准试办翻译硕士专业；截至2011年3月，42所高校获得教育部批准开办翻译本科教育专业。还有很多高校的外语院系的研究生培养中设有翻译理论与实践研究方向，一些重点高校还设立了翻译学博士点或研究方向。

随着翻译学学科地位的上升，近年来探讨翻译人才培养模式的逻辑起点也由原来的外语专业转到了翻译学专业。何刚强认为从学术型向应用型翻译人才培养的转轨要加强全国性的交流合作，制定新的相关学术标准，创办新的学术刊物可更有机地推动应用翻译的研究和教学[②]。我们认为学术型翻译人才和应用型翻译人才的培养同样重要，不能厚此薄彼。当务之急是如何在现有条件下通过微调保证各种翻译人才的培养都能够实现较好状态，而不应以转轨的方式走运动化的路线。柴明颎从专业翻译（MTI）的培养目标、师资队伍建设、专业教学内容和训练量、学生遴选和职业化四个方面探讨了专业翻译教学的建构[③]。上述研究具有明确的学科意识，研究的逻辑起点是翻译学科，认为翻译人才的培养只是翻译专业的任务。

虽然翻译专业的重要性得到了重视，专业建设也发展较快，但翻译学科目前还是二级学科“应用语言学”之下的一个三级学科方向。罗列、穆雷已在探讨建立翻译学二级学科地位的必然性[④]。不过，即使翻译学获得了二级学科地位，仍然受“外国语言文学”一级学科的统辖。翻译学的学科建制也就决定了知识生产、人才培养只能在学科的体制内以语言转换为中心。学科机制的狭窄注定了这种体制下培养出来的翻译人才知识背景空间狭窄。“翻译是宇宙间最复杂的活动之一”[⑤]，翻译活动不只是两种语言

① 许钧、穆雷：《中国翻译研究（1949—2009）》，上海外语教育出版社2009年版，第158页。

② 何刚强：《切实聚集应用，务实培养译才——应用翻译与应用翻译教学刍议》，《上海翻译》2010年第1期。

③ 柴明颎：《对专业翻译教学建构的思考》，《中国翻译》2010年第1期。

④ 罗列、穆雷：《翻译学的学科身份：现状与建设》，《上海翻译》2010年第4期。

⑤ Richards，I. A. Toward a Theory of Translating. Wright（ed）. *Studies in Chinese Thought*. Chicago：University of Chicago Press，1953：250.

间的转换，翻译需要复合型知识。双语转换能力、专业知识、百科知识以及语言、文化知识在翻译中同等重要、不可或缺。翻译专业培养出来的译者，其语言组织能力、双语转换能力可能较强，但专业知识缺失。虽然双语工具书可以帮助译者解决一些专业知识或术语的表达等问题，但在经济一体化、信息化的今天，知识更新越来越快、学科门类越分越细，专业性的双语工具书的编纂出版严重滞后于新知识更新的速度。翻译的目的就是要及时了解外界的最新信息，如果译者不具备相关专业的最新知识，是没办法翻译准确的。

目前，中国很多高校也在注重对翻译人才的复合式培养。仲伟合、穆雷介绍了广东外语外贸大学翻译专业人才培养模式：翻译专业本科的培养模式为，扎实的双语应用能力＋熟练的双语转换能力＋基本的相关专业知识＋相应的人文素养；翻译硕士专业学位（MTI）的培养模式为，过硬的口笔译技能＋娴熟的译者能力＋丰富的相关专业知识＋较强的人文素养[①]。但限于翻译专业目前的学科地位、学科体制和翻译专业的师资状况，对翻译人才的复合式培养只能做到文科基础知识的复合，不可能做到相关文科专业知识的复合，更做不到理工科专业知识的复合。这点在北京外国语大学翻译专业笔译教学材料的选择上也可以体现出来："笔译类型……就专题性而言，传统文化、文学作品、哲社思想经典、政论文献为主，法律、经贸、新闻、国际组织文件、应用类为辅。"[②] 即便从事翻译教学的教师，对于专业性强的文献也未必能做到完全准确的翻译。对此，出版社编辑是有认知的。商务印书馆译作室副主任陈小文曾谈道："非专业人员翻译专业作品。这样的翻译作品99%不能读。学术书籍翻译难，难在哪里？难就难在学术有专攻，隔行如隔山，你就是外语系的教授，你也翻译不了它，因为它有自己的一套话语系统、名词术语、表述方式。"[③] 当然，已有学者提出要加强翻译专业的师资状况建设，"本科翻译专业建设要真正获得成功，有赖于我们的翻译专业教师具备三方面的功夫：一是有丰富的翻译实践经验，精通翻译的一般策略与技巧；二是有宽广的翻译理论视野，熟悉译论的国内外发展动向；三是有无穷的琢磨翻译的激情，懂

① 仲伟合、穆雷：《翻译专业人才培养模式探索与实践》，《中国外语》2008年第6期。

② 吴青：《本科翻译专业培养模式的探索与实践——谈北京外国语大学翻译专业教学理念》，《中国翻译》2010年第2期。

③ 郭晓虹：《翻译的现状与前景》，《中国新闻出版报》2003年10月8日第3版。

得教学的互动与循循善诱”。[①] 上述三方面的“功夫”其实指向的都是翻译知识方面，而对于专业知识的要求没有涉及。事实上，要求翻译专业的教师具备某个领域的专业知识是不现实的。翻译专业教师不是万能的，不可能做到既懂翻译知识的原理、理论，又懂高深的专业知识。换言之，翻译专业教师的职责就是传授翻译知识，而专业知识的传授要由本专业的教师来完成。另外一个极其重要的事实就是：翻译人才对相关专业知识方方面面的掌握是一个漫长的学习过程，仅靠一两门课程是不能解决问题的。

改革开放以来，中国社会高速发展，需要方方面面的翻译人才。事实上，30 多年来，中国翻译从业人员中很多来自非外语专业，尤其是科技翻译工作者几乎都是来自非外语专业。非外语专业培养出来的译者，虽然具备了相关的专业知识，但对翻译活动的认知存在缺失、双语转换能力较弱，不能很好地驾驭原文，不能出色地完成翻译任务。2009 年中国台湾国立清华大学的钟月岑在国内的一个研讨会上曾谈道：“当我需要用很多由大陆学界翻译的作品时，我发现那些东西事实上没法用，因为有很多翻译的错误。大家都在讲要有创造，事实上我觉得前面的那个基础的工作都没有做好，就是翻译的驾驭能力基本上是有问题的，所以才会将错就错，一代一代这样传下来。”[②] 我们面对的现状就是：翻译专业、外语专业培养出来的译者专业知识缺失；大量在社会上从事翻译活动的译者从来没有接受过良好的翻译教育。我们认为，对翻译人才培养的定位过于狭窄是问题的根源。这种唯学科是瞻的意识，认为翻译人才的培养只是外语或翻译专业的任务，导致对出身于非外语专业翻译人才的无视。

国际译联主席贝蒂·科恩在中国译协第五届全国理事会会议开幕式上的致辞中曾说道：“翻译必须专业化，这样才能确保翻译的质量。”[③] 翻译要专业化，首先要做到翻译人才培养专业化。“加大对翻译人才的培养力度，让翻译人才走向专业化，已经成为翻译界亟待解决的问题。”[④] 要培养专业化的翻译人才，必须采取复合式培养的模式，对未来翻译人才实行多

---

① 何刚强：《精艺谙道，循循善诱——翻译专业教师须具备三种功夫》，《外语界》2007 年第 3 期。

② 苏力、陈春声《中国人文社会科学三十年》，生活·读书·新知三联书店 2009 年版，第 216 页。

③ 中国翻译协会：《中国翻译年鉴　2005—2006》，外文出版社 2007 年版，第 842 页。

④ 朱海滔：《翻译人才亟待专业化》，《中国劳动保障报》2011 年 6 月 4 日第 3 版。

元化的、真正意义上跨学科的复合式培养，从增强国家文化竞争力的高度来思考如何培养翻译人才。因为专业的不可通约性，要对未来的翻译人才进行专业化、复合式培养，则必须突破翻译专业的学科界限。正是这种“唯学科化”的意识导致对翻译人才的培养认识较片面，研究成果虽多，但无助于提高翻译人才的培养质量。如果翻译人才培养划清与其他学科的界限、划清与那些在现代学术体系中产生的、各种专门学科之间的界限，就会不断产生不可调和的矛盾。

为了更好地培养各种翻译人才，让翻译更好地为国家社会发展服务，有必要重构翻译人才培养机制。从服务于社会的视角，可把翻译人才分为翻译研究人才和专业化翻译人才。这里，我们把文学翻译人才、学术型翻译人才及翻译公司的翻译人才都归为专业化翻译人才。之所以这样划分，一方面是为了方便讨论；另一方面是因为译者从事翻译工作，往往都是固守一个专业领域，很少有翻译的通才，从事医学翻译的译者不会翻译机械类的文本、从事文学翻译的译者一般没有能力翻译航天技术类的文本。翻译学成为一个独立的学科，是完全必要的。随着社会文化的发展、翻译事业的繁荣，翻译学面对的问题越来越丰富，需要翻译学解决的问题也越来越多维。翻译理论、翻译规划、翻译政策、翻译史论、翻译批评等都需要在翻译学框架下加以研究。因此，有必要将翻译学和翻译“术”区分开来，翻译学重在理论研究和理论创新，翻译“术”重在翻译能力的培养。在翻译学框架下培养研究型翻译人才，重点培养学习者的翻译理论素养和思辨力，在翻译“术”框架下培养专业化翻译人才。

翻译学还是一个很年轻的学科，培养研究型翻译人才还有许多工作有待解决和完善。虽然目前对翻译理论的研究热情比较高、成果较多，但翻译批评方面的成果相对不丰富，尤其是翻译批评没有与现实生活中各种各样的翻译质量问题有机结合，无助于改善翻译质量。对翻译规划、翻译政策及翻译史论方面的理论研究近乎空白。如何培养研究型翻译人才还有许多工作要做，我们暂不讨论，留待以后研究。

时代的发展、社会的进步需要学科分工，但世界本身不是恰巧按照我们的学科边界来划分的。外语专业学科边界下的翻译学专业，导致翻译活动中所需相关专业知识的必然缺失。在翻译“术”框架下培养专业化翻译人才，从中国目前各方面情况综合来看，最经济的做法是将翻译人才的培养从目前的翻译专业、外语专业中解放出来，把专业化翻译人才的培养置于各相关学科专业之中。对专业化翻译人才的培养，以翻译核心课程架构嵌入各相关专业之中，采取复合式培养模式。这种培养模式能够扩大培养翻译人才的覆盖面，真正提高学习者的翻译能力，改善翻译质量。目前，“半职业”型的译者在中国数量极其庞大，从事图书翻译工作的译者几乎都属于此类，他们有自己的本职工作，业余时间从事翻译工作，翻译公司的很多兼职译者也属此类。这些译者的工作不仅是“半职业”性的，而且还是非连续性的，即从事翻译工作的时间间隔可能很长。以图书翻译为例，某位译者今年翻译完成了一部书稿，可能要过若干年再翻译另一部图书，甚至一生只翻译一部图书的译者也大有人在。鉴于译者工作的“半职业”性、非连续性特点，以培养专职译者为目标培养大量翻译人才是一种资源浪费。专职译者数量过多会造成就业困难。因此，对专业化翻译人才的培养，应采取嵌入式的复合培养机制，即在目前高校所开设专业的基础上嵌入翻译教学核心构架，增强未来译者的语言转换能力，从而实现既有专业能力，又具有出色的翻译能力。这种培养模式也增加了高校毕业生就业的筹码，他们既可以从事与本专业相关的其他工作，也可以从事与本专业相关的翻译工作；或者以本专业工作为主，有翻译需要时从事相关的翻译工作。

一　文学翻译人才培养

在第四章第一节，我们研究发现，当前中国从事文学翻译活动的多数译者不能较好地传达外国文学的文学性。文学翻译对译者的文学素养要求较高，对文学翻译人才的培养可采取翻译教学核心框架嵌入中文专业培养的模式。文学作品本身就是一件艺术品，品位高雅、内容厚重，有着自身独特的色彩、感情、语气、节奏等。文学翻译对译者的依赖性高，译者的文学素养、文字表达能力往往决定了一部文学作品在译入语语境中被接受的程度。林少华在接受记者采访时曾说：“精彩的翻译，可以扩大原作的影响；蹩脚的翻译，可以毁掉原作的名声。”[①] 当前，中国外语专业的学科建制决定了外语专业学生的中文，中国文化知识的输入严重不足，这也就决定了外语专业学生的中文转换能力不强，不能出色地传达原作的文学性。王宁教授在北京大学首届博雅文学论坛上一针见血地指出：“国内培

① 刘雪明：《“翻译不是跨栏，绝非越快越好”》，《乌鲁木齐晚报》2010 年 3 月 29 日第 D06 版。

养的外语毕业生根本没有能力翻译文学作品。”① 进入21世纪以来，《中国翻译》主办的一年一度的“韩素音青年翻译奖”，只有2003年和2007年产生了3个一等奖获得者，其他年份一等奖全部空缺。“卡西欧杯翻译大赛”至今已经举办了7届，除第五届产生了一个一等奖之外，其他6届一等奖全部空缺。上海翻译家协会副会长黄源深在第五届“卡西欧杯翻译大赛”上指出：“从本次大赛的情况来看，英语组的翻译文章并不难，因此译者的文字表达就成了关键。遗憾的是，一些参赛作品虽然理解上没有很大障碍，但是文字却不够优美，有些简直就是平铺直叙，读起来完全没有美感。”② 2001年，李克勤荣获“戈宝权文学翻译奖”一等奖，李克勤的获奖也被媒体称为“外行胜内行”。“四川大学中文系硕士毕业的李克勤并无翻译实践经历，但此次却凭比较贴切地传达原作风格及具有丰富表现力的译文勇夺一等奖，说明出色的文学翻译与译者的天赋及扎实的中文修养是分不开的。”③ 不仅外语专业的大学生中文表达与翻译作品的美感存在距离，就是外语专业的教师也往往因为其中文表达不佳而遭出版社编辑的诟病。海天出版社海外部主任胡小跃曾说：“说实话，现在我找翻译，很怕找外语系的老师，他们的外语很好，但是中文一般是不敢恭维的。我也不敢找留学生，前几年台湾的译者找过我，不计报酬，看了他的文字以后，还是放弃了。”④ 翻译外国文学作品，能够读懂原作是基本要求，也就是说译者要具备一定的外语水平，但把外国文学作品翻译好，做到较好地传达文学作品的文学性，译者的母语功底是起决定性的作用的。屠岸先生曾说：“要做好文学翻译，需要深刻掌握两种语言的精髓，而这其中，更重要的是掌握本国的语言和文化。因为好的文学翻译要把自己完全投入到翻译对象中，体会原作作者的创作情绪，最终用母语再表现出来，这要求译者必须打下深厚的中文基本功底，领悟汉语言文学的精髓，使之融入血液中才行。”⑤ 在中国目前的学科建制下，未来的文学翻译人才要打下深厚的中文基本功底，只有依靠中文专业的学科教学。因此，文学翻译人才培养应采

① 周南焱：《作家学者：翻译能力不足阻碍当代文学出国门》，《北京日报》2010年10月30日第8版。

② 陈熙涵：《文学翻译人才青黄不接》，《文汇报》2008年12月15日第9版。

③ 勿罔：《翻译大奖外行胜内行》，《中华读书报》2001年8月29日第1版。

④ 郭晓虹：《翻译的现状与前景》，《中国新闻出版报》2003年10月8日第3版。

⑤ 李洋：《文学翻译何以后继乏人》，《北京日报》2005年3月8日第11版。

取将翻译核心课程嵌入中文专业的复合式培养模式。

培养文学翻译人才迫在眉睫。因为，中国文学译者已经出现了青黄不接的局面。“现在的文学翻译主要依靠两支队伍，一是六七十岁的李文俊、徐成时等一些老翻译家，这支队伍的人数不仅日渐减少，而且当有急活儿时，通常不能求助于这个群体；还有一支队伍就是30岁到40多岁的中青年译者。这些人中虽不乏翻译速度快、外语水平高之人，但他们的中文功底却明显不能和老一代翻译家相比，错译、漏译的现象也时有发生。翻译界的人才断代正在使外国文学的翻译出版在质量上陷入艰难境地。”[①] 对文学翻译人才实行复合式的培养模式，不仅可以弥补当前中国外译中译者的断代问题，而且还可以充当中译外的使者。

中国文学作品“走出去”，以前多仰仗外国的汉学家。但外国汉学家翻译中国的文学作品，往往对中国文学作品的理解存在隔阂，发生曲解中国文化的现象。虽然外国汉学家翻译的中国图书符合译入语读者的阅读习惯，但中国文化的影响力却被打了折扣。北京大学的辜正坤教授曾谈道：“当然，国外翻译家也还是不少，但误译的成分很多。由于特殊的生活背景，他们习惯了西方的思维方式，想要彻底理解中国传统文化也是有困难的。”[②] 而且，一旦某部中国文学作品难度较大，外国汉学家难以理解，往往就望而却步，导致优秀的中国文学作品不能及时向外译介。“摘得第三届老舍文学奖长篇小说桂冠的《受活》，在2004年底就分别与日、法、意、英4国出版机构签订了版权输出合作协议。但直到今天，4个译本无一问世。作者阎连科说：‘老外一看本子，都缩回去了，说翻译不出来。’很多中国出版物都有与《受活》类似的经历。”[③] 因此，要传播中国文化，向外国译介中国文学作品的任务要依靠中国译者，这样才能更准确地向外传播中国文化，增加中国文化的国际竞争力。中国译者的翻译可能在某种程度上不符合译入语读者的阅读习惯，但这正是中国人的思维方式在译作中的体现。通过翻译让外国人了解中国文化，了解中国人的思维方式，正是中国图书“走出去”的宗旨之所在。将翻译核心课程嵌入中文专业课程之中，对未来的文学翻译人才进行复合式培养，学习者在掌握了中文专业

---

① 李洋：《文学翻译何以后继乏人》，《北京日报》2005年3月8日第11版。

② 段祖贤、舒芳静：《文学中译西已成一道坎?》，《人民日报海外版》2009年12月17日第7版。

③ 李洋：《中国图书走出去　翻译是个大问题》，《中华新闻报》2006年9月13日第E02版。

知识和技能的基础上，其文学翻译能力也得到了强化。

二　应用型翻译人才培养

应用型翻译往往专业性较强，决定了纯语言学习者很难进入这一领域，即便进入该领域也往往不能胜任翻译任务。如在天文学译著中将 magnitude 译为“级别”（实为“星等”）、将 Linux 中的基本术语 mount 和 unmount 译为“增加”和“减少”（实为“装载”和“卸载”），都是不懂专业知识的结果。以科技翻译为例，“目前，在中国翻译队伍中，人数最多的是科技翻译工作者，与目前市场经济联系最直接、最紧密的也是科技翻译工作者”。[①] 但是，科技翻译的质量却得不到保障。“近些年，中国科技翻译水平日趋下降是普遍现象，绝不是个别科技图书翻译质量不高的问题，这应当引起管理部门的足够重视。这几年我特别关注中国科学文化出版物，也读过许多图书，可以说 90％以上存在翻译问题。”[②] 科技翻译质量问题不仅表现在引进国外科技知识方面，而且也表现在中国科技知识的对外传播和对外交流方面。“相当多的中国科研人员研究出了世界领先的科研成果，欲在国际知名科技期刊或文摘上发表他们的科技论文，但往往由于‘poor translation’被退稿，令人可惜。”[③] 在应用翻译领域，不仅翻译质量问题较严重，而且译者数量紧缺，不能满足社会需求。

随着中国经济的高速发展，对外交流的领域和提供服务的行业也越来越广，医药行业、机电、汽车行业都需要大量具有出色翻译能力的专业翻译人才。南京一家翻译公司曾向记者诉苦：“找翻译真难，找小语种、专业技术翻译更难！跑到人才市场找机电工程技术翻译，蹲了几天也没遇到一个合适的。”[④] 医药行业缺少专业翻译的现象也很严重：“入世后，中国医药界将进入一个与外资频繁接触谈判的高峰期，但目前国内具有一定规模和水平的医药专业翻译公司几乎没有。”[⑤] 如果专业化翻译人才储备不足，则会阻碍行业的发展与对外交流。

国家有关部门也意识到了培养高层次、应用型、专业化翻译人才的迫

---

① 李海军、彭劲松：《专业知识：科技翻译的瓶颈》，《中国科技翻译》2006 年第 3 期。

② 刘华杰：《科技翻译水平何以日趋下降？》，《中华读书报》2002 年 5 月 15 日第 5 版。

③ 于建平：《科技论文汉译英中若干问题分析》，《中国翻译》2001 年第 1 期。

④ 沙文蓉：《南京翻译人才缺几千人》，《南京日报》2005 年 9 月 20 日第 B02 版。

⑤ 王泽议：《谁为医药行业当翻译？》，《中国医药报》2002 年 11 月 14 日第 A6 版。

切性和重要性。国务院学位委员会2007年批准设置翻译硕士专业学位（MTI），目的即为培养高层次、应用型、职业化的翻译人才。不过，好的意图不一定能够带来理想的结果，结果与意图往往会有差距。在翻译系统中，不能只针对某个问题采取一项措施，只有对系统及其环境中的其他要素做出相应的调整才能保证系统的良性运行，从而产生良好的结果。太轻率地放弃其他要素而只注重那些直接效应往往不能实现意图。换言之，不能从愿望或期望中推断出结果。第一批和第二批获得国务院学位委员会批准试办翻译硕士专业学位（MTI）的都是重点高校，其生源比一般高校肯定要好，但上述高校的MTI学生参加人事部组织的翻译资格考试，合格率竟低于整体考生的合格率。据中国外文局翻译专业资格（水平）考试办公室副主任杨英姿介绍："截至2010年上半年，翻译硕士专业研究生共3次按照学位［2008］28号文件精神参加翻译资格考试，累计报考816人，参考768人，合格86人，合格率为11.2%，这一通过率甚至要低于考试的整体通过率。"[①] 政府设立翻译硕士专业学位（MTI）的目的就是培养高层次的专业译者，但我们培养的未来专业译者参加国家翻译资格考试，合格率竟低于全国平均合格率，这说明我们的翻译人才培养机制是不合适的。问题的症结就在于，几乎所有的翻译硕士专业学位（MTI）都设置在外语院系之内，依托外国语言文学。外语学科的局限性决定了培养出来的专业化翻译人才有缺陷，应用性翻译能力不强。

培养高层次的翻译人才是社会发展的需要。学术翻译、高科技翻译都需要高层次的翻译人才。我们认为，MTI的培养应突破外语专业的学科界线，将MTI与所在高校的特色、特长专业相结合，培养既有专业特长，又有出色翻译能力的高端人才。如西华大学的"食品科学与工程"专业为国家级特色专业，MTI可以与该专业相结合，建设"食品科学与工程MTI"专业；西安电子科技大学的国家级特色专业"电子封装技术"也可以与MTI复合等。这种培养模式，将学习者的翻译能力作为一种知识储备来培养，翻译工作中需要时随时即可派上用场，不需要时则从事自己的本专业工作。

截至2010年9月，经国务院学位委员会批准，试办翻译专业硕士学位

① http：//www.tac-online.org.cn/ch/tran/2010-08/12/content_3657318.htm（访问日期2010年12月23日）。

(MTI)的高校只有158所。即使上述高校培养的翻译专业人才在质量上能够满足社会需要，但在数量上还远远不能满足社会的需求。不过，中国几乎所有的高校都在本科段前两年开设以英语为主的外语基础学位课程，这为翻译打下了良好的语言基础。但会外语不等于会翻译，并且从目前中国高校的外语教学现状来看，多侧重于语言知识点的传授、轻语言背景知识的培养，导致外语学习者知识面过窄、技能单一。中山大学的程美宝教授曾极其痛心地指出："翻译作品的质量既然难以保证，我们本来应该要求学生阅读原著的，以现在的图书条件和大学生花在学习英语上的时间来说，这个要求也不算苛刻。不过，就我个人的经验而言，我接触过的大学生（包括研究生）大部分的英语水平和人文社会科学的素养，居然不足以让他们准确地理解和翻译一部优良英文学术著作，哪怕是翻译半段一句，都显得非常吃力，即便班上最优秀的学生也往往是如此，这种情况不免让人担忧。"① 对外语原文的理解和翻译除了要具有一定的外语语言知识之外，还必须具备一定的背景知识或百科知识。外语语言课程的学习不足以支撑学习者理解外语原文、从事专业翻译工作。否则，也不会出现这么多翻译质量问题了。为了满足社会各领域对翻译人才的需求，可以在已经通过大学四级或六级考试的学生中开设翻译通识课程，通过翻译课程的学习来提高他们的专业翻译能力。

事实上，中国已有不少高校在本科高年级段和非外语专业研究生中开设了翻译选修课或必修课。这些素质优秀的本科生或研究生毕业后往往就走上了与中国科技、社会发展密切相关的各种工作岗位，他们的工作直接或间接地与外语文献打交道，肩负引进和输出高科技文献的重任。他们熟悉自己领域的专业知识，具备了一定的外语基础，加上一定的翻译理论素养就能够胜任本专业的翻译任务。但他们恰恰欠缺的就是先进的翻译知识和技能培养，目前针对这类高校学生的翻译教学，不为翻译界所重视，理论认识不高，教学方法陈旧，仍然停留在结构主义语言学阶段（详见下节）。因此，除了翻译人才的培养模式需要改变之外，还要有真正能够有助于提高学习者翻译能力的教学模式或方法。下一节笔者将在反思当前应用翻译教学方法或教学设计的基础上，构建新的翻译教学框架。

① 程美宝：《谁在中国发现什么历史?》，苏力、陈春声《中国人文社会科学三十年》，生活·读书·新知三联书店2009年版，第457页。

三　小语种翻译人才培养

随着中国对外交流的扩大，小语种翻译人才短缺的现象日益凸显。通俗而言，在中国，小语种是指除英语之外的其他外语。成都翻译协会秘书长孙光成曾谈道："四川专业翻译人才缺乏，小语种（韩语、泰语、捷克语等）翻译人才更是奇缺，整个成都市懂西班牙语的翻译人才只有二三个。"① 小语种翻译人才短缺与中国高校的小语种专业设置不平衡是有直接关系的。中国小语种主要集中在日语、俄语、朝鲜语（韩语）、法语和德语等五个专业。我们根据"中国教育在线"网站对2010年招收小语种的高校进行了统计（见表21），开设日语专业的院校有北京工业大学、哈尔滨工业大学等419所院校；开设俄语专业的院校有北京大学、中央民族大学等116所院校；开设法语专业的有北京语言大学、云南大学等94所院校；开设德语专业的院校有中国人民大学、北京航空航天大学等80所院校。开设其他小语种的高校则要少得多，如国内开设菲律宾语专业的院校只有北京大学和中国民用航空飞行学院两家；开设豪萨语的只有北京外国语大学一家；开设斯瓦希里语的高校只有天津外国语大学一家。土耳其语、僧加罗语、乌尔都语、希伯来语等语言虽然被教育部列为中国高等院校本科专业目录，但目前却无一院校开设上述专业。

表21　教育部《普通高等学校本科专业目录》中公布的小语种专业目录及2010年招生院校数量

小语种名称	招生院校数量	小语种名称	招生院校数量	小语种名称	招生院校数量	小语种名称	招生院校数量
日语	419	俄语	116	朝鲜语	99	法语	94
德语	80	西班牙语	30	阿拉伯语	20	泰语	13
意大利语	13	葡萄牙语	10	越南语	9	印度尼西亚语	6
印地语	5	缅甸语	4	波斯语	3	老挝语	3
蒙古语	3	菲律宾语	2	柬埔寨语	2	希伯来语	2
马来语	1	乌尔都语	1	豪萨语	1	斯瓦希里语	1
捷克语	1	罗马尼亚语	1	瑞典语	1	希腊语	1

① 毕舸：《百亿市场呼唤翻译人才》，《四川日报》2002年11月10日第6版。

续表

小语种名称	招生院校数量	小语种名称	招生院校数量	小语种名称	招生院校数量	小语种名称	招生院校数量
匈牙利语	1	梵语巴利语	0	僧加罗语	0	阿尔巴尼亚语	0
保加利亚语	0	波兰语	0	塞尔维亚—克罗地亚语	0	土耳其语	0

资料来源：《普通高等学校本科专业目录》及“中国教育在线”网站：http：//www.eol.cn/，访问日期 2011 年 3 月 26 日。

除了招生小语种的院校少，不能满足社会对小语种译者的需求之外，另一主要原因是翻译系统不能对小语种译者起到很好的激励作用。学小语种专业的大学生毕业后要么进入国家外事部门，要么进入外贸部门，而不愿意从事翻译工作，导致小语种翻译人才难觅。

小语种译者不仅仅在翻译公司极其短缺，在图书翻译中同样如此。一般情况下，每年的诺贝尔文学奖获得者公布之后，诺贝尔文学奖获得者的相关作品往往会成为中国出版界竞相引进的对象。但 2002 年诺贝尔文学奖获得者，匈牙利作家凯尔泰斯·伊姆雷的作品只有 3 部代表作引进中国，而 2006 年诺贝尔文学奖获得者，土耳其作家帕慕克只有 1 部获奖作品引进中国。同样是诺贝尔文学奖获得者，2001 年得主、英国移民作家奈保尔有 12 部作品进入中国，2002 年得主南非作家库克有 10 部作品进入中国。南非虽离中国地域遥远，但库克用英语写作，其作品引进国内后出版社不愁找不到译者。但小语种作家的作品就不像英语那样好找译者了，如傅小平所言：“进入新世纪以来，小语种翻译研究显示出难以掩饰的疲软状态。沈志兴翻译了 2006 年诺奖得主帕慕克的代表作《我的名字叫红》，可全国上下找，似乎也就他一人能翻译土耳其文学。”① 以东欧文学翻译为例。东欧文学异于东方也有别于西方，强调继承和发扬民族传统、彰显民族个性、关注民族命运、思考民族未来。在世界文学中，东欧文学无疑是极具民族个性和审美价值的重要组成部分，无论在中国还是在世界其他国家都普遍受到重视。从全球化时代保护文化多样性的角度看，其文化个性更具有特殊意义。20 世纪五六十年代，中国把一批年轻学子送到东欧诸国，培养了一批东欧语种的文学翻译人才，主要有易丽君、张振辉、杨乐云、刘

① 傅小平：《东欧文学翻译研究“断层”加剧》，《文学报》2007 年 12 月 27 日第 1 版。

星灿、蒋承俊、兴万生、冯植生、柴鹏飞、冯志臣、李家渔、徐文德、杨燕杰、叶明珍、陈九瑛、郑恩波、高韧等。学成回国后，这批翻译人才大部分进入了中国社科院外文研究所，少部分进入了出版社等机构。他们在各自的领域为中国的翻译事业做出了应有的贡献，取得了不小的成绩（见附录 15）。

目前来看，中国对东欧文学译者的培养出现了严重的断层现象。“自从 1996 年之后，中国社科院外文研究所的东欧文学室便再也没有进过新人，而林洪亮是老人中最后一个离休的。”[①] 中国的对外交流是全方位的交流，如果小语种翻译人才稀缺，则不利于多元文化的交流和发展。因此，培养小语种翻译人才是目前中国教育部门的迫切任务。

培养小语种翻译人才不仅仅解决语言问题，更是关系到国家的文化安全问题，应该通过多语种战略来提高中国文化的国际竞争力。目前，中国有关部门对这方面的认识尚不成熟。“世界主要国家大都把非通用语专业建设作为国家战略……美国哈佛大学开设有 90 多个语种，英国伦敦大学开设有 80 多个语种，法国国立东方语言文化学院开设有 90 多个语种，俄罗斯莫斯科大学开设有 120 多个语种，日本东京外国语大学和大阪大学开设有 60 多个语种。”[②] 中国教育部《普通高等学校本科专业目录》公布的小语种专业只有 36 种，而且有的小语种还不能保证正常招生（见表 21）。这说明中国外语教育的语种覆盖面不全面，尚未上升到国家战略层面上来考虑小语种人才的培养问题。

培养小语种翻译人才，除了要翻译引进小语种国家丰富的文化资源之外，更是肩负将中国文化译介到世界各国的重任。目前，中国图书“走出去”工程主要是中译英，这主要是懂英语的翻译人才多，或者说目前中国还不具备把中国文化译介到小语种国家的翻译能力。但只有走进小语种国家，才能增加中国文化与他者文化碰撞、交流的机会，中国文化只有在碰撞与交流中才能保持生机和活力，才能增强国际竞争力。因此，要扩大中国文化的覆盖面，就必须通过翻译进入小语种国家。在新形势下，国家教育部门应该适当扩大小语种招录数量以及高校的招生比例，丰富和发展各种小语种教育，培养各种小语种翻译人才。这对于促进中国与世界各国的

① 傅小平：《东欧文学翻译研究“断层”加剧》，《文学报》2007 年 12 月 27 日第 1 版。

② 陈雨露：《加强非通用语专业建设》，《人民日报》2011 年 9 月 19 日第 7 版。

经济、文化交流，维护国家文化安全，反对西方文化霸权主义，增强文化竞争力，具有极其重要的意义。

本节在分析探讨目前的“唯学科意识”不利于培养出大量高水平翻译人才的基础上，指出应将翻译学和翻译“术”区分开来，在翻译学框架下培养研究型翻译人才，在翻译“术”框架下，突破学科界限，将翻译核心课程架构嵌入各相关专业之中，对专业化翻译人才进行复合式培养。在新形势下，小语种翻译人才在各行业的稀缺，成为制约中外经济、文化交流的瓶颈，应当加大小语种翻译人才的培养力度。翻译人才培养模式的改变要求新的翻译教学模式与之相配合，在下一节，我们拟以语义和语用为核心构建新的翻译教学模式。

第二节 “语义—语用”翻译教学模式构建

本节在反思目前培养应用型翻译人才翻译教学模式、翻译教材和研究现状的基础上，运用认知语言学的框架理论和语用学的言语行为理论构建“语义—语用”翻译教学模式，以期提高翻译学习者的翻译能力，培养专业化翻译人才。

翻译人才的培养在于翻译教学。目前针对培养应用型翻译人才的翻译课程、教材和研究，方法较陈旧、理论认识不高，还停留在结构主义语言学阶段。如，王海峻给非英语专业博士生开设的翻译课程，尽管“主要选取科技类材料为翻译实践内容”，但教学内容仍然以“词类转换、英语被动句的翻译方法、英语长句的翻译方法、汉语重复词语及重复结构的处理、汉语无主句的译法、汉语长句的翻译方法等”[①] 技巧性层面的讲述为主。张卓等认为非英语专业研究生翻译教学的难点在“定语从句的翻译和一些长句难句的翻译”，因此要“帮助学生分析句子的结构和成分”[②]。这种翻译教学只注重语言的文本结构转换，视语言为完全自我封闭的、自足的系统，认为词语的意义不是由对象规定，而是源于语言结构本身。这样，就切断了语言系统与语言之外的现实联系。体现在翻译教学中，往往以句法、语法分析为主，强调两种语言的结构对比。还有的学者对应用翻

① 王海峻：《非英语专业研究生翻译教学探索》，《山东外语教学》2006 年第 5 期。

② 张卓等：《从学生翻译错误看非英语专业研究生翻译教学》，《上海翻译》2005 年第 2 期。

译教学的认识存在偏差，将应用翻译等同于普通翻译，认为“科技英语翻译完全可以借用常规英语翻译的理论和技巧，如关于翻译标准的理论信、雅、达；信、顺、等值论等。技巧方面更是可以几乎原封不动地借来使用，如词义的选择与引申、词性转换、词序安排、歧义处理、语段连接等根据科技语句结构的特点，教学内容中还要增加被动语态的译法各种从句的译法和对典型长句、难句的处理”。[①]

同样，针对应用翻译教学相对实用的翻译教材也未跳出结构主义语言学的框框。近年出版的教材如《实用科技英语翻译要义》（闫文培著，科学出版社 2008 年版）、《实用科技英语翻译研究》（杨跃、马刚著，西安交通大学出版社 2008 年版）、《英汉科技翻译新说》（严俊仁著，国防工业出版社 2010 年版）等仍在沿袭由词到句的语法体例，讲述一些增添、省略、词性转译、定语从句、状语从句的译法、长句译法等简单的转换技巧，所不同的只是变换了一下例词、例句而已。方梦之、范武邱编写的《科技翻译教程》（上海外语教育出版社 2008 年版）尽管跳出了句子、语篇的结构系统，从语篇功能的角度探讨如节译、摘译、改译、编译、综译、全译等科技翻译技术，但该教材对科技翻译中最突出的语义翻译问题助益不大，更没涉及语用问题。

应用翻译研究方面，探讨文本书体特点及字词、句子翻译技巧的居多，针对翻译技巧的经验总结性文章较普遍，近几年这种状况仍然没有改变。如段文探讨了化工仪表英语的翻译技巧，分为：正序译法、反序译法、增词译法、减词译法、分译法、合译法、长句译法等翻译技巧[②]。刘素梅等探讨了火炸药专业文献的翻译技巧，主要为增译法、省译法、转译法、还原法、倒置法、正反译法、分译法、合译法等[③]。隋桂岚从船舶信函的语言特点出发探讨了使用名词化结构、适当使用古体词、使用被动语态、经常使用从句和复杂长句等翻译原则和方法[④]。此类技巧性的文章多以句子结构为中心，没有深入翻译问题的实质。这种从经验中总结出来的翻译技巧没有理论创新性，对翻译问题不具普遍指导意义。诚如方梦之所

① 孟臻、劭星华：《高校科技英语翻译课程设置探讨》，《外语界》2005 年第 1 期。

② 段文：《化工仪表英语的翻译技巧》，《中国科技翻译》2009 年第 3 期。

③ 刘素梅等：《火炸药专业文献的翻译技巧》，《中国科技翻译》2009 年第 3 期。

④ 隋桂岚：《船舶信函的语言特点与英译》，《中国科技翻译》2010 年第 2 期。

言："在科技翻译文章中，理论文章比例较小，而原创性论文更是少见。"[①]这种无理论指导、经验式的翻译技巧对应用翻译学习者指导性不强，不能使其掌握贯通式的翻译方法和策略，根本不能培养学习者的翻译能力。

如上分析，目前应用翻译教学及应用翻译研究仍深受结构主义语言学的影响，注重句法、语法分析，重视语言的结构转换，而把翻译最核心的语义和语用问题排除在外。接下来我们以语义、语用为核心，运用相关理论方法，构建"语义—语用"翻译教学模式。

"翻译即译意。"[②] 语义是翻译的核心，这点在应用翻译中也不例外。在第四章第二节，我们发现应用翻译中出现误译最多的是语义方面。译者要么对原文语义理解不到位，造成语义误译；要么译文中的语义表达不准确，给人不知所云之感。

结构主义语言学认为语言是一个独立的系统，词汇的意义是它的内在特征，是不依赖于其他学科的知识而独立存在的。但近30年来兴起的认知语言学认为没有独立于认知以外的语义，语义的形成过程就是概念整合的过程。"语言交际中，仅用抽象的词典语义是无法完成言语理解的，受话者必须通过自身的语义框架来理解言语。供理解言语的语义框架就是一组丰富的百科知识。"[③] 翻译过程中对语义的理解除了需要了解词汇的概念意义或词典语义之外，还必须借助词汇的百科知识语义。框架理论为我们在翻译中正确识解原文的语义提供了一个很好的途径。

认知语言学的框架理论认为语言本身所承载的信息是有限的，但当我们用语言进行交际活动时，会自觉或不自觉地运用认知资源，激活大脑中预设的网络，从而激发起各种认知活动，建立起无数联系，协调各种信息，创建各种映射，各种知识的结合使得认知系统体系化，从而构成一个意义完整、逻辑合理的框架。换言之，框架使词语的意义结构化。Taylor把框架当作"联接一个语言形式所涉及的多个认知域和知识网络"[④]。也就是说，某词语在其所处语言环境中的具体含义只是框架语义中的意义之

---

① 方梦之：《近半世纪中国科技翻译研究的回顾与评述》，《上海科技翻译》2002年第3期。

② Nida，E. A.，*Translating meaning*，San Diams：English Language Institute，1982：5.

③ Fillmore C. T. Frame semantics. In the Linguistic Society of Korea（ed.）. *Linguistics in the Morning Calm*. Hanshin：Hanshin Publishine Co.，1982：134.

④ Taylor，John R. *Linguistic Categorization*：*Prototypes in Linguistic Theory*. Oxford：Oxford University Press. 1995：87.

一而已，词语的具体含义取决于其所处的框架。如deck一词，如果其出现在普通语言中，含义很可能为“甲板”；如果出现在“桥梁”框架中，其含义则可能为“桥面”；出现在“电唱机”框架中，则可能为“转盘支托面”。

意义不可能完全是字面上的，我们是通过激活大脑中相关认知域、知识框架，再经过整合而获得意义的。“没有独立于人们丰富的细节知识和强有力的认知程序的意义。”[①] 要正确地识解语义，理解者就要掌握尽可能全面的相关知识和具备一定的认知能力。翻译学习者都经过大学本科阶段至少两年的英语学习，具备了一定的语言基础。本专业的学习又为专业知识打下较牢固的基础。这为翻译教学准备了较好的“软”条件。将框架理论运用于翻译教学之中，通过翻译练习对学生进行认知训练，激活他们的认知能力，从而实现较准确地识解原文语义。同时在教学中还要让学生认识到翻译不是两种语言语法、句法等的结构转换，不能拘泥于文本的表面结构，要避免受原文字面意义和句法的限制。

为教学的方便和易于学生理解、接受，我们可以把认知框架细分为语言知识框架、专业知识框架、背景知识框架和百科知识框架。语言知识框架可以解决普通语义翻译的恰当性问题。框架决定词义，同一个词语在不同的框架中具体含义不同，不参照词汇所在的框架，意义无法实现。同时，框架中的各个角色，关系密切，提及框架中的任一角色，就可激活整个框架，我们就是根据被激活的框架来理解词语所表达的意义的。如下面一例：

> The vaccine prevents lasting infections with two human papilloma virus strains that cause 70 percent of cancers.

在本例中，疫苗（vaccine）、传染（infection）、病毒（virus）、癌症（cancer）构成了一个“病毒性传染病”框架。如果把句中的strain理解为“扭伤、劳损”，是不可能填充进“病毒性传染病”这一语义框架之中的。在这里，strain的含义只能是“菌株”或“病毒株”。从此意义而言，我们可以把语义的产生看作是对框架成分的填充。

---

① Saeed，John I. *Semantics*. Oxford：Blackwell. 1997：319.

专业知识框架有助于解决术语翻译的准确性问题。术语准确是科技翻译至关重要的一环。“术语翻译不正确，将导致整篇翻译的失败。”① 正确的术语翻译不仅仅表现在对原文的理解正确，更重要的是表达要规范、统一。这样，科技翻译势必要求译者需具备一定的专业知识。这也是我们强调培养应用翻译人才要从各相关专业着手培养的原因。“如果没有专门知识，有时即使每个单词都认识，也不能保证翻译准确无误。”② 如，将“高原反应”译为 plateau reaction，表面上看似正确，但却不是规范的术语。对应的规范译名为 altitude sickness。

应用翻译学习者在本专业知识的学习过程中，大脑中已在开始输入相关的专业知识，这些专业知识逐渐形成专业知识框架，然后以事件模型的形式成为结构化的长期记忆并且在学习和实践中不断充实更新，最终成为较为全面的预设知识。教师在翻译教学中的主要任务之一就是要以框架理论来启示学生，指导他们激活自己的预设知识，实现知识的匹配和再现。如有译者将 The vaccine，called Gardasil，guards against cancer and genital varts caused by the human papilloma virus. 译为“一种叫做 Gardasil 的疫苗可预防癌症和由乳头状瘤病毒引起的生殖器肉瘤。”我们在给医学专业的学生开设翻译课时，先对学生进行一定的认知训练，帮助他们形成激活预设知识的意识。然后让学生对上面例子做改错练习，大多数学生马上可以发现“生殖器肉瘤”表达不规范，确切的医学术语应该叫“尖锐湿疣”。在教师的启发下，绝大多数医学专业的学生能够发现 age - related macular degeneration 应该译为“年龄相关性黄斑变性”而非“年龄相关性黄斑病变”、central vision 应该译为“中心视力”而非“中央视觉”。

当然，语义的理解和识别还与认知者的背景知识和解读策略有关，需要激发其相关经验和背景知识框架。对词语意义的理解往往要根据该词语在心智中激活的相关经验和背景知识框架。翻译时，如果没有框架意识，往往会犯一些常识性的错误。如：

(The sun rotates so slowly that it takes about a month to com-

① 姜望琪：《论术语翻译的标准》，《翻译学词典与翻译理论专辑》，《上海翻译》2005 年，第 80 页。

② 马会娟：《商务英语翻译教程》，中国商务出版社 2004 年版，第 129 页。

plete one turn, meaning that activity on its far side is hidden for up to two weeks at a time.) If a giant magnetic storm is brewing on the far side, it will hit the earth with a flood of radiation as it finally rotates into view.

原译：如果另一面正在形成一场巨大的磁暴，那么当太阳最终转到朝向地球时，磁暴就会携带大量的辐射袭击地球。

结合原文看，我们好像不能发现译文哪里有不恰当的地方。但是如果只看译文，读者会发现，“当太阳最终转到朝向地球时”是有违常识的。背景知识告诉我们：在太阳系中，地球围绕着太阳转，太阳围绕着银河系的中心转，太阳始终是朝向地球的。其实，这里译者犯了语义指代错误，原文的 it 不是指“太阳”，而是指 the far side，即“太阳的另一面”。因此，正确的译文应该是：如果太阳的另一面正在形成一场巨大的磁暴，那么当这一面最终转向地球时，磁暴就会携带大量的辐射袭向地球。背景知识可以帮助我们避免一些常识性的翻译错误。如：

But I think we must assume that the main struggle in the 21st century will be with China, already the world's largest nation.

原译：但是，我认为我们必须假定在21世纪主要是与中国这个世界上最大的国家较量。

我们凭常识都知道，世界上面积最大的国家不是中国，而是俄罗斯。结合我们大脑中预设的语言知识，nation 一般侧重指国家里的“人”，the world's largest nation 实应为“世界上人口最多的国家”。

背景知识还可以帮助我们改进译文，如一篇介绍美国现代农业的科普文章中有这么一句：The loss of soil by erosion was extensively combated by the use of contour plowing, …　有译者译为：（全美国）各地都在整治水土流失，使用了等高线耕作法，……我们在课堂上请学生对此翻译进行评判，他们普遍认为“等高线耕作法”译得不到位，不过让他们改进时却又不能提供更好的译文。在这种情况下，我们启发学生：在大脑中想象一下等高线图形。象形思维激活了他们的背景知识储备，多数学生可以把“等高线耕作”与大脑中的“梯田”匹配起来。这样，完美的译文也就达成了：(全美国）各地都在整治水土流失，使用了梯田耕作法，……

在教学中我们发现，当源语词汇体现的认知框架与译语的认知框架一致时，经过一定的认知训练，学生头脑中的各种知识框架很容易被激活，其认知框架就能轻松自如地加工和理解源语的语义。然而学生本身的生活经验、知识面、所掌握的背景知识毕竟是有限的，把学生看成具备相当经验和理论知识的译者也是不现实的。当源语认知语境中的框架与译语不一致或在学生的认知框架中根本不存在时，学生在认知推理过程中则无法激活与源语对应的认知框架，或不能找到相关的认知框架，因而导致理解失败。这时，我们可以应用框架理论的原理，将框架扩大至人脑之外更大的知识网络——互联网，通过网络搜索引擎来实现语义匹配。

互联网上存储着海量的信息资源，并且这些资源每时每刻都在增加、更新之中。可以说，互联网是最丰富的百科知识框架。搜索引擎的工作原理即是模糊匹配，采取“钓鱼法”，以框架成分做“诱饵”，我们就可以运用框架理论的原理发现恰当的语义。如在一篇关于城市交通问题的科技文章中，学生遇到了 congestion pricing 这一词语，而大脑中的相关知识储备不丰富、不能被激活，这时，我们可以把 congestion pricing 和框架成分“交通”同时键入互联网搜索引擎“百度”或“谷歌”，让框架成分“交通”来激活其他框架成分，以实现语义匹配（见图 27)。通过网络搜索，加上我们的判断，就可以断定 congestion pricing 对应的汉语语义为“拥挤收费”(一种为解决大城市交通高峰时段交通拥挤的收费制度)。在一篇关于现代汽车的科技译文中，译者将 antilock braking system 译为“防锁定刹车系统”，我们让学生将 antilock braking system 和“汽车”一起键入“百度”或“谷歌”搜索引擎，很容易发现，规范的译文应该是“防抱死刹车系统”或“防抱死制动系统”(见图 28)。将框架理论的原理应用于应用翻译教学，有助于激活学生的知识库，指导他们运用有效的手段识解、选择语义。

翻译中的语言问题都是实际使用中的语言，即言语。言语行为是动态的，有语境变化的空间，不可能缺少语用纬度。只考虑语法或语篇的完整不能保证交往的适当性和合理性，没有语用纬度的参与是不可想象的。传统的翻译观认为句子是最小的意义单位，但在言语行为理论看来，一句没有具体语境的句子只是结构完整的表达，只能体现人们对语法规则的正确使用，而不能确定其言语功能。言语行为不仅是“以言指事”，而且是

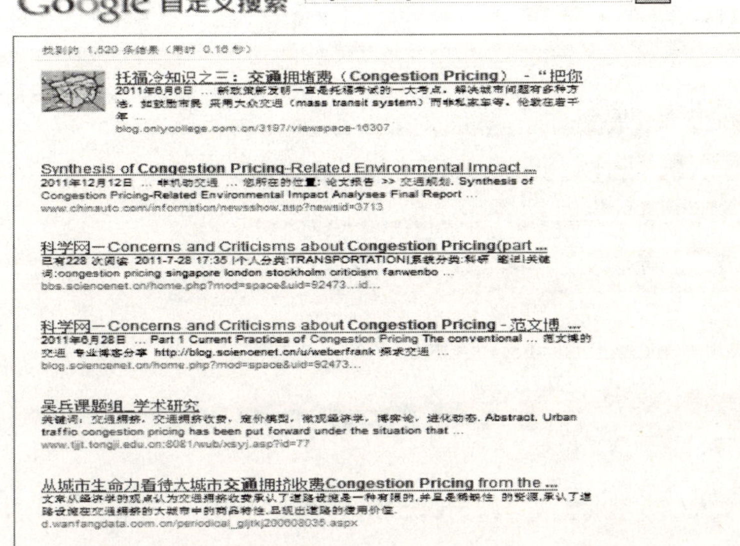

图 27　以互联网为“框架”，实现“congestion pricing”语义匹配

使用日期：2012 年 1 月 11 日

“以言行事”，以致“以言成事”。因此，对语言功能的判断，不能单纯以语言形式为依据。在翻译时，我们不仅要重视语义问题，更要重视语言的语用问题。

哈蒂姆（Hatim）和梅森（Mason）认为：“尽管言语行为理论所探讨的对象是话语的口头表达形式，可是研究中所发现的现象显然同样适用于书面语语篇。……语篇的意义一经解码，若将此看作是在语篇作者与语篇接受者之间协调达至的某种东西，而不是独立于人类加工活动之外的静态实体，那么我们相信，这种观点对于理解翻译工作、翻译教学以及评价译作都至为关键。”① 可见，书面语篇也是一种言语行为。言语行为在不同的语言和文化中表现形式是有差别的，在翻译教学中我们就要引导学生注意这种差别。首先要在源语中识别出各种言语行为功能的语言形式，理解它们所表现的真正意图和含义。其次在目的语中要尽可能准确地表

① 哈蒂姆（Hatim，B.）、梅森（Mason，I.）：《语篇与译者》，上海外语教育出版社 2001 年版，第 64—65 页。

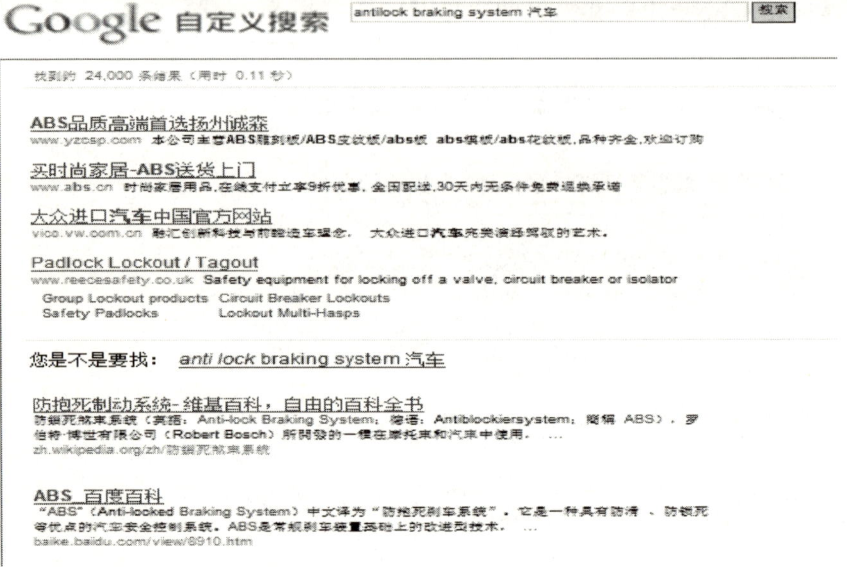

图 28　以互联网为“框架”，实现“antilock braking system”语义匹配

使用日期：2012 年 1 月 11 日

达出这种意图或含义。这就需要在目的语中选择相对应的言语行为功能的表达形式，而不能一律照原文的概念意义直译。语法、句法组合正确的译文不一定是正确的翻译，准确的翻译应该能够体现原文的功能、传达原文的真正意图。如在一篇关于碳化学的学术文章中，第二段的开头两句为：

> Why are carbon atoms so versatile as molecular ingredients? Remember that an atom's bonding ability is related to the number of electrons it must share to complete its outer shell.

英语祈使句的语用功能较多，可表示命令、建议、警告、提示、邀请等。上文第二句祈使句在该语篇中的语用功能即是提示读者以引起注意。但汉语祈使句功能较单一，“人们在运用现代汉语进行言语交际时，在字面意义和一般性会话含义中传达‘说话者要听话者做某事或不做某事，或者说话者要听话者与说话者共同做某事或不做某事’的指令行为，并运用相应的指令语气的句子，叫做祈使句”。[1] 我们从汉语祈使句的定义可以发现汉语祈使句的语用功能主要表现为说话者要求听话者按照自己的要求去完成某事。如果照搬原文的句法结构，在译文中也使用祈使句，势必会伤害读者的感情，也远离了原文的语用功能。哈蒂姆和梅森对此也有清醒的认识：“在语篇层面上，翻译交际失败的原因可能是因为没有恰如其分地表达出言语行为。例如在翻译公函语篇时，施为性语力的对等常常受到文化规范差异的制约。一种语言习惯于采用直说的方式，该种语言的商务信件翻译成另一种语言时可能无意中会造成对方的不愉快。”[2] 意识到这种差别，我们就可以大胆摆脱原文句法结构的束缚，将原文译为：

> 为什么碳原子在作为分子的组分方面如此万能呢？记得吗？原子形成键的能力是与填满其外层所必须共用的电子数目有关的。

译文以疑问的语气来代替原文的祈使语气，表面上不对等，但在语用功能上与原文是一致的。

在言语行为中，语用研究最感兴趣的是施为性言语行为（illocutionary act），因为它同说话人的意图是一致的。说话人如何使用言语表达自己的意图，受话人又如何正确理解说话人的意图，这是研究言语交际的中心问题。舍尔（Searle）将施为性言语行为分为五类：阐述类（representatives）；指令类（directives）；承诺类（commissives）；表达类（expressives）和宣告类（declarations）[3]。在语篇翻译中，我们应该做到使译文的语篇表现出与原文语篇相同的言语行为，使译文对读者产生与原文读者相似的施为性语力（illocutionary force）。一个语篇中的各个部分会产生不同类型的施为性言语行为，但整个语篇总有一个主导性的施为性言语行为及其施为性语力。在科技翻译中尤其要注意主导性施为性语力的对应。如哈蒂姆、梅森所言：“对等也可以从语篇行为这一层面上加以判断：源于语

① 方霁：《现代汉语祈使句的语用研究（上）》，《语文研究》1999年第4期。

② 哈蒂姆（Hatim，B.）、梅森（Mason，I.）：《语篇与译者》，上海外语教育出版社2001年版，第76页。

③ Searle. J. *Speech Acts*. Cambridge：Cambridge University Press，1969.

篇的主导性施为性语力在译文中是否得到保留?”[①] 因此，在科技语篇翻译教学中，我们首先要引导学生在宏观上确定原文语篇的主导性施为语力，然后再正确判断语篇中各句的施为性语力。在翻译时要协调好语篇主导性施为语力和各句施为性语力之间的关系。如：

It is easy to consider human beings unique among living organisms. (1) We alone have developed complicated languages that allow meaningful and complex interplay of ideas and emotions. (2) Great civilizations have developed and changed our world's environment in ways inconceivable for any other form of life. (3) There has always been a tendency, therefore, to think that something special differentiates humans from every other species. (4) This belief has found expression in many forms of religion through which we seek the origin and explore reasons for our existence. (5)

翻译教学中，我们可以引导学生先分析这个语篇的宏观施为性语力和各句的施为性语力。原文句（1）为表达类言语行为，因为存在着评价性话语成分“easy”，传达了作者的观点。句（2）是阐述类言语行为，作为论据支撑第一句。句（3）、（4）是表达类言语行为，句中存在评介性话语成分“inconceivable”和“therefore”，这两个成分传递了作者的观点。句（5）是阐述类言语行为。从总体上看，原文整个语篇的言语行为是表达类，表达作者对人类是世界上最独特物种所持的观点。这不仅仅是因为原文语篇大多数句子都是表达类这一类型，而且其他两句也是为支持作者的观点服务的。整个语篇的序列为：表达作者的观点（以言行事）——列出作为论据的事实（以言指事）。经过教师的引导、分析，学生把握住了原文的宏观性施为性语力和各句的施为性语力，在翻译时就会有意识地首先保证主导性施为性语力的对等，其次，尽可能协调好各句的施为性语力与主导性施为性语力的关系。如下面一则译文：

① 哈蒂姆（Hatim，B.）、梅森（Mason，I.）：《语篇与译者》，上海外语教育出版社2001年版，第78页。

人类在所有物种中是最独特的，这很容易理解。只有人类已经建立起了复杂的语言系统，能够进行有意义的、复杂的思维和情感交流，并且建立起了伟大的文明进而改变了整个世界。这对其他的生命形式是不可思议的。所以，我们总是倾向于认为有某种特殊的东西把人和其他物种区别了开来。这种想法在许多宗教形式中都有清晰的表达，通过这些宗教我们试图寻找生命的起源、探索我们存在的理由。

这则译文很好地凸显了原文语篇的主导性施为性语力：在第一句中将“easy”单列，另起一句，突出作者的观点；将原文第二句和第三句中的事实部分合并为一句，将表达作者观点的部分单独作为译文中的第三句；将第四句的表达类标记词“therefore”提至句首。同时，也较好地传达了阐述类施为性语力。译文反映了整个语篇的基本格调，使译文读者获得了和原文读者相同的感受。

在应用翻译教学中，可以运用言语行为理论指导学生识别源语中各种言语形式的语用功能，理解它们的真正意图和含义，并尽可能用目的语将其准确地表达出来。

翻译教学承担着培养翻译人才的重任。针对应用性翻译的传统教学模式仍然受结构主义语言学的影响，仅注重语法、句法分析，对语义翻译和语用翻译重视不够的状况，我们运用认知语言学和语用学的相关理论构建的“语义—语用”翻译教学模式可作为传统翻译教学模式的有益补充。即完整的翻译教学模式应该为“语义—语篇—语用”翻译教学模式。有了较完善的翻译教学模式，翻译学习者才能通过系统学习掌握扎实的翻译能力。

无论多么出色的翻译人才，进入翻译岗位后都要经过一定的学习才能适应工作环境。并且，翻译公司为了增强竞争力，还应不断提高译员的翻译技能。翻译技能是一种隐性知识，翻译技能的提高是一个不断学习的过程。接下来，我们拟探讨翻译公司译员隐性知识的传递和共享。

第三节　译员隐性知识传递和共享

随着中国翻译服务产业的快速发展，现在的翻译公司，翻译业务量大、客户要求时间紧、翻译工具的操作技能要求高，一个翻译项目有时多达上百万字。这样的项目已经不允许一个人慢工出细活儿了，这需要多人协作。翻译工作是一项团队工作。团队工作要求译员各尽其能，发挥个人的最大效益，翻译工作才会更加默契高效，这必然对译员的翻译技能提出很高的要求。

翻译技能不仅仅指把文字由一种语言转换为另一种语言的能力，而是指既会语言文字转换，又能熟练操作各种翻译辅助工具，又懂管理的综合性能力。翻译技能是译员基于个人长期经验积累起来的操作性知识，往往不能用简单的几句话、几组数据或公式来表达清楚，因此很难形式化和结构化，也难以为他人共享。对翻译活动中复杂、疑难问题的解决往往靠个人经验。

波兰尼（Polanyi）将这种难以编码、隐晦、抽象复杂、模糊、难以被识别和认知的知识称为隐性知识（tacit knowledge）[①]。隐性知识具有经验性强、缄默度高，缺乏具体表现形式等特点。世界经合组织（OECD）将知识分为四类，即事实知识（Know - what）、原理知识（Know - why）、技能知识（Know - how）和人际知识（Know - who）[②]。事实知识和原理知识大多为显性知识，在学校学习阶段基本已经完成。技能知识和人际知识大多为隐性知识，往往要在实际的行为处事中习得。诚如彼得·德鲁克所言："技艺不能教，也不能学，也显示不出任何普遍原则来。技艺细分成各种行业，每一行都不相通，各有自己的技术法则。技艺靠的是经验积累与拜师学习，而不是靠学校的课程学习。"[③] 翻译技能即是一种隐形知识。

以翻译软件的使用为例，经验不丰富的译员常会遇到导入术语库、翻译记忆库不成功、加载后不能运行、加载待翻译文件后出现乱码、文件翻译完成之后不能导出、导出后格式出错或丢失部分译文的情况，译员自己又不知道问题出在何处，在翻译软件的操作说明或教科书上也找不到解决问题的办法。有时候仅操作翻译软件就把译员折磨的筋疲力尽，浪费大量的时间，更不要说提高翻译效率了。而操作经验丰富、技术娴熟的译员则很容易凭自己的经验和感觉找出问题的症结。像其他一些常用的翻译辅助

---

① Polanyi, M. *The Tacit Dimension*. London: Routlege & Kegan Paul, 1966.

② OECD. *The Knowledge - based Economy*. OECD: Paris, 1996.

③ 彼得·德鲁克：《后资本主义社会》，傅振焜译，东方出版社2009年版，第28页。

工具，如资源提取软件、文档格式编辑软件等的使用诀窍、协同翻译技术、文字处理、表格处理、数据库处理、图形图像处理、桌面排版技术（DTP）、翻译报价技巧等都是高度依附于个人的、主观的隐性知识。

翻译技能的培养不能依靠高校的翻译教学。因为，高校的翻译教学主要是以讲授文本翻译为主，现在还没有高校开设翻译项目管理课程或者专业，极少高校在开设术语管理、翻译技术和专业领域的实用翻译课程，但僧多粥少，远远不能满足需求。即便高校开设了这些课程，在课堂上所学的理论知识与翻译实践中的应用还是存在很大距离的。高校的主要任务是给学生提供学养，培养学生的学习能力。翻译技能的培养靠大学课堂来完成是不现实的。培养和提高翻译技能的有效途径是翻译公司译员之间的相互学习，即译员之间隐性知识的传递和共享。由于译员从业经历、从业时间、受教育程度不同，每位译员掌握的翻译技能不均衡。隐性知识的传递和共享是翻译公司内各译员缩小知识差距、增强实际翻译操作能力的切实有效途径，也是翻译公司增强核心竞争力的必由之道。

从知识传递和共享意愿的视角，可以把隐性知识分为两类：知识源能够感知的隐性知识和知识源不能感知的隐性知识。对于能感知的隐性知识，知识源知道，如果将知识与他人分享，自己本身的知识优势将受到挑战，甚至职业受到威胁。因此，为了巩固自己在翻译公司中的地位和优势，知识源会本能地对知识共享产生抵触心理，使隐性知识在共享过程中的难度增加。不能感知的隐性知识，往往是知识源本身意识不到，知识源自以为无关紧要，但对于翻译公司中的新成员却是至关重要的隐性知识。这类知识依附于特定的环境，往往是对事物的洞察力、判断力、直觉和预感，更无法直接说明，对这部分隐性知识的接受要靠译员的感悟。

隐性知识是经验性的知识，是译员在长期的工作实践过程中通过解决一个个难题逐步总结、累积得来的。隐性知识的价值首先体现在知识主体身上。在翻译公司，译员掌握的隐性知识越多、越全面，其工作效率就越高。因此，掌握一些关键性的隐性知识，如翻译辅助工具的操作技巧、翻译诀窍和操作经验等就能获取某些特殊经济利益，如拿高薪；还能获得某些社会利益，如声誉、受人尊重等。如果把这些隐性知识拱手让与他人，隐性知识的垄断性就被打破，知识源则会丧失这种竞争优势，由隐性知识带来的超额利益以及个人的内心成就感也随之丧失。因此，对于可感知的隐性知识，知识源于利己主义考虑，往往会隐匿自己独有的知识，本能地对隐性知识共享产生抵触。知识源的这种心理导致隐性知识难以传递。

译员作为翻译公司的组织要素，其利益又与翻译公司的利益息息相关。每个成员都清楚，只有翻译公司得到了发展、取得了良好的收益，个人的利益才会有保障。知识共享可以提升翻译公司的竞争力和抗风险能力，只有把翻译公司做大做强，译员才有可能获得更多的利益。因此，知识源本身又具有知识共享的意愿。把隐性知识与他人共享，可以促进翻译公司的整体知识水平提高，增强翻译公司的竞争力，使公司运作高效。知识共享隐含了个人的义务感，因此，隐性知识的共享不是纯粹的经济交换，不是一种契约行为。

隐性知识主体在翻译公司既有某些共同利益，又有某些利益冲突。个体的利益受益于公司利益，只有翻译公司发展了，个体才会进步。同时，知识主体如果发现自己的收益与自己的投入不相符，心理上就会不平衡，趋于保守自己的隐性知识，而不与人共享。翻译公司的隐性知识共享中既有知识共享的意愿又存在着阻碍知识共享的动机，知识个体面临着竞争与合作的矛盾。从翻译公司的角度，个体隐性知识最好能完全共享，只有充分发挥知识的外部性，才能达到效益的最大化。隐性知识传递和共享的难度在于如何使知识源愿意分享自己的隐性知识。

如前所述，知识源出于翻译公司的整体利益考虑，会自觉贡献自己的独有知识。但如果知识源感觉到自己的付出不能从翻译公司得到应有的回报时，往往又会终止知识交流。或者如果知识源认为知识受体对自己的感情回报不能令自己满意，在没有其他补偿的情况下，知识源也会中断知识共享。同时，知识源由于担心将隐性知识共享于他人后，自己会失去竞争优势，为确保自己的优势地位，也总是倾向于回避或谢绝与他人共享，不愿转移自己的隐性知识。因此，知识源进行知识共享的动机是知识源个体义务感和翻译公司环境综合作用的结果。

隐性知识传递和共享作为一种社会交换行为，不同于金钱交易。布劳曾这样评价社会交换行为："尽管社会交换的重心落在某种外在价值的利益上，或者至少落在对好处含蓄地讨价还价上……但是社会交换对于参与者总是带有内在意义的成分，这一点使它有别于严格的经济交易。"[①] 知识源传递和共享隐性知识不一定是为了明确的经济回报，可能只是为了响应

① 布劳：《社会生活中的交换与权力》，李国武译，商务印书馆2008年版，第172页。

组织规范，实现组织目标，出于某种认同感或精神激励。基于此，翻译公司对知识源的激励不能仅仅从经济利益出发。翻译公司的管理者可以通过加强团队建设，积极营造一个利于隐性知识共享的公司文化环境，尽最大可能激励知识源向外传递自身的隐性知识。翻译公司的文化氛围越是积极合作、友好信任、鼓励创新，知识源越愿意贡献自己的隐性知识。同时，翻译公司还要为知识源提供充分的激励诱因，如一定的精神激励、可预见的获利前景、淡化竞争、充分信任的公司环境，都会使知识源有充分的动机实现隐性知识的传递和共享。良好的企业文化环境，还可以改变利益评价的标准，建立起知识共享的价值观和行为规范，促进利他目的的知识共享行为，最终为公司创造出一种群体自发地从事知识创造、学习、传递的氛围。"老资格者对专业问题的令人兴奋的内行讨论和愿意把新手看作是同行的态度是对后者的鼓励，这象征着把他接受为一位完全合格的专业人员。他回报以恭敬的钦佩，这是对老资格者的报答。"①团队建设是组织用来营造员工之间相互了解和认同的有效方式。翻译公司应该组织多种形式的团队活动、团队培训，培养译员之间忠诚友好的感情和开放坦诚的沟通交流氛围，树立团队共同的愿景，促进相互认同、了解及信任。例如，北京创思立信科技有限公司是一家从事软件及网站本地化和科技翻译活动的公司，该公司的经营理念就是"受业界尊重，员工在公司能够快乐工作"。翻译公司个体之间隐性知识共享利益的均衡和相互信任可以促进知识传递和共享意愿。

对于知识源不能感知的隐性知识，不存在知识源不愿传递和共享隐性知识的障碍。关键在于如何激发知识源的言说欲望，诱使知识源在不知不觉中传递自己的隐性知识。翻译公司要营造一个便于沟通交流的组织环境，为交流双方提供一个共同在场的交流平台。共同在场的、面对面的交流还会消除距离感，缩短心理距离，利于知识源畅所欲言。这类隐性知识能否成功传递和共享，更为关键的是隐性知识受体的知识识别和接受能力。知识受体是否可以充分接受、理解共享知识的意蕴，是否可以积极消化并因地制宜地应用这部分知识是极其重要的。知识受体接受外部知识的能力在很大程度上与已有的相关知识水平呈正相关关系。知识受体掌握的相关知识越多，越容易接受相关新知识；知识受体掌握的相关知识越少，

---

① 布劳：《社会生活中的交换与权力》，李国武译，商务印书馆2008年版，第145页。

越不容易接受相关新知识。因此，翻译公司对新入职译员进行翻译业务的常规性培训也极为重要。

翻译知识的学习具有累积性与相互依赖性，只有掌握了相关的旧知识，才能有效地吸收相关的新知识。已有相关知识的累积不仅能增强接受相关新知识的能力，而且能增强利用这些新知识的能力。知识具有自增强的性质，存储在个人大脑之中的概念、模式、规范越多，相关的新知识就越容易习得。个人需要具有相关的行业知识才能接受、消化并应用新知识。学习是个循序渐进的过程，当所学习的行业知识与已知的知识有关联时，才能达到最佳的学习状态。原有知识的广度、知识之间的差异与联系可促进理解并获得新知识。新知识要被接受，知识受体也必须有一定的知识背景，否则会由于知识的梯度过大而难以吸收新知识。在隐性知识共享过程中至关重要的是知识源与知识受体之间的知识匹配度。知识源传递出的隐性知识如果能够立刻被知识受体识别并吸收，填补自己的知识缺陷，这是最理想的隐性知识共享模式。但现实往往不是如此。由于个体心智模式的差异，知识源传递出的隐性知识往往与知识受体不匹配，结果知识受体要么不能识别该知识，造成知识的流失；要么在接受过程中不能很好地吸收，造成隐性知识共享的迟滞。隐性知识的接受往往是知识受体感悟和顿悟的过程，不可能一蹴而就。还有可能知识源传递出的是 A 知识，知识受体由于自己的偏好将之识别或接受为 A′知识，即隐性知识在共享过程中会出现偏差。再有，学习能力较强的知识受体不是机械被动地接受隐性知识的，而是对隐性知识进行体验和加工。

任何翻译公司从业人员所掌握的行业知识在时间和空间分布上都是不均衡的。由于翻译公司译员的从业时间、个人经验、经历、个人禀赋、努力程度等因素的不同，不同的译员所拥有知识的数量和质量各不相同。有的译员掌握着翻译业务中前沿的、高端的、广泛的知识，有的译员却可能只拥有相对落后的、已被普及的或格式化的、狭隘的知识。从掌握行业知识的熟练程度、先进还是老套、行业知识的多寡等划分，可以把翻译公司的从业译员分为专家级、中级和初级三个级别。专家级译员拥有的隐性知识不仅包括本行业专业知识、操作技能、诀窍，还包括更高层次的理念、思想和价值观。这类隐性知识与个人经历、工作经验和工作内容息息相关，是个人长期积累和创造的结果。中级译员基本掌握了翻译公司的业务知识，能够基本胜任本职工作，与专家级人员的沟通相对比较顺畅，能够较快地领会专家级员工的意思表示。而初级译员往往是进入翻译公司不久的新人，翻译业务知识比较生疏，与专家级译员的业务沟通存在障碍。译员之间知识水平的接近程度是翻译公司隐性知识共享意愿的基础。隐性知识共享可以看作一种知识交换关系，个体会采取交易成本最小的方式达到自己的目标，个体间的知识水平越相近，其相容性越高，则知识交换成本就会较低，从而交易成本较小。个体间知识差别越大，知识匹配率越低。因此，翻译公司的管理者在分派公司任务时，要考虑公司的长远规划，抓好译员的梯队建设。在同一个翻译任务中，要做到三类译员的适当人数比例配置，在具体的工作中以较小成本实现隐性知识的传递和共享。

翻译公司提供的是语言服务，其专长在于语言转换。尽管翻译公司在走专业化路线，但科技发展日新月异，翻译人员的知识更新未必赶得上技术更新。国际译联在 2009 年国际翻译日的主题“携手合作”中提出：“翻译服务方和客户之间的交流互动有助于更好地理解文本目的，使双方认识到优秀译文的影响力。毫无疑问，无论是文学翻译、技术翻译、口译、术语翻译或是字幕配译，无论客户就在马路对面还是在五个时区以外，如果他们能够参与到翻译进程当中，都会有利于提高译文质量，并最终创造更好的工作条件。”[①] 为保证翻译质量、提供专业化的翻译产品，翻译需要客户的广泛参与。译员把握不准的专业术语和表达，需要客户投入精力帮助指导，译员也需要投入更大的努力去学习新的领域的专业知识。这些都依附于客户的隐性知识。因为专业性很强，往往不能从其他渠道获得。如在纺织行业，lively yarn 不是“活泼的纱”而是“皱缩纱”、“有光毛纱”不是 bright yarn，而是 luster yarn、“多色线”不能译成 multi - colour yarn 或 colourful yarn，而应译为 space dyed - yarn。在机械领域，philips driver 不能译为“飞利浦改锥”，而是“十字头改锥”。除了专业知识的学习外，译员在与客户接洽、共同工作的过程中，还可学习客户的经营理念和管理经验等方面的隐性知识。现在有的翻译公司主要承接一些本地化公司的外包业务，这些本地化公司很多都是国际化运作，具有较先进的经营理念和管理经验。翻译公司在为这些国际化运作的大公司服务时，即可以通过沟通交流、互访的形式学习对方的先进经营理念。翻译公司的客户也是翻译公司从事翻译活动的重要力量，吸收和共享他们所拥有的隐性知识也对提

① http：//www. fit - ift. org/download/en/itd - 2009. pdf（访问日期 2010 年 11 月 3 日）。

高翻译公司的竞争优势具有重要意义。

翻译工作是一项知识性很强的工作，不仅需要熟悉专业知识，也要了解百科知识。隐性知识共享是一个永无止境的过程，翻译公司的管理者一定要具有开阔的视野和开放的心态，在为译员营造一个温馨和谐的知识共享空间的同时，还要跳出本公司的狭小圈子，走出去，加强与同行的沟通合作，促进本公司与其他公司甚至其他行业的知识共享。

翻译人才的培养是实现翻译活动良性运行的基础和前提。中国当前翻译人才培养模式局限在翻译系或外语专业，学科的边界限制了翻译人才的培养。对翻译人才的培养应突破学科界限，将翻译核心课程构架嵌入各相关专业之中，进行跨学科的复合式培养。翻译人才培养方式的改变要求与之相适应的翻译教学模式，我们以语义和语用为核心，运用相关理论构建了面向培养应用型翻译人才的翻译教学模式。翻译公司要增强竞争力，关键要营造和谐的组织环境，增强译员隐性知识传递和共享的意愿。

结语　中国翻译活动社会运行的战略性思考

在中国翻译活动现有的主体框架下，本书针对改革开放以来中国翻译活动在社会运行中存在的各种较严重的问题，就优化翻译活动的社会运行进行了系统思考。不过，从翻译活动服务于中国经济社会发展的长远目标来看，还应从战略目标、制度安排、国家主导管理机构及语言政策方面对中国翻译活动的社会运行做出思考。

翻译活动一方面承担着引进外国先进科技、文明成果的重任；另一方面肩负着对外传播中国优秀文化的责任。因此，应从国家战略的高度认识和发展中国的翻译事业。翻译活动属于文化产业的一个有机组成部分。“迄今为止，中国并没有制定一个全国性统一的‘文化产业政策’，也没有像韩国那样制定一个全国性的‘文化振兴法’。”[①] 人们对包括翻译活动在内的文化产业的认识还不统一。发展文化产业是以营利为主导，还是以增强中国文化的国际竞争力为主导？比如，有专家谈道：“在对外文化交流过程中，中国的文化产品走出去主要靠非营利的事业性文化交流，导致我们的文化产品走向世界主要是‘送’出去的，而不是‘卖’出去的。”[②] 言下之意，中国发展文化产业应该以营利为主导。认识的不统一将直接影响一系列方针、政策的贯彻、实施。

对中国文化产业的认识可以借鉴国外的成功经验。美国的文化产业很发达，“1970—2000 年，美国对外贸易在 GDP 中所占的比例不断上升，其中包括文化产业和服务在内的版权贸易获得了持续增长，超过了作为硬件

---

① 杨吉华：《改革开放以来中国文化产业政策实践的回顾与反思》，《上海行政学院学报》2006 年第 6 期。

② 刘文俭：《推进中国文化产业国际化发展的战略构想》，《国家行政学院学报》2007 年第 4 期。

的文化娱乐器具的出口”。[①] 但是，“国家利益是美国文化发展的首要前提”[②]。美国发展文化产业的目的是向全世界推行其价值观和生活方式。美国的文化产业战略以国家利益为主导，而非从经济利益出发。法国、加拿大采取“文化例外”、“文化多样性”战略来保护本国文化。“法国政府及法国文化部在发展文化产业的问题上不是寻求向外扩张，以求文化成为国民经济的另一个增长点，而是试图通过文化产业寻找民族文化生存的可能性，扩大传统文化的发展空间。”[③] 韩国则是采取“文化立国”的国家战略。从中国的国情出发，中国翻译事业的战略目标应把社会效益放在首位，服务于和谐社会建设，积极引进外国有益文化，促进中国文化走向世界，通过中外文化的交流和互动，增强中国文化软实力，扩大中国文化的覆盖面，增强中国文化的国际影响力，提升国家形象。

以此目标来审视中国翻译活动的社会运行，我们就会发现：在市场经济条件下，尤其是随着中国文化体制改革的进行，人们把翻译产品当作普通商品或把翻译产品以普通商品的形式推入市场，忽视了翻译产品的精神文化属性及社会效益。结果，盗版、“中译中”、低水平重复翻译出版、哄抬畅销书版税等现象盛行。真正有文学、学术价值的，翻译难度较大的图书不能及时引进、翻译出版。要把社会效益放在首位，对营利性的翻译产品或服务与非营利性的翻译产品或服务从国家政策层面上区别对待，不能完全按照市场经济的规律进行翻译生产。

在政策法规方面，翻译活动的运行缺乏全面、系统、权威的政策、法律体系保障，相关法律建设滞后于翻译活动的发展。目前现有的只是一些不完善的部门法规、规章和不具强制执行力的规范性文件。一些翻译组织往往“择优而行”，对现有的法律甚至“视而不见”。法律的严肃性、公正性和强制性无法体现，无法为翻译活动的运行提供系统的保障，不能满足翻译活动健康运行的需要。

对翻译活动的社会运行，有必要制定统一的战略决策和制度安排。在制度安排上形成一个高效、统一、规范的规则体系。如通过制定规范的政策对不同类别的翻译产品进行差别税率调控，制定标准界定营利性和非营

① 花建等：《文化产业竞争力》，广东人民出版社 2005 年版，第 112—113 页。

② 苑浩：《全球文化产业发展的最新趋势及政策分析》，《国外社会科学》2006 年第 1 期。

③ 同上。

利性翻译产品或服务，制定对翻译活动进行内容监督、质量审查的方针政策，制定对翻译活动进行捐献或资助的相应减免税收法规及翻译活动发展基金等方面的法规。构建起与翻译运行直接相关的法律体系，把翻译活动的发展纳入法制轨道，是中国翻译活动健康运行的迫切要求。只有依法打击各种不正当竞争手段和侵权行为，才可以规范市场竞争，建立合理、适度的竞争秩序。建立翻译市场的准入、经营和退出机制，加强版权保护意识，形成统一、灵活、竞争有序的市场环境。针对翻译服务产业制定行业发展规模、产业结构调整、产业规划的指导性政策。只有政策完善、到位，管理机制健全，才能促进翻译组织整体实力和竞争力的提高。

政策的制定和实施离不开执行机构。目前，对中国翻译运行的管理，缺少自上而下、一以贯之的主导型执行机构，导致对翻译活动的管理分属多个部门，管理权限不明、管理缺位。翻译出版的主体是出版社，其上级管理部门是原国家新闻出版总署（国家版权局），但译者作为翻译的主体在组织结构上游离于出版社之外。从事翻译服务的主体是翻译公司，其上级管理机构为工商局，但兼职译者游离于翻译公司之外。译者培养主要集中在高等院校，少部分在社会培训机构，其上级管理者为国家教育主管部门。翻译活动的社会运行涉及多领域、多部门，这些部门和领域是分离的，对某些环节或要素的管理甚至是缺位的，有必要从国家战略的高度设立一个高层次的、统领这些部门和领域的国家机构。法国和加拿大两国的文化政策或许值得我们借鉴。法国文化产业的最高管理机构为“文化部”，直接统辖“艺术”、“文学（戏剧、音乐、博物馆、特殊艺术教育）”、“建筑”、“档案”等多个文化部门。法国文化部负责起草与文化相关的法律草案，直接参与各种文化机构的运行，并对大量文化协会给予补贴。加拿大文化产业的最高管理机构为“文化遗产部”，直接统辖“文学、艺术、出版”、“广播、电影、电视”、“博物馆、图书馆”、“妇女、民族、文化”、“文化遗产”等部门。加拿大文化遗产部制订了《图书出版业发展计划》、《图书出版机构贷款计划》等政策、措施，扶持加拿大的出版产业。条块分割的管理不利于翻译活动的健康发展。因此，要突破条块分割的格局，根据性质相关、产业联动的特征，建立规范的既分工又协作制度，由最高管理机构协调各部门共同执行。

语言是文化的载体，是民族思维方式的表达。文化具有民族性。为了增加中国文化与他者文化碰撞、交流的机会，应大力发展多语种翻译。中国文化只有在碰撞与交流中才能保持生机和活力，这是增强中国文化竞争力的关键。欧盟在语言方面的政策值得我们借鉴。欧盟为捍卫欧洲丰富的民族和文化特性，鼓励、支持语言的多样性，其官方语言目前已达 23 种，这意味着欧盟任何一个语种文件的出台，都要翻译成其他 22 种语言。欧盟还不断推出多元语言战略计划。据驻欧盟使团网站信息，“欧盟于 2008 年 9 月出台了新的多语言战略，在‘终身学习计划’框架内每年提供 5000 万欧元经费支持语言活动和项目”。[①] 中国文化“走出去”的过程中，应大力发展多语种翻译，通过多语种语言来表达中国话语，扩大中国文化的覆盖面，这样我们才能参与国际文化市场的竞争和维护自身的文化安全。同时，在语言的翻译策略上，要注重中国话语，尤其是“国家关键话语”的对外传播方式，不能总是从取悦于外国读者的心理来翻译中国文本。这样，才能充分表达中国的文化自信。对中国文化“走出去”，不应当采取阶段性的、激进的措施或手段，而应有耐心和恒心。通过翻译让外国读者逐步熟悉、接纳进而喜欢中国文化和民族思维方式。这样，中国在全球的国家形象就会逐渐得以提升。

科学有效的宏观管理体制与富有效率的翻译活动微观运行机制相结合，才能形成统一、开放、竞争有序的翻译活动运行体系，中国翻译活动才能健康发展。同时，理论研究要与时偕行，要随着国家、世界形势的发展变化，洞察翻译运行的发展趋势，及时对不合理的运行环节或要素做出调整或优化。

---

① http：//www.chinamission.be/chn/zogx/jyjl/t762756.htm（访问日期 2011 年 12 月 10 日）。

附　录

附录 1　　进入 21 世纪以来中国报纸媒体对翻译问题的关注

篇名	出处
名著翻译须求精	《新闻出版报》2000 年 7 月 20 日
为文学翻译敲响警钟	《文学报》2000 年 12 月 7 日
图书翻译质量堪忧	《文汇报》2001 年 3 月 30 日
AAAS 如何成了“美国艺术与科学研究院”——谁造成了谁都敢译的格局	《光明日报》2001 年 8 月 09 日
科普翻译你怎么了	《中华读书报》2001 年 8 月 29 日
翻译大奖外行胜内行	《中华读书报》2001 年 8 月 29 日
图书翻译：粗制滥造？	《光明日报》2001 年 12 月 13 日
翻译读物质量亟待提高	《光明日报》2001 年 12 月 13 日
翻译危机不容回避	《光明日报》2001 年 12 月 27 日
孟子变成“门修斯”——学术界必须关注的问题	《中华读书报》2001 年 12 月 30 日
翻译的挑战	《光明日报》2002 年 1 月 10 日
居然有这样翻译的“红字”	《光明日报》2002 年 5 月 9 日
不能这样翻译	《光明日报》2002 年 5 月 9 日
复译的悲哀	《光明日报》2002 年 5 月 9 日
翻译应恪守译德　出版要提高质量	《中国新闻出版报》2002 年 5 月 16 日
科幻翻译及其他	《中华读书报》2002 年 6 月 26 日
翻译：崇高的事业	《中华读书报》2002 年 7 月 10 日
如此佳作 如此翻译	《中华读书报》2002 年 8 月 14 日
《杰克·韦尔奇自传》翻译硬伤多得令人忧虑	《中国新闻出版报》2003 年 2 月 19 日
警醒“翻译的危机”	《中国新闻出版报》2003 年 2 月 19 日
透视劣质翻译症结	《中华读书报》2003 年 3 月 5 日

续表

篇名	出处
“九段翻译”需十年磨砺铸剑	《北京人才市场报》2003年3月22日
翻译市场亟待规范	《光明日报》2003年7月9日
翻译市场亟待规范	《浙江日报》2003年7月22日
外语翻译市场亟待严格规范	《中国国门时报》2003年7月25日
文学翻译：还是回你原来的家	《中华读书报》2003年8月27日
图书翻译要设质量关卡	《中国质量报》2003年9月22日
外国文学翻译亟需“重整河山”	《文艺报》2003年10月30日
关于翻译：真实的笑话	《中华读书报》2004年4月14日
如此荒谬的翻译	《音乐周报》2004年7月9日
走出计算机书籍翻译的误区	《光明日报》2004年8月25日
流失的美丽与舒畅——文学翻译的危机与现状	《学习时报》2004年10月18日
中国翻译：差错“俯拾皆是”	《新华每日电讯》2004年11月9日
中国翻译业 大而不强 差错堪忧	《人民日报》2004年11月9日
文学翻译现状亟待改观	《人民日报》2004年11月12日
翻译文学呼唤批评	《人民日报》2004年11月16日
翻译的尴尬和委屈	《人民日报》2004年12月7日
翻译绝不是简单的技术活	《文艺报》2004年12月9日
马悦然：好作品多好翻译少	《深圳特区报》2004年12月13日
文学翻译成“银发工程”	《解放日报》2004年12月15日
真实的费曼 失真的翻译	《中华读书报》2005年1月5日
“浮渣式”翻译“闪电式”出版	《温州日报》2005年1月16日
中国文学翻译后继乏人	《人民日报》2005年1月18日
全民从小学外语，翻译队伍却后继乏人	《新华每日电讯》2005年1月19日
翻译人才青黄不接谁之错？	《中华读书报》2005年2月2日
文学翻译为何青黄不接	《人民日报》2005年2月4日
设立国家翻译奖 培养职业翻译家	《中国新闻出版报》2005年2月23日
文学翻译何以后继乏人	《北京日报》2005年3月8日
走出文学翻译的窘境	《光明日报》2005年3月21日
关键在于为翻译正确定位	《光明日报》2005年3月21日
如何走出文学翻译的窘境？	《中华读书报》2005年3月23日
治理翻译质量下降从何做起	《光明日报》2005年3月24日

续表

篇名	出处
学术翻译如何促进中国社科发展	《中国教育报》2005年4月7日
翻译文学不能承受劣译之害	《中国文化报》2005年4月13日
文学翻译缺失多	《人民日报》2005年4月29日
文学名著呼唤翻译大家	《光明日报》2005年5月17日
如何走出文学翻译的窘境	《河北日报》2005年5月20日
中国翻译出版业陷入恶性循环	《新华每日电讯》2005年5月23日
翻译出版业：浮华背后的忧思	《人民日报》2005年5月23日
翻译出版业浮华有隐忧	《市场报》2005年5月27日
翻译出版莫图快	《中国新闻出版报》2005年8月12日
《新教伦理与资本主义精神》误译举隅	《南方周末》2005年9月29日
图书翻译："拼速度"还要"拼品牌"	《文学报》2005年12月1日
翻译质量也应专项检查	《中国新闻出版报》2005年12月14日
反差：八千万学子习外语 翻译人才缺九成	《光明日报》2006年3月27日
综合治理劣质翻译的呼吁	《文艺报》2006年4月8日
懂英语的不少，好翻译却不多	《解放日报》2006年5月31日
翻译竞赛折射译界浮躁风	《文学报》2006年11月23日
看不懂的汉字：翻译作品水平低劣令人担忧	《中华新闻报》2007年1月31日
提高翻译水平，消除"文化赤字"	《新华每日电讯》2007年4月9日
翻译成中国文化输出瓶颈	《文学报》2007年4月19日
翻译质量问责制势在必行	《中华新闻报》2007年5月14日
翻译的态度和常识	《南方周末》2007年7月12日
会外语的多 懂翻译的少：中国翻译人才缺口达六成	《文汇报》2007年7月16日
翻译岂能"批量生产"	《文学报》2007年12月13日
翻译出版要有准入制	《中国新闻出版报》2007年12月17日
翻译可不是光通外语就成的	《学习时报》2008年3月17日
"企业翻译"：只听楼梯响，不见人下来	《中俄经贸时报》2008年4月2日
翻译出版 谨防"中翻中"	《中国新闻出版报》2008年5月21日
还给杭州一个干净的语言环境	《杭州日报》2008年6月4日
中国优质翻译人才匮乏	《中国文化报》2008年8月18日
《恋人絮语》中的东方文化翻译指瑕	《中华读书报》2008年8月20日
应对劣质译著亮红灯	《中华读书报》2008年9月3日

续表

篇名	出处
“大师时代”逐渐远去?	《文学报》2008年10月16日
专家：翻译不能急功近利粗制滥造	《解放日报》2008年11月24日
文学翻译人才青黄不接	《文汇报》2008年12月15日
翻译汉学家名字时应“多留个心眼”	《中华读书报》2009年2月4日
“亲爱的”翻译是懒惰的翻译	《中华读书报》2009年2月18日
翻译市场滥译滥编侵权现状调查	《法制日报》2009年3月2日
翻译人才短缺制约出版业“走出去”	《人民政协报》2009年3月11日
出版业须提高翻译水平	《光明日报》2009年3月13日
一个奥体中心车站竟有三种英文翻译	《广州日报》2009年3月18日
翻译偷工减料　持有人看不懂QDII基金年报	《证券时报》2009年3月30日
六学者告《一千零一夜》翻译侵权	《中国新闻出版报》2009年6月16日
星星叫还是红蜘蛛，动漫翻译也“雷人”	《中国文化报》2009年7月17日
中国文化走出去急需迈过翻译坎	《人民日报海外版》2009年8月14日
出版社一窝蜂发“洋”财	《北京日报》2009年8月19日
根除翻译侵权乱象需综合治理	《法制日报》2009年8月21日
不赖的选本 糟糕的翻译	《中华读书报》2009年12月10日
赶进度缺人才 文学翻译沦落	《北京日报》2010年10月21日
当代文学翻译为何难觅佳作	《中国艺术报》2010年10月26日
图书翻译业“闭门造车”何时休?	《北京商报》2010年12月6日
翻译行业亟须“规矩”	《中国劳动保障报》2001年3月21日
为翻译公司号脉	《中国民族报》2001年6月12日
纺织用语翻译切忌望文生义	《中国纺织报》2002年7月11日
翻译产业闹革命	《科学时报》2002年10月22日
百亿市场呼唤翻译人才	《四川日报》2002年11月10日
翻译市场正闹“十月革命”	《中国商报》2002年11月12日
不可忽略的中外文实用翻译	《中国改革报》2003年1月22日
翻译市场鱼龙混杂 无序竞争谁来监管	《中国质量报》2003年12月18日
翻译中介行业鱼龙混杂	《中国企业报》2004年8月11日
翻译市场“李鬼”出没	《消费日报》2004年8月12日
中国翻译行业亟待规范	《中国改革报》2004年11月9日
高质量翻译人才严重不足	《北方经济时报》2005年2月18日

续表

篇名	出处
翻译市场呼唤专业化服务	《中国经营报》2005 年 3 月 7 日
境界决定翻译市场成败	《光明日报》2005 年 4 月 13 日
高级翻译寥若晨星	《经理日报》2005 年 5 月 28 日
专业翻译人才全线告急	《人才市场报》2005 年 8 月 30 日
应用型翻译人才培养迫在眉睫	《经济日报》2005 年 11 月 2 日
翻译人才亟待专业化	《中国劳动保障报》2011 年 6 月 4 日
难以规范的翻译市场	《中国劳动保障报》2005 年 12 月 21 日
中国翻译产业亟待产业标准规范化	《第一财经日报》2006 年 5 月 30 日
传话词不达意　雇主损失惨重：不正规翻译搅乱翻译市场	《绍兴日报》2006 年 7 月 21 日
翻译人才要有母语功底	《北京人才市场报》2007 年 5 月 23 日
贵阳：城市公示语英文翻译亟待规范	《法制生活报》2008 年 8 月 13 日
中国缺 10 万高级翻译	《人才市场报》2008 年 10 月 7 日
英语翻译：解聘噩梦何时休	《人才市场报》2008 年 10 月 21 日
深圳迫切需要高水平翻译人才	《深圳特区报》2009 年 4 月 25 日
翻译：前景很好问题不少	《中国文化报》2010 年 9 月 1 日
翻译公司错把白银“变”黄金	《法制日报》2010 年 10 月 22 日
旅游公示语翻译亟待规范	《中国旅游报》2011 年 6 月 24 日
翻译市场乱象丛生	《新华每日电讯》2010 年 11 月 25 日

附录 2　　“走向未来”丛书翻译类书目

书名	原作者	译者	出版年份
《现代物理学与东方神秘主义》	［美］F. 卡普拉著	灌耕编译	1983
《增长的极限——罗马俱乐部关于人类困境的研究报告》		李宝恒译	1984
《GEB——一条永恒的金带》	［美］道·霍夫斯塔特著	乐秀成编译	1984
《人的现代化——心理·思想·态度·行为》	［美］阿历克斯·英格尔斯等著	殷陆君编译	1985
《新的综合——社会生物学》	［美］爱德华·奥尔本·威尔逊著	李昆峰编译	1985
《没有极限的增长》	［美］朱利安·林肯·西蒙著	江南、朱嘉明等编译	1985
《系统思想》	［美］小拉尔夫·弗·迈尔斯主编	杨志信、葛明浩译	1986

续表

书名	原作者	译者	出版年份
《日本为什么成功：西方的技术和日本的民族精神》	［日］森岛通夫著	胡国成译	1986
《弗洛伊德著作选》	［美］约翰·克里曼编	贺明明译	1986
《十七世纪英国的科学、技术与社会》	［美］默顿著	范岱年、吴忠、蒋效东译	1986
《梁启超与中国近代思想》	［美］约瑟夫·阿·勒文森著	刘伟、刘丽、姜铁军译	1986
《新教伦理与资本主义精神》	［德］马克斯·韦伯著	黄晓京、彭强译	1986
《增长、短缺与效率：社会主义经济的一个宏观动态模型》	［匈］亚诺什·科内尔著	崔之元、钱铭今译	1986
《定量社会学》	［德］哈格著	郭治安等编译	1986
《计量历史学》	［苏］科瓦尔琴科主编	闻一、肖吟编译	1987
《哲学的还原：哲学与语言分析》	［美］麦克斯韦·约翰·查尔斯沃斯著	田晓春译	1987
《社会研究方法》	［美］艾尔·巴比著	李银河译	1987
《发展社会学》	［美］胡格韦尔特著	白桦、丁一凡编译	1987
《社会选择与个人价值》	［美］K. J. 阿罗著	陈志武、崔之元译	1987
《对科学的傲慢与偏见：奎·帕·斯诺演讲集》	［英］奎·帕·斯诺著	陈恒六、刘岳译	1987
《马克斯·韦伯》	［英］弗兰克·帕金著	刘东、谢维和译	1987
《现代化的动力》	［美］C. E. 布莱克著	段小光译	1988
《维特根斯坦哲学导论》	［荷］范坡伊森著	刘东、谢维和译	1988
《平等与效率：重大的权衡》	［美］奥肯著	王忠民、黄清译	1988
《科学家在社会中的社会角色》	［美］约瑟夫·本·戴维著	赵佳苓译	1988

附录 3　　**《二十世纪文库》书目**

书名	原作者	译者	出版年份
《爱的艺术》	［奥］弗罗姆著	康革尔译	1987
《成文宪法的比较研究》	［荷］马尔赛文等著	陈云生译	1987
《城市社会学》	［美］帕克伯吉斯、麦肯齐著	宋俊岭等译	1987
《动机与人格》	［美］马斯洛著	许金声等译	1987

续表

书名	原作者	译者	出版年份
《批判与知识的增长》	［英］伊姆雷·拉卡托斯、艾兰·马斯格雷夫编	周寄中译	1987
《平等与效率　重大的抉择》	［美］阿瑟·奥肯著	王奔洲、叶南奇译	1987
《民主和专制的社会起源》	［美］巴林顿·摩尔著	拓夫等译	1987
《政治与行政》	［美］F.J. 古德诺著	王元译	1987
《欧洲家庭史》	［奥］米特罗尔、西德尔著	赵世玲译	1987
《新发展观》	［法］弗朗索瓦·佩鲁著	张宁、丰子义译	1987
《增长与波动》	［美］阿瑟·刘易斯著	梁小民译	1987
《政治社会学　政治学要素》	［法］莫里斯·迪韦尔热著	杨祖功、王大东译	1987
《农业与经济发展》	［印度］苏布拉塔·加塔克、肯·英格森特著	吴伟东、韩俊、李发荣译	1987
《西方教育的历史和哲学基础》	［美］S.E. 佛罗斯特著	吴元训等译	1987
《人的潜能和价值：人本主义心理学译文集》	［美］马斯洛等著	林方主编	1987
《文化模式》	［美］露丝·本尼迪克著	何锡章、黄欢译	1987
《家庭经济分析》	［美］加里·S. 贝克尔著	彭松建译	1987
《发展社会学》	［英］安德鲁·韦伯斯特著	陈一筠译	1987
《法理学　法哲学及其方法》	［美］E. 博登海默著	邓正来、姬敬武译	1987
《变革社会中的政治秩序》	［美］塞缪尔·亨廷顿著	李盛平等译	1988
《社会生活中的交换与权力》	［美］彼德·布劳著	孙非、张黎勤译	1988
《马克思主义与人类学》	［英］莫里斯·布洛克著	冯利等译	1988
《历史学家和社会学》	［苏］米罗诺夫著	王清和译	1988
《终身教育导论》	［法］保罗·朗格让著	滕星等译	1988
《历史思想导论》	［美］B.A. 哈多克著	王加丰译	1988
《政策制定过程》	［美］查尔斯·E. 林布隆著	朱国斌译	1988
《社会学研究方法论》	［法］迪尔凯姆著	胡伟译	1988
《文化的起源》	［美］马文·哈里斯著	黄晴译	1988
《无形学院——知识在科学共同体的扩散》	［美］黛安娜·克兰著	刘君君等译	1988
《西方世界的兴起》	［美］道格拉斯·诺思、罗伯特·托马斯著	厉以平、蔡磊译	1988
《惩罚与责任》	［美］H.C.A. 哈特著	王勇等译	1989

续表

书名	原作者	译者	出版年份
《大众传播通论》	[美] 德弗勒、丹尼斯著	颜建军等译	1989
《当代社会学理论》	[美] 玛格丽特·波洛玛著	孙立平译	1989
《法律社会学导论》	[英] 罗杰·科特威尔著	潘大松等译	1989
《法律史解释》	[美] 罗斯科·庞德著	曹玉堂、杨知译	1989
《公民文化　五个国家的政治态度和民主制》	[美] 阿尔蒙德等著	徐湘林译	1989
《国际法原理》	[美] 汉斯·凯尔森著	王铁崖译	1989
《计算机与社会主义》	[英] 斯蒂芬·博丁顿著	杨孝敏等译	1989
《教学心理学的进展》	[美] 格拉塞（Glaser, R.）主编	杨琦等译	1989
《近代科学的起源》	[美] 巴特菲尔德著	张丽萍译	1988
《经济社会学》	[美] 尼尔·斯梅尔瑟著	方明、折晓叶译	1989
《科学界的社会分层》	[美] 乔纳森·科尔、斯蒂芬·科尔著	赵佳苓等译	1989
《科学史和新人文主义》	[美] 乔治·萨顿著	陈恒六等译	1989
《社会存在本体论导论》	[匈] 卢卡奇著	沈耕、毛怡红等译	1989
《一个幻觉的未来》	[奥] 弗洛佛德著	杨韶刚译	1989
《社会控制》	[美] E. A. 罗斯著	秦志勇、毛永政译	1989
《科学与人类行为》	[美] 斯金纳著	谭力海等译	1989
《肯尼刑法原理》	[英] J. W. 塞西尔·特纳著	王国庆、李启家等译	1989
《劳力剩余经济的发展》	[美] 费景汉、古斯塔夫·拉尼斯著	王月、甘杏娣等译	1989
《历史的起源与目标》	[德] 卡尔·雅斯贝斯著	魏楚雄、俞新天译	1989
《经济与社会》	[美] 塔尔科特·帕森斯、尼尔·斯梅尔瑟著	刘进等译	1989
《历史和阶级意识：关于马克思主义辩证法的研究》	[匈] 卢卡奇著	王伟光、张峰译	1989
《人类本性与社会秩序》	[美] 查尔斯·霍顿·库利著	包凡一、王源译	1989
《社会控制论》	[荷] 盖叶尔、佐文编	黎鸣等译	1989

续表

书名	原作者	译者	出版年份
《世界古代神话》	［美］塞·诺·克雷默著	魏庆征译	1989
《社会语言学》	［英］R. A. 赫德森著	卢德平译	1989
《人，艺术和文学中的精神》	［瑞士］C. G. 荣格著	孔长安、丁刚译	1989
《历史决定论的贫困》	［英］卡尔·波普著	杜汝楫、邱仁宗译	1989
《历史学的范畴和方法》	［苏］M. A. 巴尔格著	莫润先、陈桂荣译	1989
《人的系统观》	［奥］冯·贝塔朗菲、［美］A. 拉威奥莱特著	张志伟等译	1989
《社会冲突的功能》	［美］科塞著	孙立平等译	1989
《历史研究国际手册　当代史学研究和理论》	［美］伊格尔斯著	陈海宏、刘文涛等译	1989
《美国宪法释义》	［美］卡尔威因、帕尔德森著	徐卫东、吴新平译	1989
《难以抉择　发展中国家的政治参与》	［美］塞缪尔·亨廷顿、琼·纳尔逊著	汪晓寿等译	1989
《欧洲史学新方向》	［美］伊格尔斯著	赵世玲、赵世瑜译	1989
《权力的媒介：新闻媒介在人类事务中的作用》	［美］J. 赫伯特·阿特休尔著	黄煜、裘志康译	1989
《社会主义的所有制与政治体制》	［波］W. 布鲁斯著	郑秉文等译	1989
《苏联社会学》	苏联科学院社会学研究所主编	张桐等译	1989
《文化唯物主义》	［美］马文·哈里斯著	张海洋、王曼萍译	1989
《现代化理论研究》	［美］罗伯特·海尔布罗纳等著	俞新天等译	1989
《心理危机及成人心理学》	［美］约翰·拉斐尔·施陶德著	于鉴夫、周丽娜译	1989
《舆论学》	［美］沃尔特·李普曼著	林珊译	1989
《语言共性和语言类型》	［美］伯纳德·科姆里著	沈家煊译	1989
《语言与心理》	［美］诺姆·乔姆斯著	牟小华、侯月英译	1989
《争取人道的经济民主》	［捷］奥塔·锡克著	高钴等译	1989
《政治生活的系统分析》	［美］戴维·伊斯顿著	王浦劬等译	1989
《大众传播媒介与社会发展》	［美］施拉姆（Schramm，W.）著	金燕宁等译	1990

续表

书名	原作者	译者	出版年份
《论理论社会学》	［美］罗伯特·金·默顿著	何凡兴、李卫红、王丽娟译	1990
《公共决策》	［美］詹姆斯·E. 安德森著	唐亮译	1990
《自然的观念》	［英］R. G. 柯林武德著	吴国盛、柯映红译	1990
《历史学方法论》	［波］托波尔斯基（Topolski，J.）著	张家哲等译	1990
《进步及其问题》	［美］L. 劳丹著	刘新民译	1990
《危机中的福利国家》	经济合作与发展组织秘书处编	梁向阳等译	1990
《老年经济学》	［美］詹姆斯·舒尔茨著	熊必俊、郑亚丽、彭松建译	1990
《人本主义心理学导论》	［美］夏洛特·布勒等著	陈宝铠译	1990
《日常接触》	［美］戈夫曼著	徐江敏等译	1990
《人力投资　人口质量经济学》	［美］西奥多·W. 舒尔茨著	贾湛、施伟等译	1990
《系统论的思想与实践》	［英］P. 切克兰德著	左晓斯、史然译	1990
《权力与正义：国际关系学导论》	［美］哥伦比斯著	白希译	1990
《科学哲学和科学方法论》	［美］卡尔纳普等原著	黄亚林等译	1990
《健康人格　人本主义心理学观》	［美］悉尼·乔拉德、特德·兰兹曼著	刘劲等译	1990
《历史学家与数学》	［苏］米罗诺夫、斯捷潘诺夫著	黄立等译	1990
《国家的神话》	［德］卡西尔著	范进、杨君游译	1990
《可行的社会主义经济学》	［英］A. 诺夫著	徐钟师等译	1991
《文化进化论》	［美］塞维斯著	黄宝玮等译	1991
《文化与交流》	［英］埃德蒙·利奇著	卢德平译	1991

附录 4　　“现代西方学术文库”书目

书名	原作者	译者	出版年份
《悲剧的诞生：尼采美学文选》	［德］尼采著	周国平译	1986
《新教伦理与资本主义精神》	［德］马克斯·韦伯著	于晓、陈维纲等译	1987
《结构主义和符号学：电影理论译文集》		李幼蒸选编	1987

续表

书名	原作者	译者	出版年份
《存在与时间》	［德］海德格尔著	陈嘉映、王庆节译	1987
《存在与虚无》	［法］萨特著	陈宣良等译	1987
《心理学与文学》	［瑞士］荣格著	冯川、苏克译	1987
《哲学和自然之镜》	［美］罗蒂著	李幼蒸译	1987
《知识价值革命》	［日］界屋太一著	黄晓勇等译	1987
《科学知识进化论》	［英］波普尔著	纪树立编译	1987
《符号学原理》	［法］巴尔特著	李幼蒸译	1988
《为自己的人》	［美］埃·弗洛姆著	孙依依译	1988
《文化模式》	［美］露丝·本尼迪克特著	王炜等译	1988
《语言哲学名著选辑　英美部分》		涂纪亮主编	1988
《语言与神话》	［德］卡西尔著	于晓等译	1988
《批评的批评：教育小说》	［法］茨维坦·托多洛夫著	王东亮、王晨阳译	1988
《词语》	［法］萨特著	潘培庆译	1988
《俄国形式主义文论选》	［俄］维克托·什克洛夫斯基等著	方珊等译	1989
《发达资本主义时代的抒情诗人：论波德莱尔》	［德］本雅明著	张旭东、魏文生译	1989
《接受美学译文集》		刘小枫选编	1989
《审美之维》	［美］马尔库塞著	李小兵译	1989
《影响的焦虑》	［美］哈罗德·布鲁姆著	徐文博译	1989
《摩西与一神教》	［奥］弗洛伊德著	李展开译	1989
《变化社会中的政治秩序》	［美］亨廷顿著	王冠华等译	1989
《生物学与认识》	［瑞士］皮亚杰著	尚新建、杜丽燕、李浙生译	1989
《在约伯的天平上》	［俄］列夫·舍斯托夫著	董友、徐荣庆等译	1989
《占有还是生存》	［美］埃里希·弗罗姆著	关山译	1989
《资本主义文化矛盾》	［美］丹尼尔·贝尔著	赵一凡等译	1989

附录 5　　20 世纪 90 年代引进的“生活技能”类通俗读物

书名	原作者	译者	出版社	出版年份
《独身女人如何自立》	［美］韦利（Wylie，B.J）著	王幼立等译	重庆出版社	1991

续表

书名	原作者	译者	出版社	出版年份
《如何提高自信心》	[美] 布兰登著	王志强、马新琳译	中国对外翻译出版公司	1990
《如何成为沟通高手》	[美] 霍夫曼、葛拉芙著	施一中译	中国书籍出版社	1997
《如何成为推销高手》	[美] 雷克著	杨嘉玲译	中国书籍出版社	1997
《如何成为谈判高手》	[美] 尼伦堡著	刘永年译	中国书籍出版社	1997
《如何避免10个最大的购房陷阱》第6版	[美] 沃特金斯 (Watkins, A. M.)、赫根 (Hogan, P.) 著	沈志勋等译	中华工商联合出版社	1998
《"卖"向成功：如何推销你自己》	[英] 茱蒂·詹姆斯著	陈淑惠译	中山大学出版社	1999
《如何做个成功者：事业成功的高效技能》	[美] 默瑟 (Mercer, M. W.) 著	史静衰、谛佳译	中国轻工业出版社	1999
《傲客看招：如何对付难缠的人》	[美] 荷杰 (Holtje, J.) 等著	林娟娟译	宇航出版社	1999
《怎样管理你的上级》	[美] 伯克利 (Berkley, G. E.) 著	祁汉堂译	山东人民出版	1991
《把冰卖给爱斯基摩人：如何推销滞销商品》	[美] 思布尔思特 (Spoelstra, J.) 编著	阿强译	江苏人民出版社	1999
《怎样使你的头脑变得聪明？增强记忆力提高创造力的右脑刺激法》	[日] 品川嘉也著	王守华等译	山东大学出版社	1991
《怎样获得超级记忆力》	[法] 雷诺著	常婴译	光明日报出版社	1991
《工作中的傻瓜：怎样对待人际关系》	[美] 劳埃德著	余音绕译	西南财经大学出版社	1999
《怎样扩大销售：过剩时代做生意的良方》	[日] 三宅寿雄著	刘建军译	西南财经大学出版社	1999

资料来源：1991—1999年《全国总书目》。

附录6　　20世纪90年代引进的"求富"类通俗读物

书名	原作者	译者	出版社	出版年份
《以智聚财》	[美] 希尔著	肖苏编译	中国国际广播出版社	1991
《如何赢得财富》	[美] 科里斯沃德著	韩春绪译	新华出版社	1996
《生存智慧：工作与金钱》	[印度] 奥修 (Osho) 著	林国阳译	学林出版社	1996
《获利一辈子》	[美] 阿尔特费斯特著	钟明玲译	时事出版社	1997

续表

书名	原作者	译者	出版社	出版年份
《把握时间做好生意》	[美] 克雷恩（Klein，R.）著	刘永涛译	上海人民出版社	1997
《教您轻松致富》	[美] 瓦斯科卡著	宇平译	红旗出版社	1997
《走向成功之路：个人投资理财经验谈》	[美] 罗塞夫斯基著	叶守礼等译	上海人民出版社	1997
《从无字处读生意经》	[日] 松下幸之助著	孟薇译	中国青年出版社	1997
《抛开忧虑去赚钱：富裕人生100招》	[美] 卡尔森著	潘源译	光明日报出版社	1998
《看，钱在说话》	[美] 亚伯朗斯基著	卢惠芬译	江苏人民出版社	1998
《小生意的赚钱术：以小博大、滴水穿石的经营之道》	[日] 百百由纪男著	肖坤华译	西南财经大学出版社	1999
《没职业也挣钱》	[美] 莱文森著	姜永鹏等译	新华出版社	1996

资料来源：1991—1999年《全国总书目》。

附录7　　20世纪90年代引进的“营销类”通俗读物

书名	原作者	译者	出版社	出版年份
《成功的销售》	[英] 哈维著	赵正兴、曹萍译	上海译文出版社	1994
《成功的市场营销》	[英] 戴维斯著	张左之译	上海译文出版社	1994
《关系营销》	[英] 斯通、伍德科克著	陈桂芳等译	上海远东出版社	1998
《进入行销业：21世纪新生涯规划》	[美] 斯泰尔（Stair，L. B.）著	谢慧玉译	中国友谊出版公司	1998
《目标营销策略》	[澳] 高弗雷（Mike，Godfrey.）著	魏知明译	中央编译出版社	1998
《销售的五大金科玉律》	[美] 怀汀著	詹丽茹译	中国友谊出版公司	1998
《销售技巧》	[法] 尚德宗、朗塞斯特著	张彤译	商务印书馆	1998
《销售谈判技巧》	[美] 凯拉著	张耀辉、尤志文译	上海人民出版社	1998
《关系营销：如何将质量、服务和营销融为一体》	[英] 克里斯托弗等著	李宏明、李涌译	中国经济出版社	1998
《说服对方就是成功》	[美] 奥布琼著	袁履庄译	上海人民出版社	1998
《营销戒律：致命的172条营销神话》	[美] 克兰希、舒尔曼著	东方慧译	东北财经大学出版社	1998
《营销秘诀：顶尖高手的倍增法则》	[美] 罗思（Roth，C. B.）、亚历山大（Alexander，D.）著	蔡得久译	东北财经大学出版社	1998

续表

书名	原作者	译者	出版社	出版年份
《企业市场营销计划指南：为成功地营销你的企业、产品或服务制做一份计划》	［美］邦斯（Bangs，D. H.）著	张天赐、林丽云译	天津人民出版社	1998
《抓住顾客心：如何培养、维系忠诚的顾客》	［美］格里芬著	王秀华译	中山大学出版社	1998
《交易人：成功交易的技巧和秘诀》	［美］库恩（Kuhn. R. L.）著	曹其军等译	经济科学出版社	1999
《精明销售 301 招》	［美］普里尔编	李艳梅等译	中国大百科全书出版社	1999
《推销员成功之道》	［美］戈登著	宋小岐	上海人民出版社	1999
《销售明星秘诀》	［美］法伯（Farber，B. J.）著	金彦、王文诗译	宇航出版社	1999
《网上营销指南》	［美］Smith，B.，Catalano，F. 著	王思宁等译	电子工业出版社	1999
《直接营销技巧》	［英］杰（Jay，R）著	王嗣俊译	机械工业出版社	1999
《市场营销高手》	［美］弗斯兹（Forsyth，P.）著	赵学凯等译	外文出版社	1999
《营销诡计：45 个最重要的营销概念》	［英］梅尔德伦（Mikc，M.）、麦当谨诺（Malcolm，M.）著	楼永红译	内蒙古人民出版社	1999
《营销战役》	［英］坎威尔（Canwell，D.）著	董瑾译	机械工业出版社	1999

资料来源：1994—1999 年《全国总书目》。

附录 8　　20 世纪 90 年代引进的“励志类”通俗读物

书名	原作者	译者	出版社	出版年份
《他们何以出类拔萃》	［美］小盖洛普等著	魏钧译	北京大学出版社	1990
《抓住取胜良机》	［日］坦桦纯著	李文庚译	国际文化出版公司	1990
《逆境求生：突破事业中的种种障碍》	［美］休勒著	任哗编译	中国妇女出版社	1991
《反败为胜：怎样突破人生逆境》	［日］多湖辉著	君藏编译	海南出版社	1992
《与成功有约：全面造就自己》	［美］柯维著	顾淑馨译	生活·读书·新知三联书店	1996
《走向成功》	［美］布拉泽斯著	王小敏译	东方出版社	1997

续表

书名	原作者	译者	出版社	出版年份
《获得成功：职业技能助每一个人一臂之力》	［美］安德森（Andersen，R.）著	章舒译	中国经济出版社	1997
《与你在巅峰相会》	［美］金克拉（Ziglar，Z.）著	年莉、耿京译	中国社会出版社	1998
《登峰造极》	［美］金克拉著	江陵译	中国社会出版社	1998
《成熟亮丽的人生》	［美］卡耐基（Carnegie，D.）著	詹丽茹译	中国友谊出版公司	1998
《成功一直线》	［日］夏目志郎著	林文藻译	中国社会出版社	1998
《飞向成功》	［美］柯时顿、纳尔森著	陈真译	中国友谊出版公司	1998
《高人一等》	［日］夏目志郎著	林文藻译	中国社会出版社	1998
《向成功挑战》	［日］夏目志郎著	张承华译	中国社会出版社	1998
《开启希望之门》	［美］派恩（Pine. A）、休斯敦（Houston，J.）著	何吉贤等译	中央编译出版社	1998
《赢家通吃的社会》	［美］法兰克（Frank，R. H.）、库克（Cook，P. J.）著	席玉苹译	海南出版社	1998
《成功是一种态度》	［美］史都瓦著	王慧、杨淑芬译	吉林人民出版社	1999
《成功之路》	［美］希尔（Hill，N.）著	张书帆、王明华译	海南出版社	1999
《获取成功的精神因素》	［美］斯通等著	王小燕等译	海天出版社	1999
《美国新梦：21 世纪白领创业模式》	［美］莱文林著	钱跃译	经济科学出版社	1999
《你能谈成任何事》	［美］科恩（Cohen，E.）著	邱君译	海南出版社	1999
《你能赢》	［美］凯拉（Khera，S.）著	韦小满等译	中国轻工业出版社	1999
《挑战成功：做一个高 EQ 的主管》	［美］库伯、萨瓦夫著	张美惠译	中山大学出版社	1999
《保你成功的十大秘诀》	［美］丹尼斯著	庄轮译	南海出版公司	1990
《男人成功的黄金律》	［日］新将命著	王在琦译	四川人民出版社	1995
《出人头地：25 天成功秘诀》	［美］范佛里特（Fleet，J. K. V.）著	张冰梅译	国际文化出版公司	1998
《成功的 100 法则》	［日］青宏柳著	李文庚译	国际文化出版公司	1998

续表

书名	原作者	译者	出版社	出版年份
《30种高回报投资的成功策略》	[美] 卡斯蒂 (Cassidy, D. L.) 著	张诚译	天津人民出版社	1998
《成功：屡战屡胜101招》	[日] 中谷彰宏著	齐东明译	知识出版社	1999
《成功的七大精神法则》	[美] 乔普拉 (Chopra. D.) 著	夏蓦译	远方出版社	1999
《获得成功的33条铁则》	[日] 畠山芳雄著	李燕、宿久高译	知识出版社	1999

资料来源：1990—1999年《全国总书目》。

附录9　20世纪90年代引进的“求职类”通俗读物

书名	原作者	译者	出版社	出版年份
《形体、性格与职业选择》	[法] 巴尔肯原著	石仁编译	科学普及出版社	1990
《如何“推销”自己》	[日] 多湖辉著	史夫、宾仁译	广西民族出版社	1990
《求职之道》	[美] 蔡著	温飚译	生活·读书·新知三联书店	1992
《第一印象与求职成功》	[美] 克拉维特著	严俊、杜波译	广西民族出版社	1992
《求职的十大误区》	[美] 温斯坦 (Winstein, B.) 著	廖月娟译	时事出版社	1997
《如何成为抢手货》	[美] 彼得森 (Peterson, C. D) 著	萧碧凤、黄淑敏译	时事出版社	1997
《失业后的阳光》	[美] 布朗 (Brown, M) 著	陈怡如译	时事出版社	1997
《你的降落伞是什么颜色？——求职者的圣经》	[美] 罗尔斯著	何雪译	北京企业管理出版社	1998
《一锤定佳音：成功应聘指南》	[美] 那特著	韩纪琴、是文娟译	江苏人民出版社	1998
《白领：如何让人一次又一次看中你》	[英] 萨奇著	杨君佐等译	南海出版公司	1999
《改变职业、改变生活》	[美] 坎切尔 (Kancier) 著	刘白岚译	新华出版社	1999
《求职捷径》	[美] 费尔 (FarT, M.) 著	苏燕译	新华出版社	1999
《完美的面试》	[美] 多里奥 (Dorio, M) 著	吴玉伦等译	辽宁教育出版社	1999
《升迁捷径》	[美] 嘉能著	吴经邦等译	中山大学出版社	1999
《成功的选聘》	[英] 勒德洛、潘顿著	沈志莉译	中信出版社	1999

资料来源：1990—1999年《全国总书目》。

附录 10　　20 世纪 90 年代引进的“交际类”通俗读物

书名	原作者	译者	出版社	出版年份
《处世奇术：使你更具魅力》	［美］罗伯特·葛林著	台湾人间制作群编译	中国友谊出版社	1990
《处世奇术：赢得友谊和影响力》	［美］卡耐基著	李文英译	中国友谊出版公司	1990
《白领关系学》	［英］玛容·泰索著	刘俊岐译	广东旅游出版社	1990
《微妙的人际关系》	［日］桥口寿人、麻生琉璃著	钱志新等译	江苏美术出版社	1990
《处世奇术：充实人生的要诀》	［日］赤根祥道著	方智编译小组译	中国友谊出版公司	1991
《处世秘诀：助你成功一臂》	［美］格里莱德著	王家瑜译	北京华文出版社	1991
《工作中的人际关系》	［美］艾格兰、威廉斯著	原一川等译	云南教育出版社	1991
《见机行事：巧妙地和上级相处》	［日］邑井操著	砚云编译	中国城市出版社	1991
《社交有道》	［美］卡耐基著	王杰文译	长春出版社	1991
《怎样应付尴尬局面》	［美］卡罗尔著	方视、韦华编译	河南人民出版社	1991
《处世圣经》	［英］帕金森著	高玉华译	中国发展出版社	1992
《职业生活处事要则》	［美］托马赛特（Thomselt，M.C.）著	赖月珍译	上海人民出版社	1995
《初次见面的心理战术》	［日］多湖辉著	韩秀英译	商务印书馆国际有限公司	1997
《与难相处的人共事》	［美］伦丁（Lundin，W.）、伦丁（Lundin，K.）著	周仲良译	上海人民出版社	1997
《智慧书：永恒的处世经典》	［西班牙］葛拉西安著	辜正坤主译	海南出版社	1998
《乐在沟通：做个会说话的上班族》	［美］白克著	顾淑馨译	中山大学出版社	1998
《能说会道：劝说的艺术》	［英］汤姆森（Thomson，P.）著	李晓钢、顾黎萍译	国际文化出版公司	1998
《处世的艺术》	［西班牙］格拉西安（Gracian，B.）著	晏可佳译	上海人民出版社	1999
《沟通高手乐在聊天》	［日］中川昌彦著	胡先译	新华出版社	1999
《关系：左右逢源 101 招》	［日］中谷彰宏著	于丹译	知识出版社	1999

续表

书名	原作者	译者	出版社	出版年份
《关系智商：人际交往中的才能与技巧》	［德］格罗斯（Gross，S. F.）著	岑颖寅、覃红波译	上海远东出版社	1999
《棘手的谈话：如何对付尴尬的处境》	［英］马丁著	卢小生译	经济管理出版社	1999
《你不需要怒吼：跨越人际冲突走出沮丧阴影》	［美］科特勒著	赖志松译	西南财经大学出版社	1999
《说服人的秘诀》	［美］道森（Dawson，R.）著	张树池等译	中国轻工业出版社	1999
《谈话制胜的艺术》	［美］斯泰特纳（Stettner，M.）著	董广才等译	中国轻工业出版社	1999
《处世奇术：四十岁前成功》	［美］达姆浴斯著	张澄编译	中国友谊出版公司	1990
《魅力的七把钥匙：财富与成功社会中的处世艺术》	［美］亚历山德拉（Alessandra，T.）著	朱东华、朱斌华译	经济日报出版社	1998
《白金法则：金钱与权力交叉中的人际关系》	［美］亚历山德拉、奥康纳著	李东译	经济日报出版社	1998
《魅力和秘密：赢得领导和朋友青睐的神奇方法》	［美］都兰（Doelang. P.）著	刘官尘、未敏译	天津人民出版社	1998
《与老板共舞》	［美］夏勒夫（Chalefle，L.）著	李赦谊译	海天出版社	1999

资料来源：1990—1999 年《全国总书目》。

附录 11　　20 世纪 90 年代引进的“心理调适类”通俗读物

书名	原作者	译者	出版社	出版年份
《心理自我调节：做你想做的人》	［美］杰里·格林伍德著	刘建军等译	同济大学出版社	1990
《怎样解除焦虑与烦恼：心理咨询手册》	［美］卡拉斯（karas. C. C.）著	侯胜田译	科学技术文献出版社	1990
《自我暗示学：走出阴暗的低谷》	［日］多湖辉著	刘秋岳译	鹭江出版社	1990
《妙手回春：日常心理障碍的自我排除》	［美］史考托·佩克著	孙玉明、辰辰译	中国城市经济社会出版社	1990
《自信心是如何培养的》	［日］水井正明著	王玉荣、张松林译	地震出版社	1990
《自信的技巧：自信心理训练》	［美］曼纽尔、史密斯著	吕明、王悦译	同济大学出版社	1990

续表

书名	原作者	译者	出版社	出版年份
《强人与素质：成功与心理锻炼》	[美] 安罗尔·R. 凯恩等著	李容、华曼译	航空航天大学出版社	1990
《要说不时不说是：心理医生手记》	[美] 芬斯特艾姆、贝尔著	袁文蓝等编译	广东科技出版社	1991
《超越自卑》	[奥地利] 阿德勒著	刘泗编译	经济日报出版社	1997
《初次见面的心理战术》	[日] 多湖辉著	韩秀英译	商务印书馆国际有限公司	1997
《快乐的自我：自我发现与心理调适实用方法》	[美] 韦斯（Weiss，J. P.）著	刘培毅译	重庆出版社	1997
《如何控制紧张与焦虑：放松的艺术》	[美] 麦圭根（McGuigan，F. J.）著	汤宜朗等译	山东科学技术出版社	1997
《如何停止忧虑开创人生》	[美] 卡耐基著	陈真译	中国友谊出版公司	1998
《心情法则》	[日] 富田隆著	钟尚志译	辽宁画报出版社	1998
《心灵软件：自我成功技巧》	[美] 那德勒、[日] 日比野省三著	李保华等译	光明日报出版社	1998
《增强自信》	[日] 夏目志郎著	张承华译	中国社会出版社	1998
《犯不着生气：反恼火战略》	[德] 克尔奈（Kellner，H.）著	柴方国译	中央编译出版社	1998

资料来源：1990—1998 年《全国总书目》。

附录 12　　20 世纪 90 年代引进的“幸福类”通俗读物

书名	原作者	译者	出版社	出版年份
《乐在工作》	[美] 魏特利、微特著	尹萍译	生活·读书·新知三联书店	1990
《无忧无虑生活的艺术》	[德] 基希纳著	富玉庆、李焕宇编译	沈阳出版社	1991
《快乐的星期一：如何更加愉快地工作》	[美] 丘斯米尔著	王志强、马新林译	中国对外翻译出版公司	1992
《潇洒快乐过一生》	[美] 舒勒著	郑开云译	中国友谊出版公司	1995
《学会过美好生活：人的价值世界》	[加] 贝克（Beck，C.）著	詹万生等译	中央编译出版社	1997
《享受工作享受生活》	[美] 卡耐基（Carnegie，D）著	黑立言译	中国友谊出版公司	1998
《破解工作苦》	[美] 斯崔瑟、西奈著	萧德兰译	中山大学出版社	1998
《上班可乐》	[美] 葛兰兹著	杰航译	经济管理出版社	1998
《有钱就有幸福吗》	[日] 小中阳太朗等著	赵瑾译	广西教育出版社	1999

续表

书名	原作者	译者	出版社	出版年份
《快乐是自找的：快活人生100招》	[美]卡尔森著	朱衣译	中国城市出版社	1999
《我变快乐了!》	[澳大利亚]马修斯(Matthews，A.)著	张定绮译	国际文化出版公司	1999
《学会轻松：消除工作烦恼的妙法》	[美]罗斯纳著	沈云聪译	西南财经大学出版社	1999

资料来源：1990—1999年《全国总书目》。

附录13　　20世纪90年代引进的“婚姻类”通俗读物

书名	原作者	译者	出版社	出版年份
《女人的恨与爱：婚姻关系中的心理障碍及治疗》	[美]弗沃德(Forward. S.)、托丽斯著	多薛嘉译	百花洲文艺出版社	1990
《怎样恢复婚姻的活力》	[美]摩根(Morgan，M)著	王友琴等译	中国青年出版社	1990
《侠骨柔肠：正确地对待生活中的碰撞》	[美]布洛特尼克著	张旭东、方炜译	中国城市出版社	1991
《美满生活之径：家庭生活的行为指导》	[德]诺斯拉特·佩泽施基安著	安士桐等译	甘肃科学技术出版社	1991
《幸福家庭指南》	[苏]科瓦廖夫著	裕华、左玲珍译	上海译文出版社	1991
《夫妻甜蜜生活的艺术》	[美]古德著	汇慧、百洲译	沈阳出版社	1991
《为妻的心路历程》	[美]皮尔夫人著	简宛节译	沈阳春风文艺出版社	1991
《再婚指南：献给失去爱的朋友们》	[美]科朗兹勒尔(Krantzler，M.)著	肖锦龙、王保国译	中国社会科学出版社	1991
《怎样做个好妻子》	[日]山鬼阳之助著	陵沉编译	浙江文艺出版社	1991
《争吵艺术：为夫为妻之道》	[美]巴哈、怀登著	姜树藩译	中国广播电视出版社	1991
《家庭：变革还是继续?》	[英]艾略特著	何世念等译	中国人民大学出版社	1992
《婚姻向何处去》	[美]詹姆斯著	马步宁、陈丽娅编译	南海出版公司	1992
《婚姻的七个阶段：给已婚的女性》	[美]史密斯著	尔郁编译	青岛出版社	1992
《新男士：怎样博得女士的青睐》	[美]戈尔德伯格著	阿巍编译	中国国际广播出版社	1992
《女人离开男人就活不下去吗》	[美]罗圣诺芙著	郑香泉、钟海清译	漓江出版社	1993

续表

书名	原作者	译者	出版社	出版年份
《火星人和金星人相伴到永远：夫妻相爱的技巧》	［美］格雷著	苏元等译	中央编译出版社	1996
《创造融洽：夫妻关系健康要诀》	［美］费依（Fay，A.）著	马立译	江苏人民出版社	1997
《婚姻战争：夫妻恩爱的秘诀》	［美］马克曼（Markman，H.）著	吕小蓬等译	中央编译出版社	1997
《新婚姻报告》	［美］包特温（Botwin，C.）著	杨幼兰译	海南出版社	1997
《做个好丈夫》	［美］荣格爱斯著	易小强、赵星译	中国青年出版社	1998
《婚姻的困惑：一个美国婚姻治疗医生的手记》	［美］保罗（Paul，N. L.）著	孙晓梅等译	中国社会科学出版社	1998
《婚姻关系：现代婚姻中的痛苦与幸福》	［英］格林（Green，M.）著	张乙宸译	吉林人民出版社	1998
《火星男人与金星女人共枕》	［美］葛瑞（Gray. J.）著	萧志哲译	经济日报出版社	1998
《结婚真快乐：让你们永结同心的秘诀》	［美］史钦芭莉（Schnebly，L.）著	李璞良译	吉林人民出版社	1998
《开放的婚姻：充满自由选择和无限成长的婚姻关系》	［美］Neill，N. O.、Neill，G. O. 著	郑慧玲译	吉林人民出版社	1998
《离婚无济于事》	［美］普兰斯基（Pransky，G. S.）著	王石珍译	中央编译出版社	1998
《良性离婚》	［美］阿荣斯（Ahrons，C.）著	陈星、莫东江译	中央编译出版社	1998
《家庭会伤人：自我重生之路》	［美］布雷萧（Bradahaw，J）著	杨立宪译	北京蓝天出版社	1999

资料来源：1990—1999 年《全国总书目》。

附录 14　　20 世纪 90 年代引进的“两性关系类”通俗读物

书名	原作者	译者	出版社	出版年份
《当断则断：女性怎样脱痴情》	［美］罗宾·诺伍德著	周蒲芳译	上海人民出版社	1990
《男人只是另一半》	［美］桑亚·弗里德曼著	唐湜等译	中国妇女出版社	1990
《斩断情根：潇洒地同友人情人分手》	［美］哈尔博恩（Halpen，H. M.）著	沙林、禾禾译	中国城市出版社	1991

续表

书名	原作者	译者	出版社	出版年份
《怎样寻找称心情侣》	[英] 斯莱辛格著	连叔等译	浙江文艺出版社	1991
《爱，可遇亦可求》	[美] 亨德里克斯著	伊万、王竹译	中国妇女出版社	1991
《为了你的爱，我必须放弃自己吗?》	[美] 保尔著	王汉敏译	重庆出版社	1991
《绝不能娶这种女人》	[日] 樱井秀勋著	李霜华、厉兵译	甘肃人民出版社	1993
《扭曲的心理：为何男人憎恨女人》	[英] 朱克思著	吴庶任译	内蒙古人民出版社	1997
《恋爱中的火星人和金星人》	[美] 格雷著	孙正洁、范瑞波译	内蒙古人民出版社	1997
《外遇：可宽恕的罪》	[美] 韦尔（Weil，B. E.）著	许耀云、孔垣孚译	中国社会出版社	1997
《同居乐无穷：共同生活的权利与义务》	[美] 维斯寇（Viscott，D.）著	黄章译	吉林人民出版社	1998
《赢得芳心》	[美] 葛瑞著	苏皇宁译	中国城市出版社	1998
《缘起缘灭好聚散：告别痛苦面对未来》	[美] 金玛（Kingma，D. R.）著	陈建生等译	吉林人民出版社	1998
《你是否适合吃禁果：迷惘时候的心理诊断》	[日] 原雄二郎著	林青华译	羊城晚报出版社	1999
《你真的懂得爱吗?——创造真爱手册》	[美] 布雷萧（Bradshaw，J.）著	吕政达译	内蒙古人民出版社	1999
《男女心理法则：错综复杂的异性关系，独具一格的恋爱论》	[日] 小田晋著	王澄译	华夏出版社	1999
《你怎么能背叛我》	[美] 葛瑞尔、罗森著	张慧英译	中山大学出版社	1999
《吵吵闹闹做朋友》	[英] 拉什顿（Rushton，R.）著	管舒宁译	上海少年儿童出版社	1999
《女孩是土星男孩是木星》	[英] 兰姆（LAMB，K.）著	龚容译	上海少年儿童出版社	1999
《健康的爱侣关系》	[美] 库里安斯基（Kuriansky，J.）著	喜春等译	辽宁教育出版社	1999
《他需她要》	[美] 小威勒·哈李著	严世芬译	中国社会出版社	1999
《丢掉你不要的男人》	[美] 维德勒（Vedral，J. L）著	赵迎明译	中国社会出版社	1999

资料来源：1990—1999 年《全国总书目》。

附录 15　中国 20 世纪五六十年代培养的东欧文学翻译家们的翻译成果

译者	来源国	作品名	出版社	年份
易丽君、袭远颖	波兰	《名望与光荣》	外国文学出版社	1986
易丽君	波兰	《波兰民间故事》	湖南少年儿童出版社	1989
易丽君、张振辉	波兰	《十字军骑士》	花山文艺出版社	1996
易丽君、袁汉熔	波兰	《火与剑》	花山文艺出版社	1997
易丽君、林洪亮	波兰	《塔杜施先生》	人民文学出版社	1998
易丽君、袁汉熔	波兰	《洪流》	花山文艺出版社	2001
易丽君、袁汉熔	波兰	《费尔迪杜凯》	译林出版社	2003
易丽君、袁汉熔	波兰	《太古和其他的时间》	湖南文艺出版社	2006
张振辉、杨德友	波兰	《福地》	漓江出版社	1984
张振辉	波兰	《年青的一代》	重庆出版社	1990
张振辉	波兰	《中国的使臣——卜弥格》	大象出版社	2001
张振辉	波兰	《诗人与世界：维斯瓦娃·希姆博尔斯卡诗文选》	中央编译出版社	2003
张振辉	波兰	《塔杜施·鲁热维奇诗选》	河北教育出版社	2006
杨乐云	捷克	《双剧选（洽佩克选集）》	人民文学出版社	1982
吴琦、杨乐云	捷克	《中短篇小说选》	人民文学出版社	1983
杨乐云、蒋承俊	捷克	《小城故事》	重庆出版社	1990
杨乐云、华如君	捷克	《早春的私语：二十世纪捷克和斯洛伐克诗选》	上海译文出版社	1997
杨乐云，万世荣	捷克	《过于喧嚣的孤独：底层的珍珠》	中国青年出版社	2003
杨乐云、万世荣	捷克	《巴比代尔：赫拉巴尔精品集》	中国青年出版社	2004
杨乐云、蒋承俊	捷克	《布拉格小城画像》	上海文艺出版社	2006
杨乐云、杨学新、陈韫宁	捷克	《世界美如斯》	中国青年出版社	2006
刘星灿	捷克	《捷克民间故事》	湖南少年儿童出版社	1989
刘星灿	捷克	《黑猫历险记》	湖南少年儿童出版社	1989
刘星灿	捷克	《狗的自述》	21 世纪出版社	2000
蒋承俊	捷克	《绞刑架下的报告》	人民文学出版社	1979
蒋承俊	捷克	《五月》	社会科学文献出版社	1996
蒋承俊	捷克	《群相谱》	四川人民出版社	1998
兴万生	匈牙利	《斐多菲诗选》	上海译文出版社	1982

续表

译者	来源国	作品名	出版社	年份
兴万生	匈牙利	《斐多菲小说散文选》	上海译文出版社	1985
兴万生	匈牙利	《斐多菲抒情诗》	花城出版社	1986
兴万生	匈牙利	《斐多菲抒情诗选》	江苏人民出版社	1986
兴万生	匈牙利	《斐多菲抒情诗 60 首》	山东文艺出版社	1992
兴万生	匈牙利	《斐多菲文集》第一、二、三、四卷	上海译文出版社	1996
兴万生	匈牙利	《阿兰尼诗选》	上海译文出版社	1996
兴万生	匈牙利	《斐多菲文集》第五卷	上海译文出版社	1997
兴万生	匈牙利	《斐多菲诗选》	山东大学出版社	1999
兴万生	匈牙利	《斐多菲诗歌精选》	北岳文艺出版社	2000
冯植生	匈牙利	《强盗》	漓江出版社	1981
冯植生	匈牙利	《米克沙特短篇小说选》	上海译文出版社	1981
张春风、冯植生	匈牙利	《圣彼得的伞》	山西人民出版社	1983
张春风、冯植生	匈牙利	《亲戚》	湖南人民出版社	1985
张春风、冯植生	匈牙利	《笼中鸽》	漓江出版社	1985
张春风、冯植生	匈牙利	《金棺》	上海译文出版社	1994
冯植生	匈牙利	《他们要学狗叫》	海南国际新闻出版中心	1996
柴鹏飞	匈牙利	《多拉报告》	群众出版社	1980
柴鹏飞	匈牙利	《匈牙利现代小说选》	外国文学出版社	1984
柴鹏飞、侯凤蕾	匈牙利	《库思·贝位传》	人民出版社	1986
柴鹏飞	匈牙利	《一分钟小说》	外国文学出版社	1989
冯志臣		《考什布克诗选》	人民文学出版社	1979
冯志臣	罗马尼亚	《卡泣袍列讽刺文集》	北京外语教学与研究出版社	1982
冯志臣、李家渔	罗马尼亚	《吉德里兄弟》	人民文学出版社	1985
李家渔	罗马尼亚	《给逃学者的信》	中国少年儿童出版社	1982
李家渔	罗马尼亚	《扬帆》	外国文学出版社	1983
李家渔	罗马尼亚	《神鸟》	少年儿童出版社	1991
李家渔	罗马尼亚	《未解之谜》	中国国际广播出版社	1993
徐文德	罗马尼亚	《社会主义年代的罗马尼亚：1948—1978》	江苏人民出版社	1985
杨燕杰	保加利亚	《论文学、艺术和文化》	人民文学出版社	1982

续表

译者	来源国	作品名	出版社	年份
杨燕杰	保加利亚	《诗选（伐作夫选集）》	人民文学出版社	1982
陈九瑛、叶明珍	保加利亚	《夜驰白马》	中国社会科学出版社	1984
叶明珍	保加利亚	《日夫科夫选集：1956—1987 年》	人民出版社	1988
郑恩波	南斯拉夫	《沼泽庄》	江西人民出版社	1984
郑恩波	阿尔巴尼亚	《重新站起来》	重庆出版社	1990
郑恩波	阿尔巴尼亚	《亡军的将领》	作家出版社	1992
高韧	南斯拉夫	《五百级台阶：南斯拉夫小说选》	重庆出版社	1990
高韧	南斯拉夫	《桥·小姐》	漓江出版社	2001

资料来源：据 1978—2007 年《全国总书目》梳理统计而来。

参考文献

A. 专著、论文集、学位论文、报告

1. Coleman，James S.，*Foundations of Social Theory*，Belknap Press of Harvard University Press，1990.
2. Latour，B. *Reassembling the Social*：*An Introduction to Actor - network - Theory*，Oxford University Press，2005.
3. Nida，E. A.，*Translating meaning*，San Diams：English Language Institute，1982.
4. OECD. *The Knowledge - based Economy*. OECD：Paris，1996.
5. Polanyi，M. *The Tacit Dimension*. London：Routlege & Kegan Paul，1966.
6. Saeed，John I. *Semantics*. Oxford：Blackwell. 1997.
7. Searle. J. *Speech Acts*. Cambridge：Cambridge University Press，1969.
8. Taylor，John R. *Linguistic Categorization*：*Prototypes in Linguistic Theory*. Oxford：Oxford University Press. 1995.
9. Venuti，Lawrence. *The Translator's Invisibility. A History of Translation*. London and New York：Routledge，1995.
10. 彼得·德鲁克：《后资本主义社会》，傅振焜译，东方出版社 2009 年版。
11. 彼得·圣吉：《第五项修炼》，郭进隆译，生活·读书·新知三联书店 1999 年版。
12. 布迪厄等：《实践与反思：反思社会学导引》，李猛、李康译，中央编译出版社 1998 年版。
13. 布劳：《社会生活中的交换与权力》，李国武译，商务印书馆 2008 年版。
14. 查建英：《八十年代：访谈录》，生活·读书·新知三联书店 2006 年版。

15. 费孝通：《乡土中国生育制度》，北京大学出版社 2004 年版。
16. 哈蒂姆（Hatim，B.）、梅森（Mason，I.）：《语篇与译者》，上海外语教育出版社 2001 年版。
17. 郝振省：《中国新闻出版业改革开放 30 年》，人民出版社 2008 年版。
18. 胡惠林：《文化产业发展与中国新文化变革》，上海人民出版社 2009 年版。
19. 花建等：《文化产业竞争力》，广东人民出版社 2005 年版。
20. 李景端：《翻译编辑谈编辑》，湖北教育出版社 2009 年版。
21. 李永辉、胡敏敏：《当代世界政治经济与国际关系》，中国经济出版社 1996 年版。
22. 梁漱溟：《中国文化要义》，上海世纪出版集团、上海人民出版社 2005 年版。
23. 刘世锦等：《中国“十五”产业发展大思路》，中国经济出版社 2000 年版。
24. 刘小枫：《拯救与逍遥——中西方诗人对世界的不同态度》，上海人民出版社 1988 年版。
25. 罗新璋：《翻译论集》，商务印书馆 1984 年版。
26. 马会娟：《商务英语翻译教程》，中国商务出版社 2004 年版。
27. 《马克思恩格斯选集》第 3 卷，人民出版社 1972 年版。
28. 马祖毅等：《中国翻译通史——现当代第一卷》，湖北教育出版社 2006 年版。
29. 孟德斯鸠：《论法的精神（上）》，许明龙译，商务印书馆 2004 年版。
30. 聂震宁：《我的出版思维》，河北教育出版社 2004 年版。
31. 皮埃尔·布迪厄、华康德：《实践与反思》，李猛、李康译，中央编译出版社 1998 年版。
32. 苏力、陈春声：《中国人文社会科学三十年》，生活·读书·新知三联书店 2009 年版。
33. 孙致礼：《中国的英美文学翻译：1949—2008》，译林出版社 2009 年版。
34. 王向远：《二十世纪中国的日本翻译文学史》，北京师范大学出版社 2001 年版。
35. 王晓林：《社会发展机制优化论》，中央民族大学出版社 2007 年版。
36. 维特根斯坦：《哲学研究》，李步楼译，商务印书馆 2000 年版。
37. 伍旭升：《30 年中国畅销书史》，中国对外翻译出版公司 2009 年版。
38. 谢天振、查明建：《中国现代翻译文学史》，上海外语教育出版社 2004

年版。

39. 谢天振：《译介学》，上海外语教育出版社 1999 年版。
40. 许钧、穆雷：《中国翻译研究（1949—2009）》，上海外语教育出版社 2009 年版。
41. 约翰·斯道雷：《文化理论与通俗文化导论（第二版）》，杨竹山等译，南京大学出版社 2001 年版。
42. 张俊芳等：《社会转型期社会文化心态变迁规律研究》，大连海事学院出版社 2002 年版。
43. 中共中央党史研究室第三研究部：《中国改革开放 30 年》，辽宁人民出版社 2008 年版。
44. 中国现代化战略研究课题组、中国科学院中国现代化研究中心：《中国现代化报告 2009——文化现代化研究》，北京大学出版社 2009 年版。
45. 周国平：《译序》，《悲剧的诞生：尼采美学文选》，生活·读书·新知三联书店 1986 年版。

B. 期刊文章

46. Bhabha, Homi K. Culture's in between. *Artforum International*, September 1993.
47. Delamater J D & Hude J S. Essentialism vs. Social Construdionism in the Study of Human Sexuality. *Journal of Sex Research*, 1998, (1).
48. 《"全球化视域下翻译教学与研究学术研讨会"征文通知》，《中国翻译》2009 年第 2 期。
49. "中国主题图书在主要发达国家出版情况的调研"课题组：《中国主题图书在德国的出版情况概述》，《出版广角》2007 年第 9 期。
50. 《〈汉译世界学术名著丛书〉五人谈》，《中国图书评论》1990 年第 2 期。
51. 柴明颎：《对专业翻译教学建构的思考》，《中国翻译》2010 年第 1 期。
52. 陈文敬：《中国利用外资三十年回顾》，《中国外资》2008 年第 5 期。
53. 段文：《化工仪表英语的翻译技巧》，《中国科技翻译》2009 年第 3 期。
54. 方霁：《现代汉语祈使句的语用研究（上）》，《语文研究》1999 年第 4 期。
55. 方梦之：《近半世纪中国科技翻译研究的回顾与评述》，《上海科技翻译》2002 年第 3 期。
56. 费凡：《建立健全构建和谐社会的运行机制体系》，《中央社会主义学院学报》2005 年第 6 期。
57. 傅世悌：《一切为了饥渴者和盗火者——对“走向未来”丛书的一点回顾和思考》，《中国出版》1986 年第 10 期。
58. 高方、许钧：《现状、问题与建议——关于中国文学走出去的思考》，《中国翻译》2010 年第 6 期。
59. 何刚强：《精艺谙道，循循善诱——翻译专业教师须具备三种功夫》，《外语界》2007 年第 3 期。
60. 何刚强：《切实聚集应用，务实培养译才——应用翻译与应用翻译教学刍议》，《上海翻译》2010 年第 1 期。
61. 胡安江：《中国文学“走出去”之译者模式及翻译策略研究》，《中国翻译》2010 年第 6 期。
62. 怀国：《德政府资助在国外翻译出版德国图书》，《出版参考》1995 年第 3 期。
63. 姜秀花：《怎样看待离婚率上升》，《前线》1999 年第 4 期。
64. 李海军、彭劲松：《专业知识：科技翻译的瓶颈》，《中国科技翻译》2006 年第 3 期。
65. 李红满：《探索翻译研究的社会学途径——评介 Michaela Wolf 与 Alexandra Fukari 的〈建构翻译社会学〉》，《中国翻译》2008 年第 6 期。
66. 李新：《如何解决出版“走出去”中的翻译问题》，《出版参考》2008 年第 11 期。
67. 刘纳：《全球化背景与文学》，《文学评论》2000 年第 5 期。
68. 刘素梅等：《火炸药专业文献的翻译技巧》，《中国科技翻译》2009 年第 3 期。
69. 刘文俭：《推进中国文化产业国际化发展的战略构想》，《国家行政学院学报》2007 年第 4 期。
70. 卢中原：《“十二五”期间中国经济社会发展的国际环境》，《求是》2010 年第 23 期。
71. 罗列、穆雷：《翻译学的学科身份：现状与建设》，《上海翻译》2010 年第 4 期。
72. 吕俊：《对翻译学构建中几个问题的思考》，《中国翻译》2001 年第 4 期。
73. 绿原：《文学翻译工作浅见》，《出版广角》1997 年第 1 期。
74. 孟臻、劭星华：《高校科技英语翻译课程设置探讨》，《外语界》2005

年第 1 期。

75. 穆雷：《千帆竞过，万木争春——全球化视域下翻译教学与研究学术研讨会综述》，《中国比较文学》2010 年第 1 期。
76. 阙道隆：《中国出版怎样走向世界》，《编辑学刊》2005 年第 2 期。
77. 隋桂岚：《船舶信函的语言特点与英译》，《中国科技翻译》2010 年第 2 期。
78. 王海峻：《非英语专业研究生翻译教学探索》，《山东外语教学》2006 年第 5 期。
79. 王洪涛：《建构“社会翻译学”：名与实的辨析》，《中国翻译》2011 年第 1 期。
80. 王宁：《翻译文学与中国文化现代性》，《清华大学学报》（哲学社会科学版）2002 年第 S1 期。
81. 王英斌：《韩国翻译出版物居世界各国首位》，《世界文化》2007 年第 7 期。
82. 吴青：《本科翻译专业培养模式的探索与实践——谈北京外国语大学翻译专业教学理念》，《中国翻译》2010 年第 2 期。
83. 武光军：《翻译社会学研究的现状与问题》，《外国语》2008 年第 1 期。
84. 肖维青：《译者权益与翻译出版合同》，《上海翻译》2009 年第 2 期。
85. 熊锡源：《翻译出版中编辑的角色与话语权》，《编辑学刊》2011 年第 1 期。
86. 徐建国：《世界主要经济体 2000—2002 年 GDP 总量和增长率一览》，《国际问题研究》2003 年第 4 期。
87. 徐盛桓：《“照着讲”和“接着讲”——当代语言学研究自主创新问题的思考》，《中国外语》2007 年第 1 期。
88. 许钧、穆雷：《中国翻译学研究 30 年（1978—2007）》，《外国语》2009 年第 1 期。
89. 闫志刚：《社会建构论：社会问题理论研究的一种新视角》，《社会》2006 年第 1 期。
90. 杨吉华：《改革开放以来中国文化产业政策实践的回顾与反思》，《上海行政学院学报》2006 年第 6 期。
91. 杨磊：《“解剖”伪书》，《中国出版》2005 年第 11 期。
92. 于建平：《科技论文汉译英中若干问题分析》，《中国翻译》2001 年第 1 期。
93. 苑浩：《全球文化产业发展的最新趋势及政策分析》，《国外社会科学》2006 年第 1 期。
94. 张林初：《法国翻译图书出版形势喜人》，《出版参考》2011 年第 25 期。

95. 张志强：《2006 年中国出版的八大热点解读》，《编辑之友》2007 年第 1 期。
96. 张卓等：《从学生翻译错误看非英语专业研究生翻译教学》，《上海翻译》2005 年第 2 期。
97. 章艳：《提高翻译出版质量从规范翻译合同做起》，《出版发行研究》2008 年第 6 期。
98. 仲伟合、穆雷：《翻译专业人才培养模式探索与实践》，《中国外语》2008 年第 6 期。

C. 论文集中的析出文献

99. Agorni，Mirella. Locating Systems and Individuals in Translation Studies. Wolf and Fukari (eds) . *Constructing a Sociology of Translation*. Amsterdam and Philadelphia：John Benjamins，2007：123—134.
100. Buzelin，Hélène. Translations "in the Making" . Wolf and Fukari (eds) . *Constructing a Sociology of Translation*. Amsterdam and Philadelphia：John Benjamins，2007：135—170.
101. Chesterman，Andrew. Bridge Concepts in Translation Sociology. Wolf and Fukari (eds) . *Constructing a Sociology of Translation*. Amsterdam and Philadelphia：John Benjamins，2007：171—186.
102. Fillmore C. T. Frame semantics. In the Linguistic Society of Korea (ed) . *Linguistics in the Morning Calm*. Hanshin：Hanshin Publishine Co. ，1982：134.
103. Gambier，Yves. Y a - t - il Place Pour une Socio - traductologie? Wolf and Fukari (eds) . *Constructing a Sociology of Translation*. Amsterdam and Philadelphia：John Benjamins，2007：205—218.
104. Gouanvic，Jean - Marc. Objectivation，Réflexivité et Traduction. Pour une Re - lecture Bourdieusienne de la Traduction. Wolf and Fukari (eds) . *Constructing a Sociology of Translation*. Amsterdam and Philadelphia：John Benjamins，2007：79—92.
105. Heilbron，Johan. & Gisèle Sapiro. Outline for a sociology of translation. Current issues and future prospects. Wolf and Fukari (eds) . *Constructing a Sociology of Translation*. Amsterdam and Philadelphia：John Benjamins，2007：93—108.

106. Hermans, Theo. Norms and the Determination of Translation: A Theoretical Framework. R. Alvarez and M. C. - A. Vidal (eds). *Translation, Power, Subversion*. Clevedon and Philadelphia etc.: Multilingual Matters, 1996: 25—51.

107. Hermans, Theo. Translation as Institution. M. Snell - Hornby, Z. Jettmarová and K. Kaindl (eds). *Translation as Intercultural communication*. Selected Papers from the EST Congress Prague 1995. Amsterdam and Philadelphia: John Benjamins. 1997: 3—20.

108. Hermans, Theo. Translation, Irritation and Resonance. Wolf and Fukari (eds). *Constructing a Sociology of Translation*. Amsterdam and Philadelphia: John Benjamins, 2007: 57—78.

109. Holmes, J., The Nature of Translation Studies. Venuti, L. (ed). *The Translation Studies Reader*. Routledge, 2000: 172—185.

110. Prunč, Erich. Priests, Princes and Pariahs. Constructing the Professional Field of Translation. Wolf and Fukari (eds). *Constructing a Sociology of Translation*. Amsterdam and Philadelphia: John Benjamins, 2007: 39—56.

111. Richards, I. A. Toward a Theory of Translating. Wright (ed). *Studies in Chinese Thought*. Chicago: University of Chicago Press, 1953: 247—262.

112. Simeoni, Daniel. Between Sociology and History. Method in Context and in Practice. Wolf and Fukari (eds). *Constructing a Sociology of Translation*. Amsterdam and Philadelphia: John Benjamins, 2007: 187—204.

113. Wolf, Michaela. Introduction: The Emergence of a Sociology of Translation. Wolf and Fukari (eds). *Constructing a Sociology of Translation*. Amsterdam and Philadelphia: John Benjamins, 2007: 1—31.

114. Wolf, Michaela. The Location of the "Translation Field": Negotiating Borderlines Between Pierre Bourdieu and Homi Bhabha. Wolf and Fukari (eds). *Constructing a Sociology of Translation*. Amsterdam and Philadelphia: John Benjamins, 2007: 109—122.

115. 陈嘉映、王庆节：《译者序》，海德格尔《存在与时间》，生活·读书·

新知三联书店 1997 年版。
116. 陈宜良：《译后记》，让·保罗·萨特《存在与虚无》，生活·读书·新知三联书店 1987 年版。
117. 程美宝：《谁在中国发现什么历史?》，苏力、陈春声《中国人文社会科学三十年》，生活·读书·新知三联书店 2009 年版。
118. 甘阳：《出版前言》，《八十年代文化意识》，上海世纪出版集团、上海人民出版社 2006 年版。
119. 甘阳：《从“理性的批判”到“文化的批判”（代序）》，卡西尔《语言与神话》，于晓等译，生活·读书·新知三联书店 1988 年版。
120. 姜望琪：《论术语翻译的标准》，《翻译学词典与翻译理论专辑》，《上海翻译》2005 年。
121. 林方：《编者序》，《人的潜能和价值——人本主义心理学译文集》，华夏出版社 1987 年版。
122. 梅益：《〈钢铁是怎样炼成的〉翻译前后》，郑鲁南《一本书和一个世界（第一集）》，昆仑出版社 2004 年版。
123. 孙向晨：《从社会的热潮到深层的问题》，苏力、陈春声《中国人文社会科学三十年》，生活·读书·新知三联书店 2009 年版。
124. 童世俊：《“理论”的实践意义》，苏力、陈春生《中国人文社会科学三十年》，生活·读书·新知三联书店 2009 年版。
125. 屠岸：《喜爱济慈，认识济慈，翻译济慈》，郑鲁南《一本书和一个世界（第一集）》，昆仑出版社 2004 年版。
126. 王小波：《我的师承》，《我的精神家园》，文化艺术出版社 1997 年版。
127. 于连、马尔赛斯：《作者告读者书》，（经由中国）《从外部反思欧洲——远西时话》，张放译，大象出版社 2005 年版。
128. 周国平：《译序》，《悲剧的诞生：尼采美学文选》，生活·读书·新知三联书店 1986 年版。

D. **报纸文章**

129. 《“哈利·波特”与“哪吒”共嬉榜单　少儿畅销书渐归本土》，《中国图书商报》2004 年 1 月 16 日第 24 版。
130. 《〈百年孤独〉中文版　版税炒到 105 万美元》，《重庆晚报》2010 年 8 月 24 日第 36 版。

131. 北京开卷图书市场研究所月报分析项目组:《2004 年 5 月文学类畅销书排行榜分析》,《中国图书商报》2004 年 6 月 25 日第 14 版。
132. 毕舸:《百亿市场呼唤翻译人才》,《四川日报》2002 年 11 月 10 日第 6 版。
133. 陈熙涵:《文学翻译人才青黄不接》,《文汇报》2008 年 12 月 15 日第 9 版。
134. 陈雨露:《加强非通用语专业建设》,《人民日报》2011 年 9 月 19 日第 7 版。
135.《当畅销作家登上富豪榜　你也可以学》,《成都商报》2010 年 11 月 15 日第 20 版。
136. 杜悦等:《劣质译著:我们遭遇另一种学术腐败》,《中国教育报》2003 年 3 月 20 日第 12 版。
137. 段祖贤、舒芳静:《文学中译西已成一道坎?》,《人民日报海外版》2009 年 12 月 17 日第 7 版。
138. 杜盟:《翻译家王干卿第十四起维权官司昨开庭》,《法制日报》2010 年 3 月 30 日第 8 版。
139. 范春生、王淇:《翻译市场乱象丛生》,《新华每日电讯》2010 年 11 月 25 日第 2 版。
140. 傅小平:《东欧文学翻译研究“断层”加剧》,《文学报》2007 年 12 月 27 日第 1 版。
141. 郭晓虹:《翻译的现状与前景》,《中国新闻出版报》2003 年 10 月 8 日第 3 版。
142. 侯捷:《走出计算机书籍翻译的误区》,《光明日报》2004 年 8 月 25 日第 7 版。
143. 胡真才:《我仍然觉得杨绛译本好》,《中华读书报》2002 年 8 月 14 日第 18 版。
144. 黄长怡:《莫须有的“大翻译家”是怎么诞生的》,《南方都市报》2009 年 11 月 1 日第 GB28 版。
145. 蓝洱海:《翻译文学不能承受劣译之害》,《中国文化报》2005 年 4 月 13 日第 12 版。
146. 李蓓、卢荣荣:《中国文化走出去急需迈过翻译坎》,《人民日报海外版》2009 年 8 月 14 日第 4 版。

147. 李朝全：《中国当代文学对外译介成就概述》，《文艺报》2007 年 11 月 6 日第 3 版。

148. 李菁：《中国优质翻译人才匮乏》，《中国文化报》2008 年 8 月 18 日第 3 版。

149. 李景端：《对翻译出版搞“发包”说不》，《中国新闻出版报》2007 年 12 月 10 日第 1 版。

150. 李景端：《透视劣质翻译的症结》，《中华读书报》2003 年 3 月 5 日第 10 版。

151. 李强：《合力捍卫译著质量》，《中国新闻出版报》2004 年 9 月 2 日第 29 版。

152. 李维永：《翻译绝不是简单的技术活》，《文艺报》2004 年 12 月 9 日第 1 版。

153. 李洋：《文学翻译何以后继乏人》，《北京日报》2005 年 3 月 8 日第 11 版。

154. 李洋：《中国图书走出去　翻译是个大问题》，《中华新闻报》2006 年 9 月 13 日第 E02 版。

155. 梁小民：《傅雷、张谷若后继无人》，《东方早报》2010 年 9 月 12 日第 B12 版。

156. 林尔蔚、胡企林：《五十六年“汉译”事》，《光明日报》2005 年 6 月 9 日第 7 版。

157. 凌风儿：《翻译服务蛋糕如何切?》，《计算机世界》2004 年 5 月 10 日第 E21 版。

158. 刘华杰：《科技翻译水平何以日趋下降?》，《中华读书报》2002 年 5 月 15 日第 5 版。

159. 刘雪明：《“翻译不是跨栏，绝非越快越好”》，《乌鲁木齐晚报》2010 年 3 月 29 日第 D06 版。

160. 柳霞：《中文学者携手共译〈五经〉》，《光明日报》2009 年 7 月 28 日第 2 版。

161. 路艳霞：《出版社一窝蜂发“洋”财》，《北京日报》2009 年 8 月 19 日第 13 版。

162. 骆尚木、胡思源：《不正规翻译搅乱翻译市场》，《绍兴日报》2006 年 7 月 21 日第 2 版。

163. 马国香、胡映瑞：《翻译市场“李鬼”出没》，《消费日报》2004 年 8

月 12 日第 T00 版。

164. 毛周林：《不要盲目读翻译小说》，《中华读书报》2009 年 12 月 9 日第 10 版。

165. 孟晓光：《理智看待中国文学走向世界》，《人民日报海外版》2010 年 9 月 23 日第 7 版。

166. 苗炎：《学术翻译如何促进中国社科发展——著名学者邓正来先生访谈录》，《中国教育报》2005 年 4 月 7 日第 9 版。

167. 南桥：《缺乏翻译，中国文化如何走出去?》，《南方都市报》2009 年 12 月 9 日第 A17 版。

168. 牛凯旋：《加快推进大连翻译文化产业园建设》，《大连日报》2009 年 2 月 11 日第 A07 版。

169. 邱伟、光炜：《假期打工工资被拖欠　大学生也成“讨债族”》，《北京晚报》2003 年 2 月 13 日第 18 版。

170. 全晓书等：《中国翻译：差错“俯拾皆是”》，《新华每日电讯》2004 年 11 月 9 日第 8 版。

171. 沙文蓉：《南京翻译人才缺几千人》，《南京日报》2005 年 9 月 20 日第 B02 版。

172. 孙小宁：《〈百年孤独〉合法现身了》，《北京晚报》2011 年 6 月 6 日第 23 版。

173. 童书：《〈冒险小虎队〉十年　邀粉丝也来露一手》，《北京晚报》2010 年 8 月 16 日第 40 版。

174. 汪剑钊：《翻译的尴尬和委屈》，《人民日报》2004 年 12 月 7 日第 12 版。

175. 王玉梅：《2009 法兰克福书展中国翻译出版资助书目公布》，《中国新闻出版报》2008 年 10 月 31 日第 1 版。

176. 王越：《图书翻译要设质量关卡》，《中国质量报》2003 年 9 月 22 日第 7 版。

177. 王泽议：《谁为医药行业当翻译?》，《中国医药报》2002 年 11 月 14 日第 A6 版。

178. 《为文学翻译敲响警钟》，《文学报》2000 年 12 月 7 日第 6 版。

179. 《为新时期翻译工作把脉》，《中华读书报》2003 年 10 月 8 日第 6 版。

180. 文敏：《文化走出去不差钱差翻译》，《浙江日报》2010 年 3 月 31 日第 13 版。

181. 吴建民：《中国官员需修“对外交流课”》，《人民日报》2008年11月23日第11版。

182. 吴越：《如何叫醒沉睡的“熊猫”》，《文汇报》2009年11月23日第1版。

183. 勿罔：《翻译大奖外行胜内行》，《中华读书报》2001年8月29日第1版。

184. 星河：《科幻翻译及其他》，《中华读书报》2001年6月26日第11版。

185. 邢宇皓：《翻译市场亟待规范》，《光明日报》2003年7月9日第7版。

186. 徐怀谦：《文学翻译缺失多》，《人民日报》2005年4月29日第14版。

187. 徐馨：《文学翻译现状亟待改观》，《人民日报》2004年11月12日第9版。

188. 许嘉俊：《诺贝尔文学奖文集涉嫌“中译中”》，《文汇读书周报》2006年11月8日第6版。

189. 闫玉刚：《韩国的“文化立国”战略》，《文艺报》2006年5月9日第3版。

190. 《杨尚昆、伍修权指出：翻译工作者要为国家多作贡献》，《人民日报》1983年5月21日第3版。

191. 姚瑶：《应聘兼职翻译东家携款失踪》，《新京报》2010年6月29日第A14版。

192. 易舟：《我们为何缺少儿童文学畅销书?》，《文艺报》2004年1月31日第1版。

193. 殷泓：《出版业须提高翻译水平》，《光明日报》2009年3月13日第6版。

194. 杨浩鹏：《用文化产业提高文化民生的幸福指数》，《中国文化报》2011年3月9日第2版。

195. 余传诗：《“改革开放30年30部优秀科普翻译图书”揭晓》，《中华读书报》2008年12月24日第2版。

196. 张海焘：《翻译出版　谨防“中翻中”》，《中国新闻出版报》2008年5月21日第7版。

197. 张建松：《〈时间简史〉中文版差错百出　科普图书质量亟待提高》，《人民日报》2003年13月3日第5版。

198. 张强、季明：《翻译界浮华中有危机》，《文汇报》2006年6月7日第D04版。

199. 张妍妍、周润健：《翻译出版业：浮华背后的忧思》，《人民日报》2005 年 5 月 23 日第 11 版。
200. 张妍妍、周润健：《翻译出版业浮华有隐忧》，《市场报》2005 年 5 月 27 日第 10 版。
201. 赵婧、杜婷：《反差：八千万学子习外语　翻译人才缺九成》，《光明日报》2006 年 3 月 27 日第 5 版。
202. 赵静：《翻译产业闹革命》，《科学时报》2002 年 10 月 22 日第 4 版。
203. 郑建鹏：《面对出版侵权，你维权了没有?》，《中华读书报》2003 年 3 月 13 日第 10 版。
204.《中国当代文学百部精品译介工程启动》，《中华读书报》2006 年 3 月 8 日第 2 版。
205. 周南焱：《作家学者：翻译能力不足阻碍当代文学出国门》，《北京日报》2010 年 10 月 30 日第 8 版。
206. 朱海滔：《翻译人才亟待专业化》，《中国劳动保障报》2011 年 6 月 4 日第 3 版。
207. 祝朝伟：《居然有这样翻译的"红字"》，《光明日报》2002 年 5 月 9 日第 26 版。
208. 邹韧：《六学者告〈一千零一夜〉翻译侵权》，《中国新闻出版报》2009 年 6 月 16 日第 2 版。

E. 国家标准

209. GB/T19363.1—2003，翻译服务规范第 1 部分：笔译。
210. GB/T19682—2005，翻译服务译文质量要求。

F. 电子文献

211. http：//bbs.translators.com.cn/mtsbbs/viewthread? thread＝14682（访问日期 2011 年 4 月 10 日）。
212. http：//comm.dangdang.com/member/myreviewdetail.php? review _ id＝3841012（访问日期 2010 年 12 月 8 日）。
213. http：//www.bj148.org/sfgk/jpal/zscqajfl/zzq/200905/t20090527 _ 56910.html（访问日期 2010 年 6 月 3 日）。
214. http：//www.chinamission.be/chn/zogx/jyjl/t762756.htm（访问日

期 2011 年 12 月 10 日)。
215. http://www.douban.com/group/topic/4696701/(访问日期 2010 年 5 月 10 日)。
216. http://www.fit-ift.org/download/en/itd-2009.pdf(访问日期 2010 年 11 月 3 日)。
217. http://www.gapp.gov.cn/cms/html/21/508/201004/698594.html(访问日期 2010 年 11 月 5 日)。
218. http://www.goutongfanyi.com/news/shiba.html(访问日期 2011 年 4 月 10 日)。
219. http://www.tac-online.org.cn/ch/tran/2010-08/12/content_3657318.htm(访问日期 2010 年 12 月 23 日)。
220. http://www.un.org/chinese/hr/issue/docs/62.PDF(访问日期 2011 年 3 月 10 日)。

G. 书目、年鉴

221. 中国版本图书馆:《全国总书目》(1978—2007 年),中华书局 1982—2008 年版。
222. 中国出版年鉴社:《中国出版年鉴 2000》,中国出版年鉴社 2000 年版。
223. 中国翻译协会:《中国翻译年鉴 2005—2006》,外文出版社 2007 年版。
224. 中国翻译协会:《中国翻译年鉴 2007—2008》,外文出版社 2009 年版。

后　记

本书是在我博士论文的基础上反复修改而成的。在此特别感谢我的博士论文答辩委员会专家们对论文提出的中肯、宝贵的批评和修改意见。答辩委员会专家为上海外国语大学谢天振教授（主席）、华东师范大学潘文国教授、张春柏教授、李向平教授、西南交通大学傅勇林教授、复旦大学王建开教授和同济大学陈琳教授。

论文的写作，一直在紧张和充实的状态中度过。不过，自己乐在其中。博士阶段的学习和论文的写作过程，改变了自己以前那种做研究一味套用、嫁接西方理论的做法。任何理论的提出都有其时代背景和具体的语境，西方理论固然有其优越性和长处，但西方理论的语境与中国的具体实际是不完全契合的。我深深领会了语言学家沈家煊先生说过的一句话："宁可为事实而牺牲理论，不可为理论而牺牲事实。"

刚入学时，论文的大方向得到了恩师傅惠生教授的肯定，甚至有时候是鼓励。但在第一学年就如何进行研究，即研究方法的讨论上，却被傅老师整整批评了一年。2006年下半年我在美国纽约州立大学宾汉顿分校的翻译研究中心做访问学者，在该校图书馆我看到英国《译者》杂志的一期专刊，该刊集中讨论法国社会学家布迪厄的理论如何用于翻译研究。当时我如获至宝，整本复印下来并带回国内认真研读，并打算套用布迪厄的理论做自己的课题研究。初次与傅老师讨论时，傅老师一方面很耐心地建议我要看布迪厄的理论，并要求我要真正看懂；另一方面，严格甚至有时候严厉地告诫我，可以借鉴西方的理论，但绝不能以西方的某种理论套接中国的实际。这一年中，每次与傅老师谈自己的论文方向时，只要谈到想用布迪厄理论做自己的课题，总是会被傅老师不客气地批评一顿。当时，我还不服气，甚至暗中与傅老师较劲，开始运用布迪厄的理论与自己的课题结合写文章，向杂志投稿。但稿件先后投给数家杂志社均石沉大海，我才逐渐意识到傅老师的严格批评是对自己的爱护。并且随着研读的深入，自己也发现了西方翻译社会学理论的不足之处，才开始从中国的实际出发考虑如何做自己的课题研究。

论文虽是我单独完成的，但处处蕴涵着傅老师的心血。可以说，论文的本来面目是一个纺锤体，在傅老师的雕琢之下，目前呈现的是一个像地球一样的不规则球体。当然，傅老师对我论文的理想形态的期待是一个规则的球体。但限于我学养有限，傅老师的指导，有些我能够理解，能够贯彻到论文当中；有些限于自身的条件，即便理解了，但没办法在论文中体现；还有些话一时还不能很好地理解，更没办法在论文中体现。这些只好留待以后慢慢消化，逐渐完善。这也是我以后思考问题的一个源泉。

听潘文国教授的课，总是一种享受，总会得到某方面的启迪。以至于听到潘老师在外校的讲座信息，也总会追随去旁听。张春柏教授课堂上对纽马克翻译理论的阐释，让我对纽马克有了不一样的理解。感谢成都市副市长傅勇林教授、潘文国教授和张春柏教授在我论文开题时所提的宝贵意见、建议和批评。感谢复旦大学王建开教授对我论文写作的建议。在《上海百科全书》英文版审稿会结束回来的地铁上，我就论文的写作思路向王建开老师请教了一个多小时。感谢我的硕士导师，上海海事大学的韩忠华教授对我读书工作的关心；感谢上海海事大学王大伟教授、吴建国教授、郑立信教授、王菊泉教授、翁风翔教授、蔡永良教授、宋志平教授、容新芳教授、尚新博士对我论文进展的关心和鼓励。感谢师兄刘庆元教授对我论文进展的关心和鼓励。感谢师姐谭旭虎、师兄吕占军的论文经验分享。感谢同级同学赵宏、潘震、汪东萍在读博期间与我及时的信息沟通和联络。感谢师弟蒋哲杰、尹延安、刘剑提供的信息。感谢办公室周水贞老师、陈俊颖老师及时的温馨提醒，保证了我论文相关表格的填写、递交能够按照每个时间节点顺利完成。

本书的出版虽然为自己的学习作了一个小结，但仍然有读不完的书，做不完的事情在等着自己，每天仍然还要在紧张和充实的状态中度过，只要乐在其中就好。